青春文庫

図解
「哲学」は
図で考えると面白い

白取春彦［監修］

青春出版社

はじめに

本書はどんな人でも面白がって読むことができ、「なるほど、そうか」とか、「へえ、そんなふうに考えることもできるのか」と思うたびに、自分の教養が自然と豊かに広がっていく一冊である。

タイトルに「哲学」とあるけれども、少しも難しくない。いや、どんな人にもわかるように説明に工夫をこらしてある。だから、安心して読んでほしい。

そして、本書の内容はいわば哲学だけではない。本書の頁をちょっとめくっていただくとわかるように、宗教や倫理についてもたっぷりと説明してある。

つまり、古今東西の考え方のほぼすべてがこの一冊に凝縮されている。

「そんな過去の考え方とか、自分に関係のない宗教のことを今さら知ったところで、現代人にはあまり意味がないだろう」と思う人もいるかもしれない。

しかし、それは大きな思いちがいだ。なぜならば、昔の哲学や宗教の一つひとつがこの現代をつくっているからだ。

だから、そのことを知っているのと知らないでいるのとは、仕事の上でも生きる上でもまったく快適さが変わってくる。

もちろん、知って生きたほうが、さまざまなことを理解しやすくなるし、昔の考え方を組み合わせて新しい発想を生みやすくなるのは当然のことなのだ。

また、「わかる」というのは、生きるうえで恐怖を少なくすることでもある。知識がないほど、経験が少ないほど、人生はおぼつかなくなる。そして、あらゆる意味で失敗しやすくなるものだ。

では、学歴が高いほど今後の人生を有利にするのか。ほんのわずかな割合だけそうだ。そして、全体的に見れば、学歴はほぼ関係がない。

というのも、大学を出ていても物事を「わかる」ための教養が十分にあるとはいえない人が多いからだ。

なぜならば、おおかたの学生は単位を取得するためだけに、要するになるべく大きな企業に入るための手順として大学に入っているからなのだ。彼らの多くは自負心と欲望だけ強く、教養がない。

だから、本書をたった数日読んでしっかりと理解していただければ、そんな大学出の連中を簡単にしのぐことができる。

彼らが数年かかっても得ることがなかった広範《こうはん》な知識を本書で身につけることができるのだ。

その意味で、本書はあなたにとって今後の人生を可能性あふれるものにするためのたいせつな〝大学の教養学部〟になるであろう。

白取春彦

図解「哲学」は図で考えると面白い◆もくじ

I部 「哲学」の世界へようこそ！

Ⅱ部 「西洋哲学」は図で考えると面白い

西洋哲学これだけは

西洋の哲学者たちはどう考えたのか

Ⅲ部 「東洋哲学」は図で考えると面白い

東洋哲学これだけは

東洋の哲学者たちはどう考えたのか

インド哲学

カバー写真提供＊©Ryokucha/a.collectionRF/amanaimages
イラスト ＊坂木浩子
図版・ＤＴＰ ＊ハッシィ
編集・構成 ＊コアワークス(吉村貴・水沼昌子)

I部

「哲学」の世界へようこそ！

「どうしても言葉で語ることができないものこそ、本当にたいせつなものである」

ヴィトゲンシュタイン（1889～1951）

「哲学」って　そういうことだったのか！

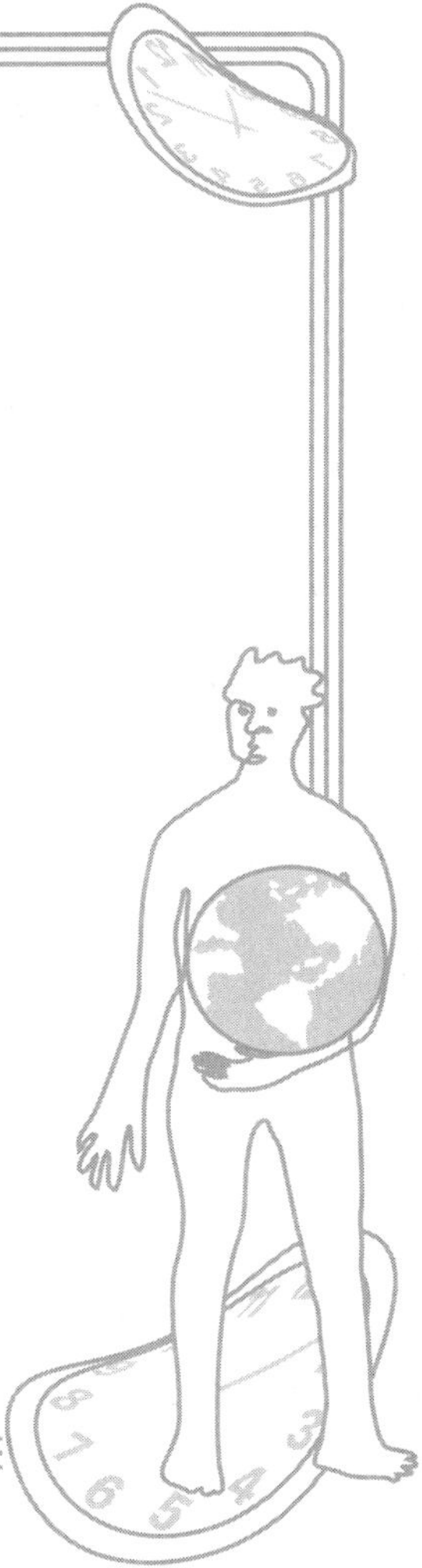

哲学しよう！

——哲学することを自分で学びうるだけである

「哲学しよう！」そう思ったときに

さて、「哲学してみよう」と少し興味が湧いたとき、どのような方法で学んだらいいのだろう。出鼻を挫くようだが、哲学を学ぶことについて、近代哲学の巨人、イマニュエル・カントは次のようにいっている。

「哲学を学ぶことはできない。哲学することを学びうるだけである」

カントだって、哲学を学ぶことはできないと断言しているのだ。

しかし、カントの言葉の前にスゴスゴと撤退してしまってはみもふたもない。〝哲学することを学ぶ〟ためのアプローチを探ろう。

疑問が哲学への入口になる

日々の暮らしのなかでふと、疑問にかられることはないだろうか。

「最近やたらと国家とか国益といったことが語られるけれど、国家って何なのだろう。政府のこと？　国民のこと？　それとも国土？……」

ふと頭をよぎったそんな疑問は、すでに哲学への入口だといえる。何をもって国家とするのか、その構造はどうなっているのか、国家といいはじめた人物はだれなのか……。

疑問をエネルギーに、国家についてなにがしかの知識を仕入れ、自分の頭で考える。その作業、プロセスが「哲学すること」なのである。

何も国家や世界、宇宙や時間に関する疑問でなくても、いっこうにかまわない。

「彼女にフラれちゃったよ。これだから女の心ってわからない。心が変わるきっかけって、どこにあるんだろう。まてよ、そもそも心って何なの？」

ごくごく個人的な〝傷心気分〟だって、

「心とは何か？」という哲学的な大命題に興味を向けることになるのだ。

　心については多くの哲学者たちが取り組み、さまざまな解釈や分析を試みている。

　それらの一端をかじって「ふ～ん、フロイトはこういってるのか。しかし、ちょっと納得できないな」とか「おお、さすがヘーゲル、わっかるなぁ！」といったことになれば、それはもう立派な哲学的思考である。

「結局、彼女にとってオレの存在って何だったんだろう」と考えたら、「存在とは何か？」を哲学する、かっこうのきっかけにもなる。

哲学はつねに手招きしている

　そこからさらに興味が波及して、精神や生命、神などについても知りたい、という意欲が起きてくれれば、間違いなく哲学の世界にとっぷりひたることになる。

　自分の行動に対する疑問を持つことも、少なくはないのではないか。

「なぜ、あんなことをしてしまったのか。するつもりなんかなかったのに……」。

　自分でも理解できない行動をすることが、だれにだってある。哲学は手招きしている。

人間が行動するとはどういうことか、行動するまでに心はどう働くか。行動に駆り立てられることも、行動を抑えようとすることもあるのはなぜか。

あまたの哲学者たちがそうした命題に取り組んでいる。

ちょっとした疑問、興味が彼らとの出会いを準備してくれるのである。出会うか出会わないかは、疑問や興味をやりすごしてしまうか、少しばかりこだわってみるかにかかっている。

哲学の世界に足を踏み入れることは、世界や心、存在や生命の根本の姿に近づいていくことだ、といっていい。おそらくどれもが〝意外〟な姿を見せるはずだ。

疑問にこだわることから哲学ははじまる

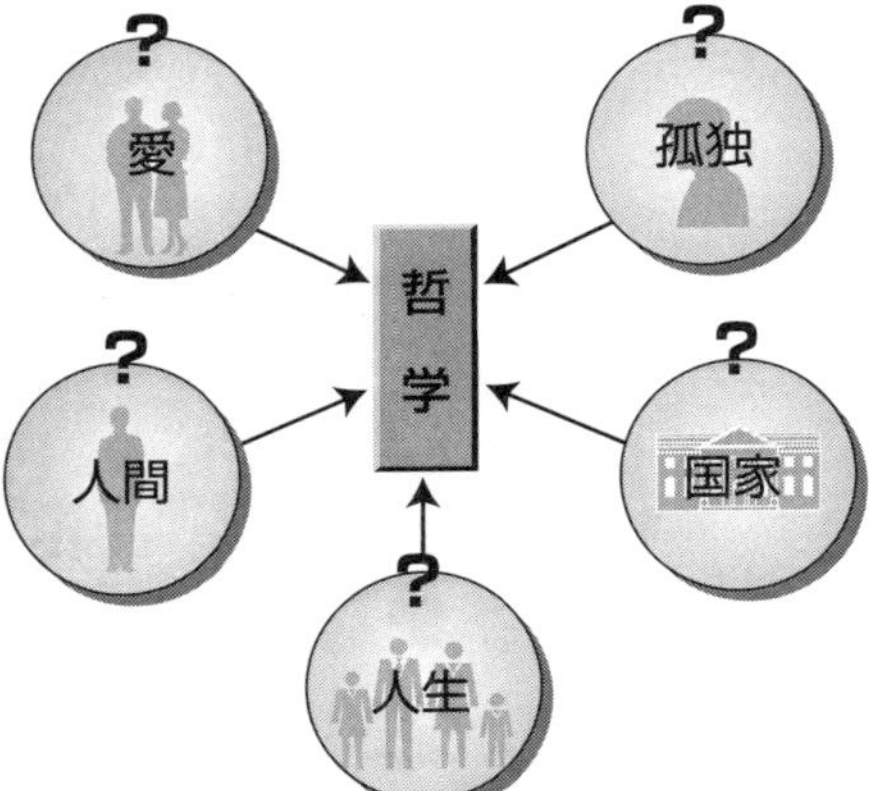

哲学を学ぶには？

——この〝緻密な抽象画〟を理解するために

哲学はほんとうに難しい？

「哲学」と題された書物は、よほど興味を持っている人以外、手にすることはないだろう。たとえページを開いたとしても、やたらと難しそうな言葉が並んでいる。「何もここまで難解にすることはないじゃないか」といいたくもなる。

哲学は、たとえるなら、抽象画を読み解く作業に似ている。キャンバスにはやたらと赤や青や緑、黄色などの色が塗りたくられ、いったい何が描かれているのかわからない。題名には「混沌」などと書いてある。

　そうか、作者の意図するところはそこにあるんだなと、ここまではわかる。だが、どうイメージすればこの絵が描けるのか、どう理解せよというのか……。

　哲学はこの抽象画を言葉と文字を用いて説明しようとする。しかも、かなり緻密だ。

　絵の具はどんなものを使っているのか、どの色とどの色を混ぜているのか、筆はどんな動物の毛なのか、キャンバス地は……といったように、描かれた絵の解明にとどまらず、その素材など、ありとあらゆる方向から分析を加えていく。

　要するに、ああでもない、こうでもな

哲学するとは

あらゆる角度から分析する

い、根掘り葉掘り、重箱の隅をつつくような学問である。

　しかし、ただそれだけのものであれば、タレス（紀元前六〇〇年）にはじまった哲学という学問は、とうの昔にその姿を消してしまっているはずだ。

哲学はなぜ消えなかったのか

　消えなかったのはなぜか。それはすべての人に通じる「普遍的」な原理を探そうとしてきたからだ。

　タレスはその時代、「万物《ばんぶつ》は水からはじまる」といった。現代に生きる人にとってはいかにも陳腐な「哲学」に思えるが、まだすべてのものが解明されていない時代に提唱されたことをもってすれば、「すごい！」のひと言なのである。

　もちろん、タレスがこの結論に至ったのは「そんなものかもしれない」という感覚的なものではない。

　海を眺め、花の育つのを見て、さらに重箱の隅をつつきながら、最終的に導いた結論であったろうと思われる。

　哲学とはまさに、重箱の隅をつついて積み重ねて集めたデータを、今度はシェイプアップしながら〝普遍〟という公的原理に向かって展開する学問だ。

　それは信念とは違う。信念はあくまで

個人的なものであり、個人で完結するものだ。「人から何をいわれようと、俺は俺の道を行くのさ」といったものであり、それは経験から発していて、すべての人には当てはまらないし、論理的でもない。

　対して、哲学の発展（継承）の歴史は、〝すべて〟の現象を対象としている。

　だからこそ、さまざまな学問に影響を及ぼす学問としての地位を獲得してきたといっていいだろう。

自分の頭で考えることの普遍さ

　さて、哲学とはいかにも流動的である。タレスが「万物は水」と考えたときから二〇〇〇年を悠に越えるときが流れている。

　神について考えたアウグスティヌス、認識について考えたデカルト、社会について考えたマルクス、言語について考えたソシュール……。彼らの哲学世界の背景にはつねに「時代」がある。

　その時代のなかで、彼らは先人たちの哲学に共鳴し、反展開し、覆してきた。

　その原点はとりもなおさず、「自分の頭で考える」ことだった。

　無駄に思える哲学という学問が行き着く先は、いつの時代もその一点でしかないのである。

すべての学問は哲学に通ずる

――政治・経済から文学・数学まで

諸学の基礎は哲学にあり

政治や経済、あるいは法律や文学など「何をやるか」がはっきりしている学問にくらべ、哲学はわかりにくい。

「哲」を「学ぶ」といっても「哲とはなんぞや？」の堂々めぐりに陥りそうである。

しかし、哲学はあらゆる学問に先んじてあったといっていい。

哲学の発祥地は古代ギリシアだが、古代ギリシアでは学問といえば哲学のことをさし、学ぶといえば哲学を学ぶことをいったのである。

事実、当時の哲学が扱う領域は広かった。自然も人間も論理も幾何学《きかがく》も、哲学の一部だった。哲学が学問のすべての分野を含んでいた、といっても過言ではない。

現在につながる科学は哲学から枝分かれしていったのである。「諸学の基礎は哲学にあり」といわれる所以だ。

哲学は、あらゆる学問の水脈

「歴史的な哲学の位置づけはわかったけれど、じゃあ、いま哲学はほかの学問とどうかかわっているのか」

そんな疑問を多くの人が持っているか

哲学はあらゆる学問とかかわっている

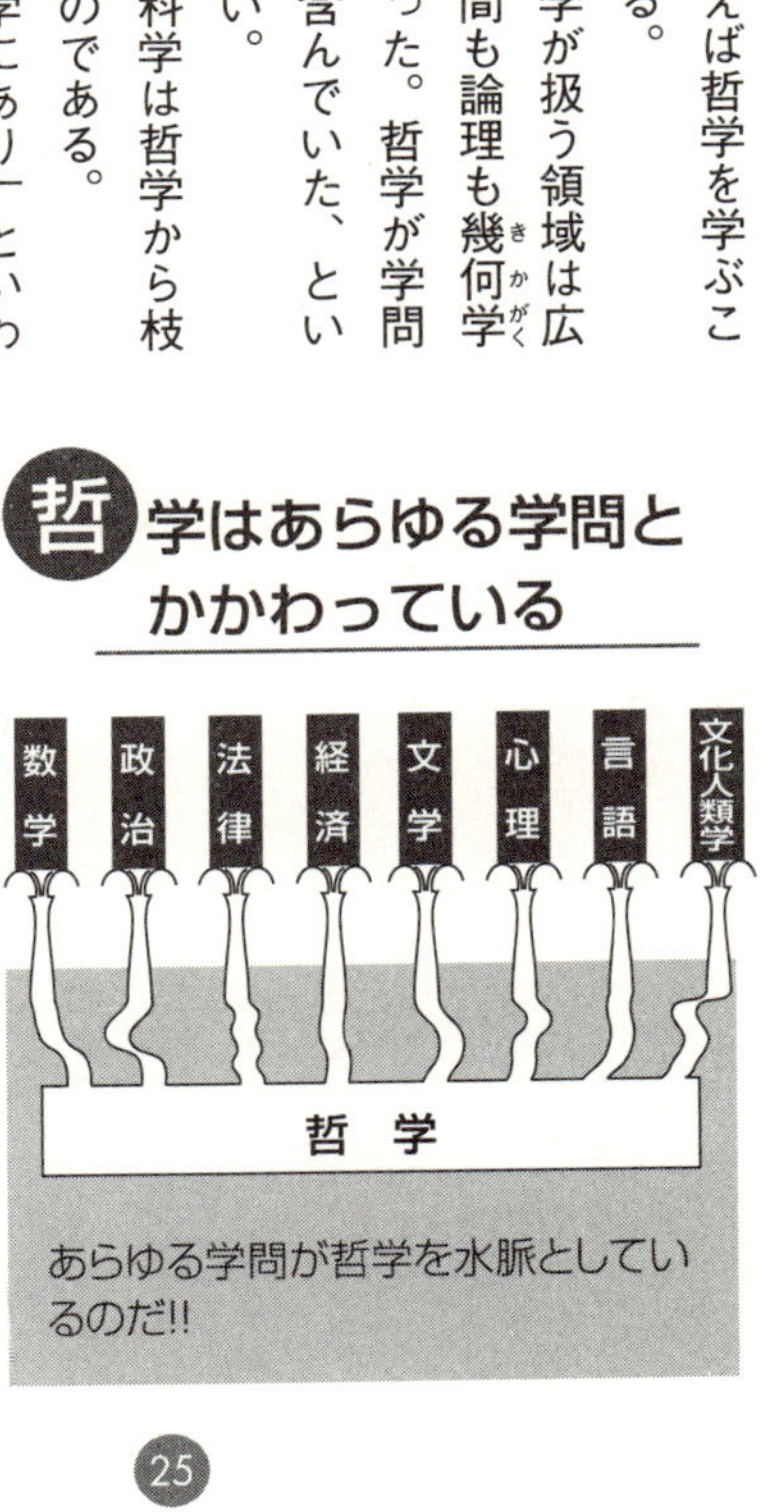

もしれない。

政治を学ぶうえで哲学はどうかかわってくるのか、さっぱりわからないという人がいて不思議はない。

しかし、政治の原理を解き明かしたのは哲学なのだ。

プラトンなどは理想的な政治形態として「哲人支配」を提案してもいる。技術的な政治論の根底には哲学的な政治原理が脈々と流れているのである。

法律も同じだ。六法全書や刑法、民法などを〝記憶〟するだけが法律を学ぶことだと考えれば、たしかに哲学は遠くにある。

しかし、歴史的に法が国家のなかでどのような意味を持ち、為政者《いせいしゃ》（政治をおこなう者）にとって何だったのか、あるいは民衆にとってどんな働きをしたのかといったことは、哲学の領域で学ぶべきことである。

経済ではどうだろう。

資本主義という経済様式のしくみを明らかにしたのは思想家・マルクスだったし、経済を動かす商品や貨幣、価格や剰余価値といったテーマに言及したのも、また、マルクスである。

マルクスは経済学者でもあったわけだが、彼の経済学はいうまでもなく、マルクス主義という思想（哲学）体系を基盤にしているのである。

文学と哲学のかかわりについては改めていう必要もないだろう。

人間を描き、人間関係を描き、社会と人間のかかわりを描き……というぐあいに、人間を中心に据《す》えた表現世界である文学は、人間存在とは何か、かかわるとはどういうことか、社会とは何か、心とは、行動とは……といった哲学的な思索を抜きには成立しえない。

また、理系の学問も深いところでは哲学につながっている。

宇宙や自然の原理を探求したタレスも、生物や天体について考えたアリストテレスも、ピタゴラスの定理を発見したピタゴラスも、哲学者であったこと、近代でいえば、現象学を打ち立てた哲学者・フッサールが数学者でもあったことを記せば、その証明には十分だろう。

心理学や言語学、文化人類学などとの接点も哲学ははっきりと持っているのである。

こうして見ると、哲学はほかの学問と「関係ない！」どころか、あらゆる学問が哲学の洗礼を受けていることがよくわかる。

それは哲学が自然や世界、あるいは社会や人間のおおもとのところにある原理を追い求めるものだからである。

「諸学の基礎は哲学にあり」の言葉は現在も生きているのだ。

哲学者はどこにいる？
——西洋の思索者たち、東洋の思索者たち

哲学書さえない哲学者

哲学というと西洋の学問というイメージが強い。古代ギリシアのソクラテスやプラトン、近代ではデカルトやヘーゲルなど、思い浮かぶ哲学者もすべて西洋人というのがまずは一般的といっていい。

彼らは万物の根源について思索をめぐらせ、存在について問いかけ、自己とは何かを考えた。時代が下ると、人間という存在への探求がなされ、その人間が世界とどうかかわっているのか、世界をど

う認識できるのかといったことがテーマになった。いかにも〝哲学的〟である。

一方、わが東洋に目を転じると、「はて、哲学者は？」といった印象が拭えない。デカルトの「われ思う、ゆえにわれあり」という哲学的名言に匹敵するような惹《じゃっ》句《く》もにわかには浮かんでこない、というのが正直なところだろう。

しかし、である。東洋にも思索に熱心だった先人たちがいる。古代ギリシア哲学が展開されている時代にインドには釈《しゃ》迦《か》がいたし、中国では孔子《こうし》が熱弁を振るっていた。日本にだって原始神道《しんとう》という世界観が立派に存在していたのだ。

東洋をみくびっちゃいけない！

ただし、西洋哲学と東洋のそれとが趣を異にするのは確かである。西洋哲学が存在とは何か、世界とは何かを考え、解き明かそうとするのに対し、釈迦は存在にも世界にも実体なんてものはありはしないのだ、と説く。

人間という存在は肉体という物質的な要素と観念作用、心理作用といったものからできているものの、いずれも実体などなく、その実体のないものが集まっているに過ぎない、というのである。

生きるとは何かという〝深遠〟な問いにも、ただ一言、生きることはすべて「苦」であると断じるのだ。そのうえで、現実にあるその苦から脱する方法論を展開する。釈迦の哲学は西洋哲学に比べずっと実践的だといっていい。

実際、35歳で悟りを開いてから80歳で入滅するまでの45年間、各地で伝導をおこなった釈迦だが、一冊の〝哲学書〟さえ著《あらわ》していない。経典ができるのは釈迦の死からはるかに後のことである。

東洋哲学のキーワードは「実践」

実践派という意味では孔子も同じである。孔子はひたすら現実をいかに生きるかを説いた。もっとも重要だとしたのは「仁《じん》」だが、「仁とはなんぞや？」とその解明につとめるのではなく、いかにして仁を実践し仁に到るかを示したのである。

「死」は西洋哲学にとって必須の探求課題だが、孔子はあっさり扱っている。

「未だ生を知らず、焉《いずく》んぞ死を知らん」

生のこともわからないのに、死のことなどわかるはずがあろうかというわけだ。

孔子が行動規範にすべきとしたのは「礼」であったが、ここでも実践に重きが置かれている。親に礼を尽し、家族に礼を尽し、他者にも礼を尽す心を育てることが、結果として国を安寧《あんねい》に治めることにつながる。礼の実践が理想的な統治のあり方だというのが、孔子のいわんとするところなのである。

今日からだれでも哲学者

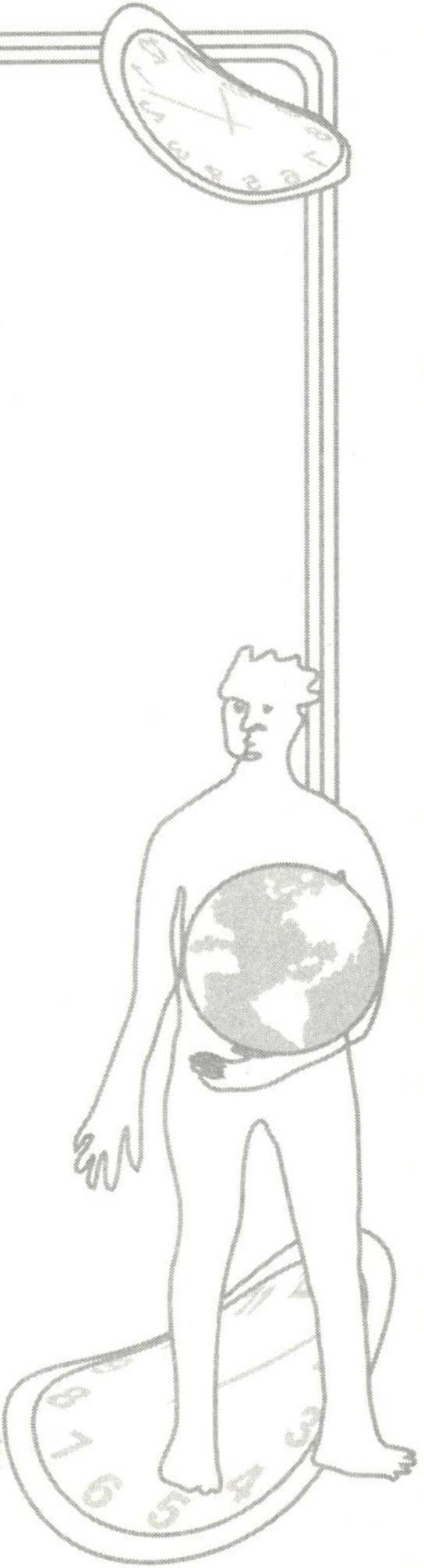

生きるとはなにか

——人間観をどうとらえるか

人間に生まれた私たち

いつ、どこで、ということには個人差があっても、だれもが必ず、自分自身に向けて発する問いは、「生きるとは何か？」ということだろう。「生きるとは何か」を考えるということは、まさしく「哲学的な生き方」といえる。

それは絶対に必要な思考とはいえない。私たちは毎日食べ物を口にするが、そこで「はて、なぜ食べるのだろう？」と考え、食べるのをやめてしまっては生きてはいけない。

だが、人は考える。哲学者たちは考えてきた。そこに少しだけ触れてみよう。

生身の人間を見つめること

パスカルは「人間は考える葦《あし》である」といい、デカルトは「われ思う、ゆえにわれあり」の言葉を残した。

しかし、彼らが解き明かそうとしたものは、真理や世界のあり方であり、生身の人間ではなかった。

生身の人間を哲学の標的に定めたのは、キルケゴールに始まる実存主義だった、

生きるとは実存のステップアップだ
……キルケゴール

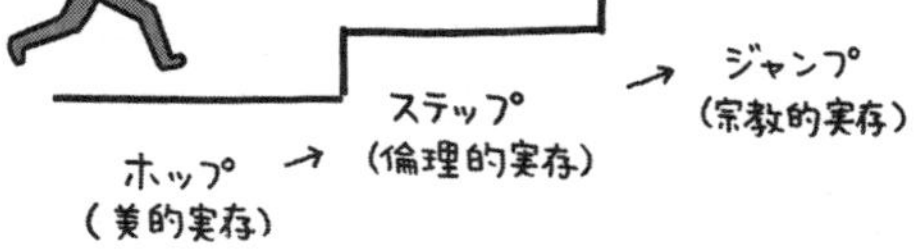

キルケゴールは"いま生きている人間"を哲学した

といえる。人間を「現存在《げんそんざい》」と呼んだのは、キルケゴールの流れを汲むハイデッガーだ。わかりやすくいえば、あらゆる存在は人間とかかわることで意味が明らかになる、ということ。逆にいえば、現存在である人間は、事物とかかわることでしか生きられない、ということになる。

死と向き合ったら本当の現存在になれる……ハイデッガー

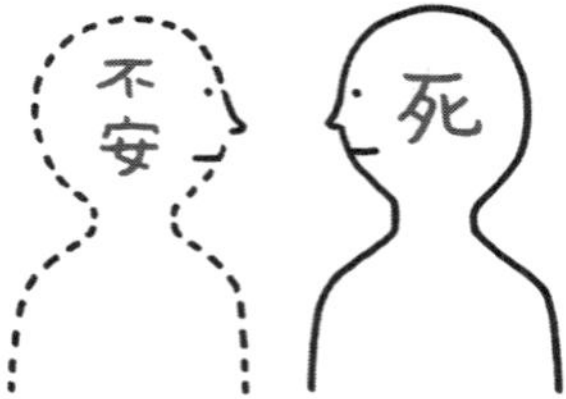

死を引き受けることでよりよく生きられる

事物とかかわってきた過去があり、かかわっている現在がある。さらに、かかわっていくだろう未来を抱えながら、人間は生きている。未来は可能性に満ちたものだが、確定している未来の可能性はただ一つ。「自分が死ぬ」ということだけである。人間の根源的な不安はそこからやってくる。だが、ハイデッガーはその死を引き受けることで、頽廃《たいはい》に陥ることなくよりよく生きられる、と主張した。

サルトルの人間観

実存主義が世界的な思想潮流になった

のは、サルトルの出現によるところが大きい。サルトルの人間観は「人間はあらゆる意味で自由」だということである。

われわれが持つ自由のイメージは、考えや行動を制約しているものからの解放であり、物理的な拘束からの解放である。学校を卒業して校則から自由になったと感じ、一人暮らしで親の監視下から解放された気分になる。

しかし、サルトルのいう自由は、意味合いがまったく違うのである。

自由であるということは、何ごとも自分で決め、選び、自分についての全責任を一身に背負う、ということ。何を考え、どう行動するかは、もちろん、善悪も美醜も何もかも、人間は〝自由〟に判断しなければならない、とサルトルはいう。

たしかに、これはやっかいである。「何をなすべき」というような規範は、人間を生きやすくするものでもあるからだ。

さまざまにある哲学の人間観。「生きるとは何か？」は、永遠の命題なのである。

人間は自由の刑に処せられている……サルトル

自由である人間はあらゆる責任を負う

人間とはなにか

——生きるうえで不可欠の命題

次の生を決定するものとは

「人間とはなにか？」

哲学には不可欠の命題である。哲学者でなくても、自らの内にこの問いを発した経験がある人もいるだろう。西洋哲学ではパスカルの「人間は考える葦《あし》である」があまりにも有名だが、東洋哲学は人間をどのようなものとして認識するのか。

仏教では人間は関係性によって存在しているもので実体はないと考える。

また、次の生を決定するのは業《ごう》だとさ

れる。つまり、善いおこない（善業）を積めば、よい結果がもたらされ、来世では安楽の世界に生まれ変わることができるというわけである。悪業を重ねればその報いを受ける結果となる。こうした輪《りん》廻《ね》や業という考え方は、古代以前のインド哲学から展開されてきた。

孟子の主張

人間は本来「善」なるものとしたのは孟子《もうし》だ。いわゆる性善説だが、人間はよい心を持って生まれてくると孟子はいう。その例証として引くのがこんな話である。

子どもが井戸に落ちそうなところをみれば、誰もがいたたまれない思いになり助けようとする。それは立派な行為だと褒められたいわけでも、手をこまねいていると悪評が立つからというわけでもない。いたたまれないという感情が自然に湧いてくるからである。

孟子は人間に備わっているよい心を「仁」「義」「礼」「智」の4つとしている。仁は人の不幸を哀れみいたむ心、義は恥じる心、礼は譲る心、智は是非を判断する心である。ただし、持って生まれてくるのはそれらの端緒だから、学問や修養によって大きく育て、充実させなければいけないとしている。それができないようでは父母にさえ十分につかえることはできないというのが孟子の主張だ。

荀子の性悪説

この性善説に真っ向から異を唱えているのが荀子《じゅんし》だ。性悪説である。荀子は人間の本性は悪であり、善は後天的につくられるものだという。利を追い求め、他人と奪い合って譲ることをしない。他人を嫉《そね》んだり憎んだりし、やがては傷つけあうようになってたがいに信頼することなどできない。色への誘惑も断ちがたく、節度を超えて放縦《ほうしょう》になって礼儀も道理もわきまえな

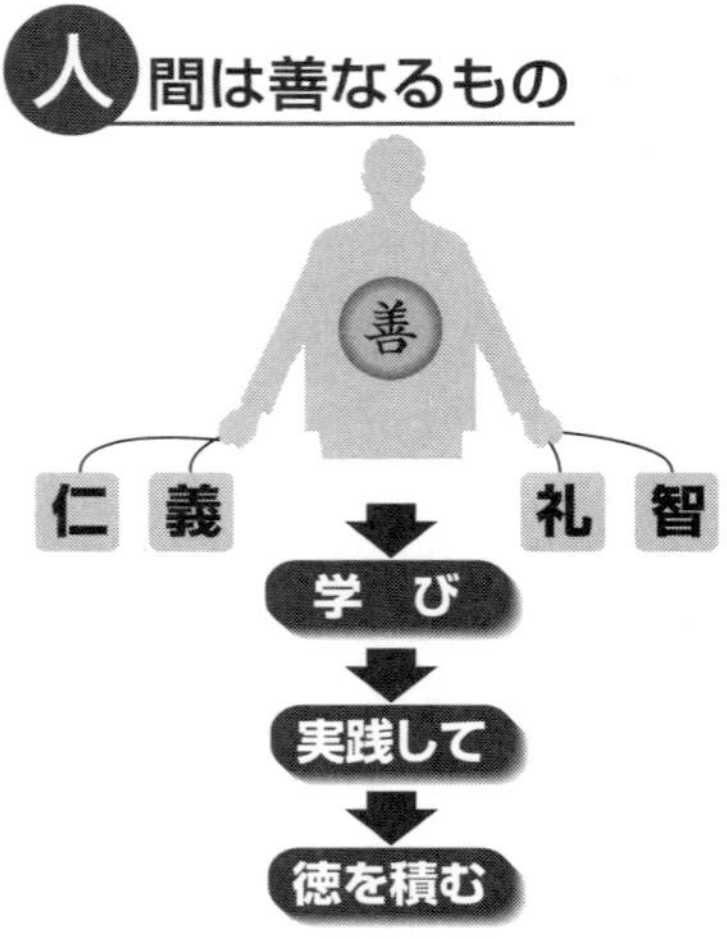

人間はよい心を持って生まれてくる。それを育てていくのが学びであり、実践することだ

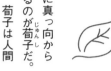

くなる。だから、人間が本性のままに生きれば人間関係は破綻し、世の中は乱れ混乱するというわけだ。

そこで荀子は師について学ぶことの重要性を強調するのである。厳しい規範のなかで学んでこそ、人間はたがいに譲り合うことを知るようになり、礼儀や道理もわきまえるようになる。

ともに孔子の弟子筋にあたる孟子と荀子がまったく対照的な人間観を提唱したあたりは、儒教の懐の深さを証明するものだろうか。

しかし、いずれも学ぶことの大切さというところに帰結するのだから、いってみればコインの裏表である。

人間は悪なるもの

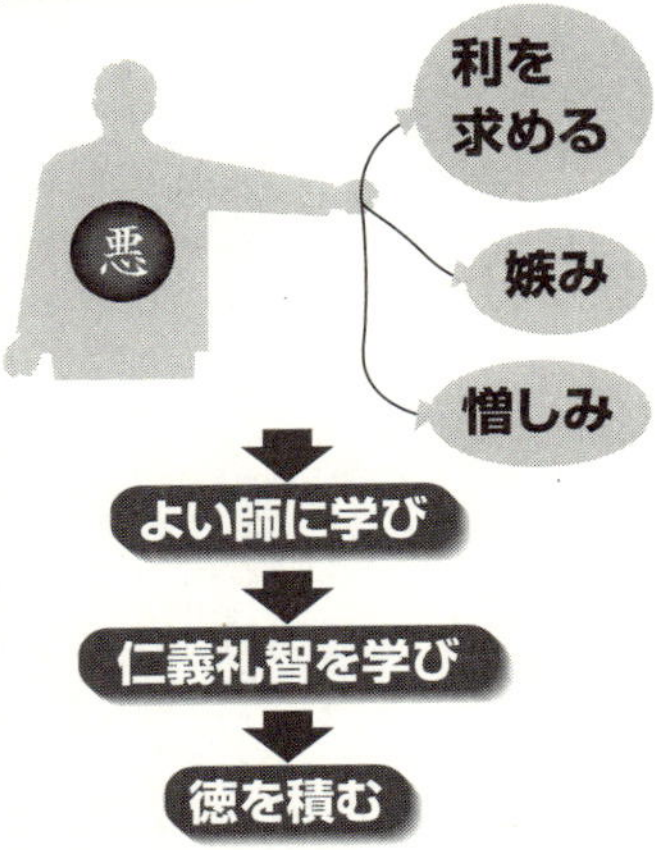

人間は利を求める心を持って生まれてくる。だからこそ教育することが大切なのだ

幸せとはなにか

——哲学者たちの幸福のサンプル

対立する幸せの概念

人生に何を求めるかと聞かれれば、「幸せであること」と答える人は多いだろう。

しかし、何が幸せかはまさに千差万別《せんさばんべつ》。極上のイタリアンに芳醇なワインがあったらこれにまさる幸せなし、という人もいれば、生きがいのある仕事、燃え尽きるほどの恋との出会い、家族との平穏な生活といったものを幸せの最上級にあげる人もいるだろう。

哲学においても、幸せの概念はさまざ

まだが、古代ギリシアにはほぼ同時期に、まったく対立する考え方があった。

ひとつは快楽に幸福を求める快楽主義である。エピクロスが提唱したこの考え方は、人間の行動の目標は快楽であり、それが幸福に結びつく、とするものだ。

快楽主義が主張するもっとも幸福な状態とは、肉体的な苦痛がなく、精神的に平静であること。つまり、欲望に支配されて、快楽を貪《むさぼ》るという生き方とは違う。

果てることがない欲望の奴隷になったのでは心の平静など得られようもないからである。実際、エピクロス自身も自然に溶け込んだ質素な生活を送ることに幸せを見出していた。

幸福のイメージは人それぞれ

欲望を断つことに幸せがある

快楽主義とはまったく反対の生き方に幸せがあるとしたのが、ストア派だ。ゼノンが創始したストア派は、人間の本質は理性にある、と考えた。その理性とは宇宙の理性と同じものだ、と彼らはいう。

だから、人間は理性に沿った生き方をしなければならない。それが宇宙の理性にしたがった生き方だからだ。そうストア派は主張するのだ。

人間の欲望や感情は理性によって支配されるべきものであり、欲望や感情にしたがって生きることは、理性に背く生き方だ。

欲望、感情を抑え、理性にしたがって生きることこそ、もっともよい生き方であり、幸福なのだ、ということから、ストア派の考え方は禁欲主義と呼ばれた。禁欲主義を実践しているのが賢者である。

幸福は快楽にある……エピクロス

幸福は〝徳〟のなかにある

ストア派の流れをくみ、快楽主義に批判を加えたのがセネカだ。セネカは徳（道徳）に本当の幸福がある、と考えた。

セネカによれば、快楽は壊れやすいものであるのに対し、徳は気高いものだ。だから楽しい生活ではなく、善き生活を送ることが幸福なのだ、という。

禁欲的生き方をいうストイシズムはストア派が語源。ストア派主義といった意味である。ストア派の考え方はキリスト教の倫理観、道徳観とも相通じ、その後の幸福観に大きな影響をおよぼしていく。

また、生きていることは苦悩に満ちているとする厭世《えんせい》主義（ペシミズム）も、生の苦悩から解放されるために、みずからの欲望を捨て去る禁欲が必要だと説く。

快楽のなかに幸せがあるのか、禁欲のなかに幸せがあるのか、判断は難しい。

幸福は理性に沿って生きることにある
……ストア派

結婚とはなにか

——結婚の意味、結婚の意義

哲学のなかの結婚観

結婚の二文字は、現代ではそれほど魅力的なものではないようだ。結婚しない症候群は男女を問わず、幅広く蔓延《まんえん》しているようだし、未婚の母の認知度もかなり高くなっている。そんな現状では結婚の意味や意義について考えることはないかもしれないが、哲学的な結婚観を知ることは、蘊蓄《うんちく》の幅を広げることにはなる。

未開社会を調査することによって結婚の意味を見つけ出したのが、文化人類学者のレヴィ・ストロースである。未開社会では、結婚は集団と集団の間でおこなわれる。レヴィ・ストロースは、そこに集団間の「女性の交換」という意味を見つけ出したのだ。

女性を交換することによって、敵対する集団どうしが友好的になり、平和な暮らしが保証される。女性の交換がなぜ、それほど効果を持つのかといえば、未開人にとって女性はもっとも価値あるものだったからである。

現代人の感覚では、結婚が女性の交換を意味していたことなど、到底受け入れがたいことだが、少し歴史をさかのぼれば、戦国大名や諸国の王室が血縁の女性を他家に嫁がせ、みずからの権力の拡大や地位の保全をはかるということはザラにあった。未

結婚は女性の交換
―[レヴィ・ストロース]

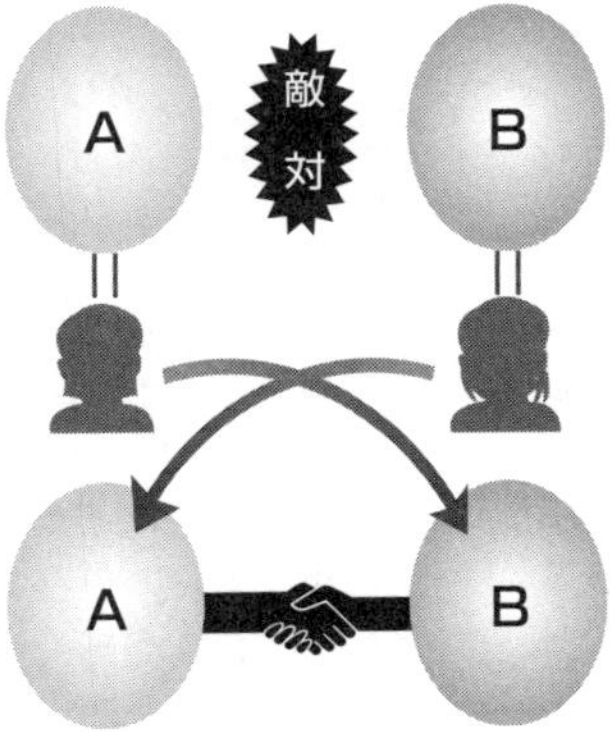

開社会の結婚の構造は、普遍性を持っているのである。

レヴィ・ストロースはまた、こうした結婚の意味から近親相姦のタブーの意味を引き出した。女性はある集団と別の集団との間で交換される価値ある存在である。その女性と同じ集団内の男性が性的関係を持つことは、交換を妨げることになる。近親相姦のタブーが生まれた理由はそこにある、としている。

結婚は自由な男女の結びつき

結婚は男女の自由意志のもとに成立する。いまではだれもが当然のことと考えている結婚観だが、そのことにはじめて言及したのはヘーゲルだ。

ヘーゲルのなかでは男性と女性の性差は色濃くあったものの、それぞれがらしさを活かして、ともに生活することの意義を認めていた。こうしたヘーゲルの結婚観は、封建制社会のそれとははっきり一線を画した近代の結婚観のはしりだったといえる。しかし、ヘーゲルはいう。

「結婚は社会的な承認を必要とする」

結婚は恋愛や愛人関係とは違って、社会的に承認される必要があるというのだ。そのことによって結婚は男女の個人的な関係から社会的な関係になる。つまり、家族として社会を構成する基本的な単位となるのだ。

また、夫も妻も相手に対しての責任を果たし、義務を遂行する必要も生まれる。子どもを生み、育てるという社会的に意義ある行為も、家族として担うことになる。

思えば、現代の結婚も家族も、個人に重きが置かれている。お互いの人格を尊重するといえば聞こえはいいが、夫と妻はバラバラ、親と子どもも好き勝手のし放題というケースもある。

結婚は社会的な承認を必要とする—［ヘーゲル］

結婚が当人どうしはもちろん、社会とも新しい関係を結ぶことだという原点に、少しは思いを致す必要がありそうだ。

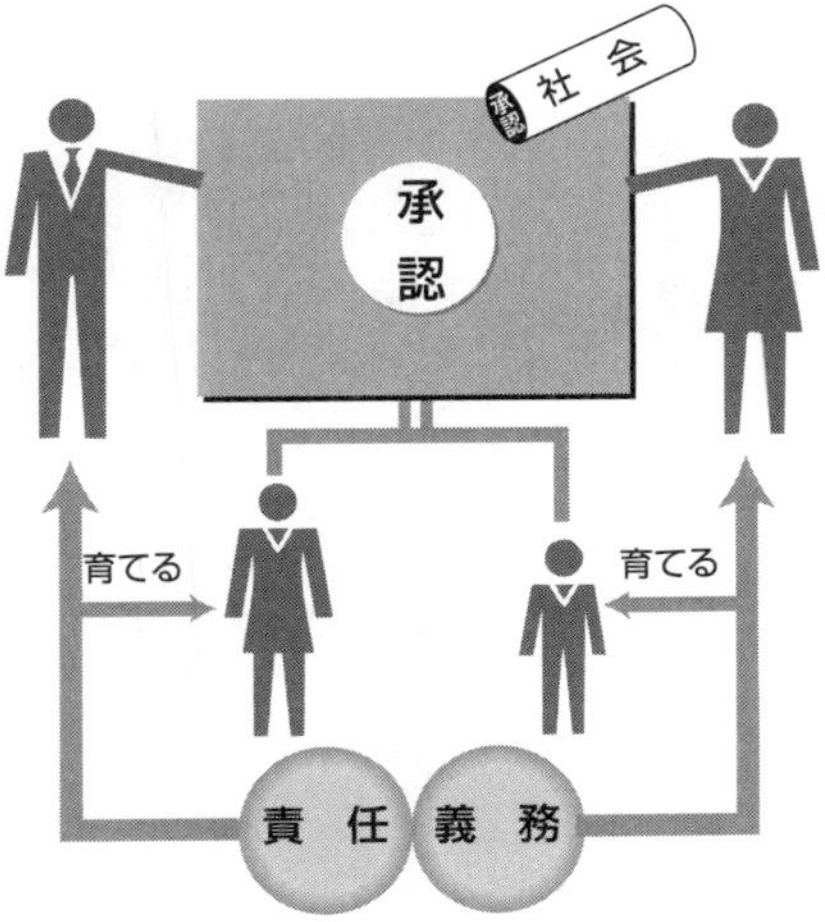

言葉とはなにか

——わたしたちに与えられた道具

認識の手段

われわれは、言葉がもっとも基本的なコミュニケーションの道具であることを知っている。

相手を理解するのも、思いを語るのも、怒りを伝えるのも、すべて言葉による以外にない。

さらに言葉はものごとを認識する手段でもある。「哲学は難しい」という認識も、われわれは言葉によっておこなっている。

言葉とはなにかについて語っているの

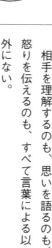

が、新約聖書のヨハネ福音書《ふくいんしょ》だ。

はじめに言葉があった
言葉は神とともにあった
言葉は神であった

ここでいう言葉はギリシア語のロゴス（言葉、論理、理念）をさし、また、イエスを意味しているが、キリスト教では神の言葉がすべての創造の源ととらえる。

言葉はゲームとして存在する

言葉はそれが使われる場面でしか意味を持たない、としたのはヴィトゲンシュタインである。

言葉が使われる場面をヴィトゲンシュタインは「生活形式」と呼び、それぞれの生活形式のなかでのルールに添っておこなわれる言葉のやりとりを、「言語ゲーム」と呼んでいる。

たとえば、会社（という生活形式）のなかでは、「先方に電話」というだけで会話が成り立ったりする。

具体的に先方がどこなのか、電話をするのか受けるのか、を逐一いわなくても、正しく処理される。会社のなかの人間が、全員その生活形式に沿った言語ゲームに参加しているからである。

同じ「先方」「電話」という言葉も、場面（生活形式）が異なれば、まったく違う意味を持つかもしれない。

つまり、言葉そのものに意味があるのではなく、生活形式と一体となった言語ゲームのなかでのみ、言葉は意味を持つ。

生活形式は家庭でのそれ、学校でのそれ、恋人どうしのそれ……とさまざまにあり、言語ゲームもそれに対応してさまざまにある。

われわれは多種多様な状況で、それぞれの言語ゲームをおこないながら、生きているのである。

言葉はゲームとして存在する
―[ヴィトゲンシュタイン]

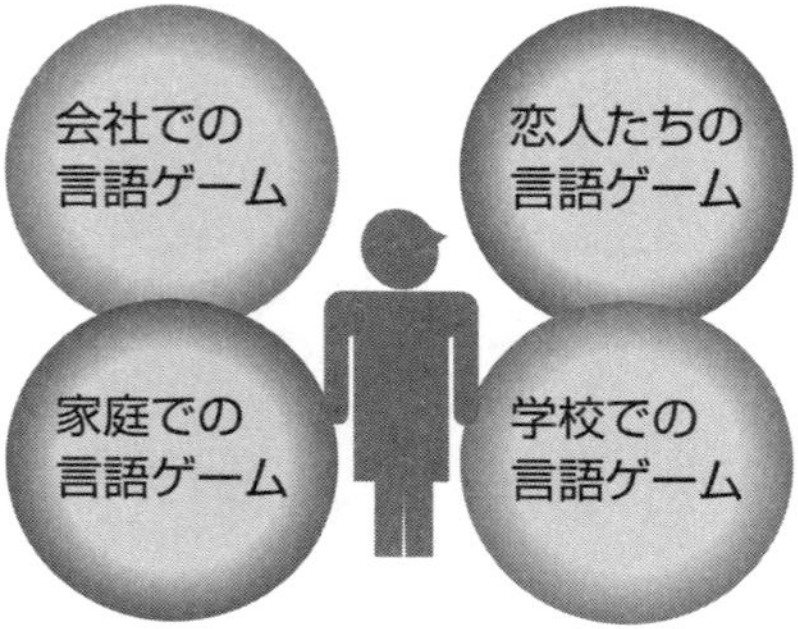

人間は多様な言語ゲームのなかで生きている

言葉は違いで成り立っている

　われわれは、言葉はモノや概念につけられた名前だと思っている。

　ネコは実際のネコ（モノ）を対象にしているし、イヌもまた同じだ。しかし、それは必然的に決まっているものではない。事実、方言ではウシをベコと呼んだりする。つまり、実際のウシを意味する言葉はウシであったり、ベコであったりするわけだ。言葉と対象は緊密に結びついているというものではないのだ。

　ソシュールは言葉の意味を決めるのは

言葉は“違い”で成り立つ ―［ソシュール］

違いだ、という。ネコという言葉が実際のネコを意味するのは、それがイヌでもなければ、ウシでもない、ウマでもヒツジでもないからだ、というのだ。

概念を考えればもっとわかりやすい。たとえば、「上」という概念。これは実際に上という個体（モノ）があるわけではない。しかし、われわれは上の意味を理解する。なぜなら、下ではないからである。つまり、上は「それが下ではない」という違いによって、概念が規定されているのだ。

ふだんなんの疑問も持たずに使っている言葉も、哲学にかかると奥が深いものとなる。

言葉と対象の結びつきは緊密ではない―［ソシュール］

対象（ウシ）は「ウシ」という言葉と結びついたり、「ベコ」という言葉と結びついたりする

善悪とはなにか
——エピクロスの善悪、ニーチェの善悪

行動の規範となるもの

　われわれが何か行動をしようとするとき、すべきかすべきでないかの判断基準となるものに「善悪」がある。人によって善悪の領域は違うが、善いとする思いが行動を駆り立て、悪いことだという気持ちが行動を規制するのが一般的だろう。

　歴代の哲学者にとっても善悪は重要な命題であった。快楽主義で知られる古代ギリシアの哲学者・エピクロスは、こう規定した。

快楽主義の善悪

快楽は善、苦痛は悪。ただし、刹那的、感覚的な快はさにあらず

「快楽が善、苦痛が悪」

これだけでは欲望の赴《おもむ》くままに快楽を貪る生き方が善と取られかねないが、そう単純でも浅薄でもない。

人間は本来、快を求め苦を避けようとするものだ。そうであるなら、快と感じるように行動し、苦を避けるように生きるのが自然ではないか。そんな自然の生き方のなかにこそ、からだの健康も心の平静もある。

ただし、刹那的《せつなてき》で感覚的な快は苦をもたらすものであり、それは本当の快ではない、とエピクロスはいう。本当の快とは精神的にも肉体的にも苦をもたらさない。つまり、いたずらに快楽に溺れるのは善ではないというわけである。

強者こそ善そのもの

善悪についてもっとも激烈に語ったのはニーチェである。ニーチェが生きた時代に善悪の規範となっていたのは、キリスト教神学から生まれた道徳であった。

キリスト教の善とは、つねに神を思い、隣人を愛し、他人のために行動するというもの。悪はその対極にあるものだとされた。このキリスト教的善悪の観念は、禁欲主義にまで拡大し、人間の自然の本能まで悪の領域に追いやるものだ。

実際、新約聖書のパウロ伝には次のような記述がある。

「この地上に属する部分を死なせなさい。みだらなこと、汚らわしいこと、衝動的な欲望、よこしまな情欲、それに貪欲です……」

ニーチェはこうしたキリスト教の善悪の観念は、本来の価値観を転倒させたものだ、と断言した。

もともと善は、強者の行為そのものだ

キリスト教の善悪

った、とニーチェはいう。たとえば、力を持つ民族が弱小民族を征服するのも、強者のおこないであるかぎり、善なのだ。

善も悪もすべては力関係によって決まる。キリスト教的な善悪の価値観は、現実には強者にひれ伏すしかない弱小民族が、恨みから価値観の転倒をはかり、弱いもの貧しいものを善としたにすぎない。

あまりにも有名なニーチェの言葉「神は死んでいる」は、強者への恨み、強者の否定から始まったキリスト教的価値観の意味は失われる、いやすでに失われてしまったことを宣言するものだといえる。

自分が思う「善」が、他人からすれば「悪」となる場合もある。


これは他者をどう考えるか、自分は何かという命題にもかかわってくるが、単純に善悪を規定し、だれでも納得できるようにするのは困難だ。ただ、そこに考える「価値」はある。哲学者たちとともに考えてみよう。

ニーチェの善悪

強者は善、弱者は悪。ニーチェはキリスト教的善悪観を覆した

仕事とはなにか

――生きがいか？ 義務か？ 使命か？

あなたにとっての仕事は？

われわれの人生に必ずついて回るのが仕事だ。しかし、仕事のとらえ方は千差万別。「これぞわが天職」という実感を持っている人も、与えられた仕事に生きがいを見い出している人もいるだろう。

しかし、一方でなかなか自分に合った仕事にめぐりあえず、毎日、重い足どりでオフィスに向かうという人も、あるいは、「家族のためだ」と辛抱の毎日を送っている人もいるに違いない。おそらくは、天職組より、辛抱組が多数派なのだろう。

さて、哲学者たちは仕事をどのようなものとみなしてきたのか。

労働は実践的な教養

近代哲学の完成者といわれるヘーゲルは、仕事（労働）は自分自身がそこに現れるものだ、としている。

芸術を考えるとわかりやすい。たとえば、音楽家は自分のイメージを五線譜に綴っていく。完成した作品は才能やひらめきが具体的な形となって表現される。音楽家の内面にある才能や精神性が現れているのが、まさしく作品なのである。作品化する過程は労働であり、その結実が作品だ。

芸術の分野でなくても、家庭菜園で野菜や果実をつくる作業は、土を耕し種を蒔《ま》き、水をやりという労働が、収穫される野菜や果実に現れているといえる。

また、労働は実践的な教養だともいえる。人間の精神がその実践的な教養を通して成長していく。ここでいう労働はわれわれが考える労働とは異なり、経験や知的な活動をも含んでいる。組織の歯車の一部となってしまう仕事とはよほど趣が違うのだ。

労働は自分がそこに現れるもの―[ヘーゲル]

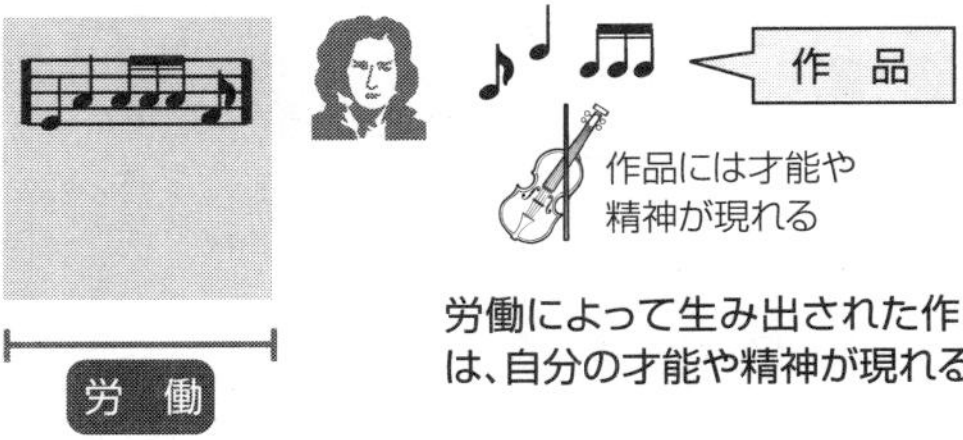

労働によって生み出された作品には、自分の才能や精神が現れる

労働は実践的な教養である―[ヘーゲル]

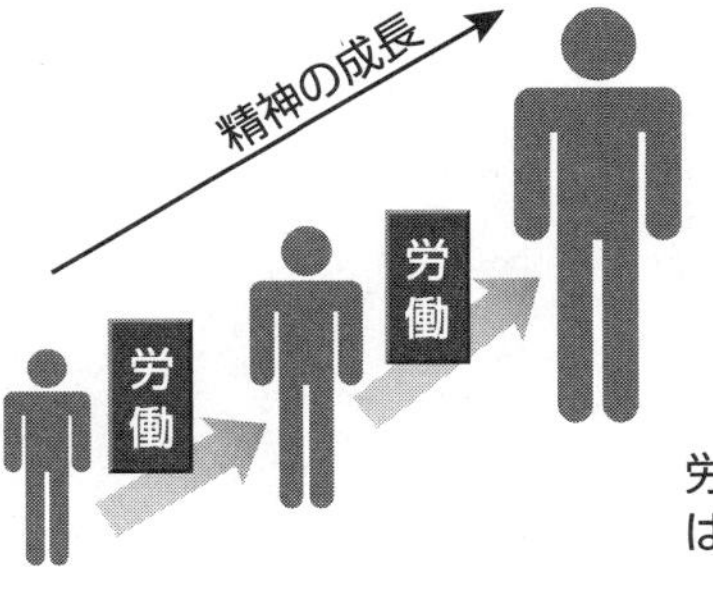

労働を通して精神は成長していく

資本主義のなかでの労働

産業革命以降、工業生産が産業の中心となる。そのなかで二つの階級が激しく対立する、としたのがマルクスだ。

資本家と労働者である。労働者という新たに生まれた階級は労働力を資本家に売り渡すことでしか生きられない、とマルクスは指摘する。そのしくみのなかでは労働もその質を変えざるを得ない。

本来は自己実現の場であったはずの労働が、資本主義社会のもとでは、労働者を「疎外《そがい》」するとマルクスはいう。なぜなら労働によってつくり出された商品は労働の担い手、つまり労働者のものではなく、資本家の手に渡ってしまうものだからだ。

先の家庭菜園の例でいえば、時間をかけ、丹精を込めてつくった野菜や果実を、それができあがったとたん、だれかが持っていってしまうという状況だ。

これでは労働が自己実現の場などとは到底、思えない。働けば働くほど、空虚さが増幅されるだけである。それが疎外だ。

あなたの哲学のなかの「仕事」とはなんだろうか。この機会に自分の仕事と正面から向き合ってみるのもいいだろう。

労働が労働者を疎外する —[マルクス]

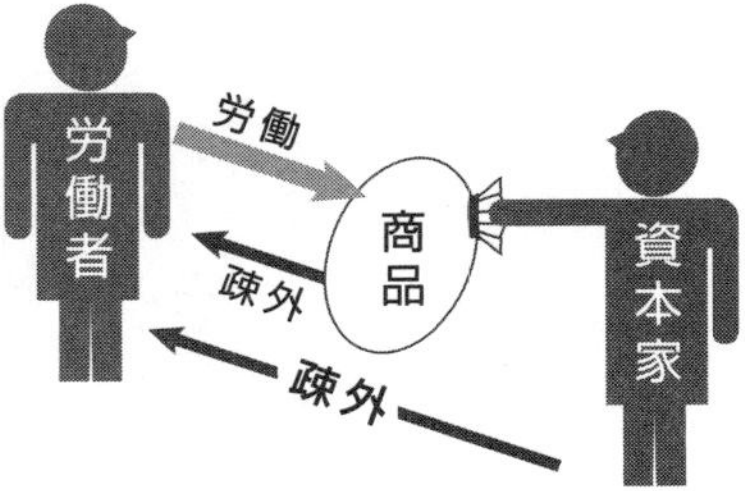

労働の結果が資本家の手に渡ることによって、
労働者は疎外される

資本主義下の労働

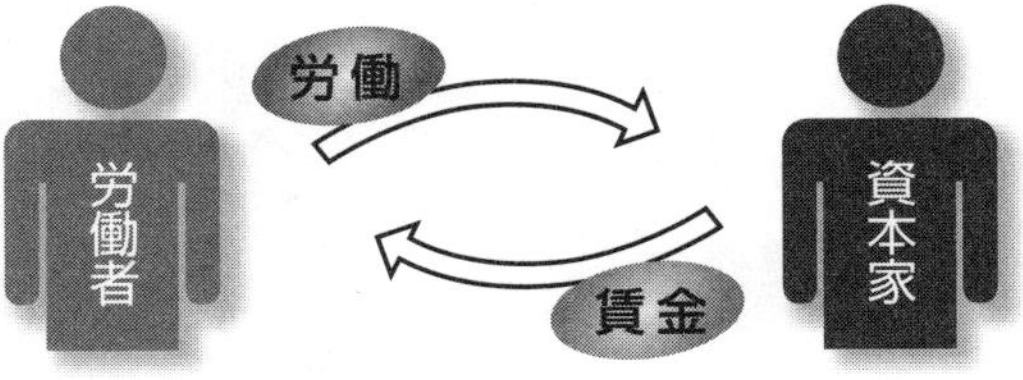

労働者は資本家に労働を売り渡すことで賃金を得る

迷いとはなにか

——それは煩悩であり、心がつくりだしたもの

釈迦の言葉

人間はいつも何かに迷っている。生き方に迷い、仕事や勉強で迷い、恋に迷う。この迷いはいったいどこから来るのか。

仏教では思い迷うこと、惑い悩むことを「煩悩《ぼんのう》」という。その数は無数だという。煩悩は人間を振り回す。なかでもたちの悪い煩悩を仏教では「三毒」と呼んでいる。「貪欲」「瞋恚《しんい》」「愚痴」がそれだ。

貪欲は欲望のままに貪ってやまないことである。釈迦はいう。

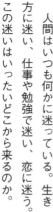

「人間の欲望というものは、たとえヒマラヤの山を黄金に変えたところで満たされることはない」

　つまり、満たしても満たしても次々に新たなものが頭をもたげてくるのが欲望だ、というのである。いったん、絡め取られたら貪欲への道まっしぐらである。

　瞋恚は怒りを露《あらわ》にする、ということ。見渡せば怒りたいことはいくらでもある。仕事のなかに、家庭に、家族や友人、恋人との人間関係にも、怒りの種は蒔かれている。しかし、瞬間的に感情を爆発させたところで、問題が解決するだろうか。解決するどころか、仕事は停滞し、人間

煩悩が迷いを生み出す

3つのたちの悪い煩悩

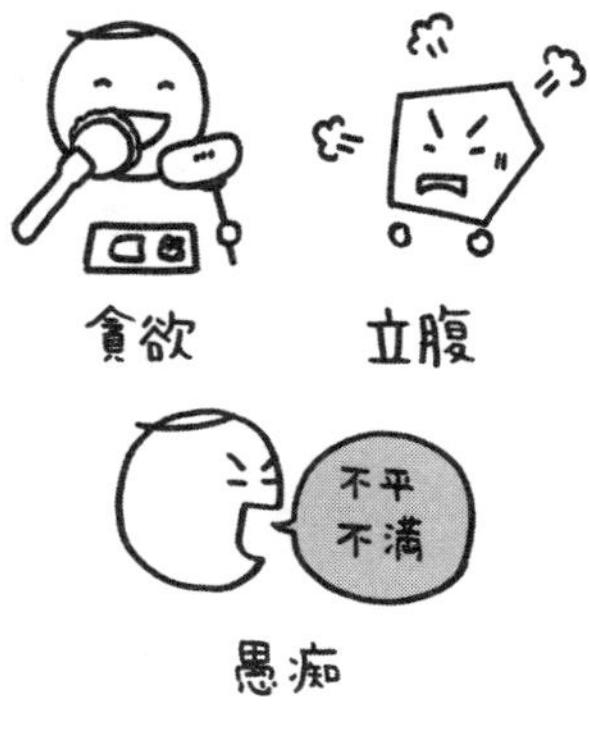

関係が悪化し、世間がますます狭くなるのがオチである。しかも、怒りをぶつけるときは自分の判断こそ正しいのだ、と思い込んでいたりするから始末が悪い。怒ることもたちのよくない煩悩なのだ。

愚痴は不平不満をいい立てることではない。愚かさのことである。物事を正しく判断できず、愚かな言動に走る。

胸に手を当てれば、だれにも思いあたるフシがあるのではないか。この煩悩も生きているかぎりついて回るものなのだ。

煩悩は断ち切れないのか

煩悩を断ち切れば、迷いのない生き方ができるわけだが、煩悩の種は尽きることがない。だが、それに煩わされないようにする手立てはある。

「物事は心に基づき、心を主とし、心によってつくりだされる」

『法句経《ほっくぎょう》』の一文だが、あらゆる物事は自分の心がつくりだすものだという。貪欲も瞋恚も愚痴も、つまりは自分の心がつくりだしたもの、自分の心があらわれたものなのである。

とすれば、心の持ち方、在りようが大事だということになる。欲望が湧いてきたら、「これって俺の心がつくりだしたものに過ぎないんだ。欲望の対象なんかほんとはありはしないんだ」と思うようにする。たやすいことではないかもしれないが、そう努めていると、欲望が湧いている心を客観的に見られるようになってくる。たしかに心を映し出している煩悩なのだが、それがだんだん心から離れ、絵空事のようになってくるのである。

心がつくりだした煩悩に心が振り回されなくなるといってもいい。そうなればもう、煩悩のほうが自然に消滅していく。

人間は迷う。だから、迷ってもいい。そもそも迷いは煩悩であり、それは心がつくりだしたものであって、やがては絵空事になって消えていくものだ。そうわかれば、生きるのが楽になるだろう。

煩悩にまどわされない生き方

煩悩など心がつくり出した絵空事だ！

苦しみとはなにか

——生きていること＝苦しみ？

東洋哲学者たちの答え

「苦しみから逃れたい」

そんな思いに駆られた経験は一度や二度ではないだろう。この世に生きていれば苦しいことはいくらだってある。仕事の苦しさ、恋の苦しさ、貧困の苦しさ、病気の苦しさ……。さて、東洋哲学では「苦しみ」をどう考えているのだろう。

まずはゴータマ・シッダールタ（釈迦）が開いた仏教。仏教では「生きていることと自体が苦しみ」「人生そのものが苦しみ」だと考える。釈迦はインドの思想家だが、インドに登場する思想家は、釈迦以前から生きることは苦しみだ、としていた。

釈迦自身はきわめて恵まれた環境で生まれ育った。父親は釈迦族の王、住まいはカピラ城。その釈迦が、なぜ、生きることが苦しみだ、との思いを持ったのか？ 仏教では「生老病死《しょうろうびょうし》」を4つの苦しみ、四苦としている。釈迦がその苦しみを知るくだりは「四門出遊《しもんしゅつゆう》」というエピソードに語られている。見てみよう。

あるとき、釈迦は世間を見ようと従者をしたがえて城の東の門を出る。そこで出会うのが杖にすがって歩く老人だ。

「いずれはわが身もあのように」

釈迦は老人の姿から「老」の苦しみを

生きていることは苦しみだ
……仏教

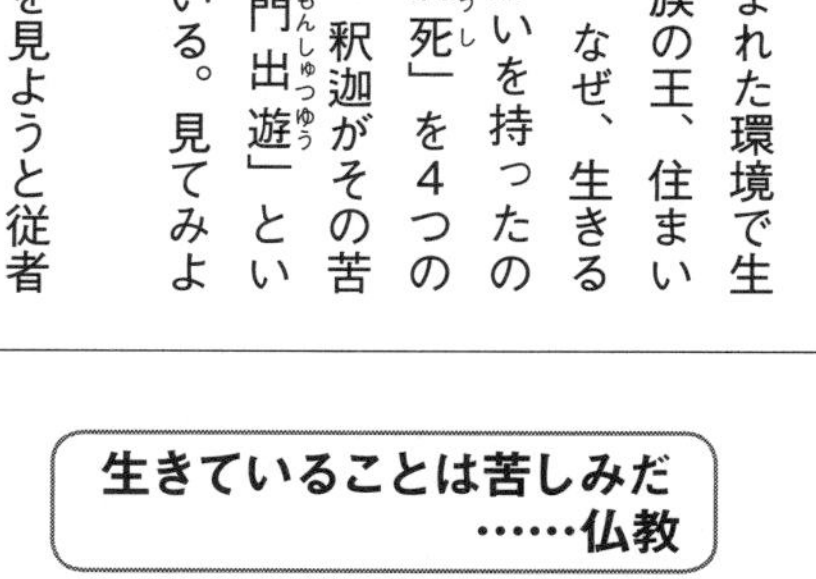

知るのである。

また、ある日南の門から城外に出た釈迦は疫病にかかって倒れている病人の姿を目にする。衝撃を受けた釈迦は「病」が苦しみであることを知ったのだった。

別の日、今度は西の門から出た釈迦は遺体を火葬している場面に出くわす。「死」もまた苦しみにほかならないことを釈迦はそこで知る。

生まれてきたからには、だれも老、病、死という苦から逃れることはできない。とすれば、老病死の苦しみを確実にもたらす「生」も、また、苦でしかないのだ。仏教が人生を苦しみとするのはここに所以するのである。

四門出遊は、じつは釈迦が出家に到る理由を描いたエピソードでもある。

老病死を目にした釈迦は、最後に北の門から城外に出る。そこには出家者の姿があった。その威厳に満ちた姿に深く感動した釈迦は、自分の進むべき道はそれ以外にない、と心に決め、妻子を捨てて出家するのである。

苦しみをもたらす原因とは何だろう

仏教では「欲望」が苦しみの源だとしている。仏教的にいえば煩悩だ。そうはいっても、われら凡人には欲望を絶ち切って生きるのは至難のワザである。しかし、欲望に翻弄されない生き方はできる。

一方、生きることが苦しみなんてことは考えないのが儒教である。この世に生きているかぎり、楽しいこと、快楽を求めずしてどこに生の実感があろう。

儒教では五感の快楽、つまり、美しいものを見、妙なる音を聴き、いい匂いを嗅ぎ、うまいものを味わい、心地よいものに触れる、ことが生きている喜びであるとして、全面的に肯定するのだ。

もちろん、儒教の思想体系は幅も深さもあり、それは一側面に過ぎないが、少なくとも現世観では仏教とは対極にある。

欲望が苦しみをもたらす……仏教

五感の快楽は生きる喜びだ……儒教

慈悲とはなにか

——それはだれの心にもあるのか

仏教のなかの慈悲

「慈悲」という言葉を聞いて、自分の行動をあてはめることはできるだろうか。愛する、思いやるといった言葉についてはイメージできても、慈悲についてはイメージが湧かないだろう。

ところが、慈悲は仏教では重要なキーワードなのだ。

現在では「慈」は「楽を与えること」、「悲」は「苦しみを抜き取ること」という解釈が一般的だ。

初期仏教では「真の友情、純粋な親愛の思い」「いつくしみ哀れむこと」が「慈」、「悲」の意味するところだった。

そして、両者が合体した慈悲については、『スッタニパータ（慈経）』にこうある。

〈母親が自分の一人子を命を懸けても守るように、そのように一切の生きとし生きるものどもに対しても、無量のいつくしみの心を起こしなさい。また、全世界に対して無量のいつくしみの心を起こしなさい。上に下に、また横に、分け隔てなく恨みなく敵意なきいつくしみをおこないなさい。立っているときも、歩いているときも、座っているときも、寝ているときも、眠らないでいるかぎりは、このいつくしみの心をしっかりと保ちなさい〉

慈悲は対象を選ばない

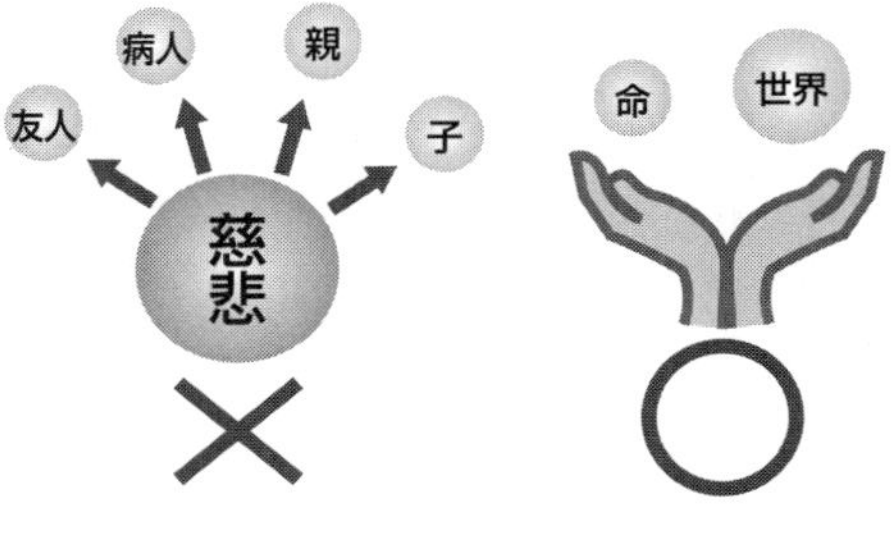

特定の相手に向けたいつくしみは慈悲ではない

これからすると、すべての命、すべての世界に、つねに分け隔てないいつくしみの心を向けることが、慈悲ということになりそうだ。

親や子、恋人や友人たちに限定した（執着した）いつくしみでは慈悲の名に値しないのである。

恨み怒りと無縁の心

鎌倉時代の僧・忍性《にんしょう》は慈悲を体現した人として知られる。

今でいうボランティアに熱心だった忍性は病院を建て、孤児を養育し、飢饉の

慈悲と施し

折には非人救済に全精力を傾けたという。

その忍性にこんなエピソードがある。

手足が不自由な病人を1日おきに朝、病舎から背負って町に連れて行って乞食をさせ、夕方になるとまた背負って病舎まで連れ帰ったというのだ。

生活ができるいくばくかの金、あるいは食べものを与えれば、病人は命を長らえることができたろう。しかし、それは高見からの施しであって慈悲ではない。

病人自身が乞食をすることで〝自活〟できる道を開いた忍性の行為こそ、慈悲というべきである。

慈悲はまた、恨み怒りとも無縁だ。

愛し合う恋人どうしなら、命を懸け、すべてを投げ打っていつくしみあうことが可能かもしれない。

しかし、いったんどちらかが裏切ったとなると、一転、いつくしみは恨みや怒りへと変わる。

相手をいつくしむ思いが強ければ強いほど、恨みや怒りは激しく燃え盛ることになる。相手に対する執着を前提としている男女間の愛は、慈悲にはなりえないのである。

相手が裏切ろうがどうしようが、怒りもしないし恨みも持つことがない。そうしたいつくしみが慈悲なのだ。

これは相当高レベルの精神、心のありようである。

無とは、空とはなにか

——すべてはやがて消えていく

「空」の本質をみつめてみよう

「東洋の哲学って、やたらに〝無《む》〟や〝空《くう》〟とかが出てきてわけがわからない」

そんな印象を持っている人も多いだろう。実際、仏教用語のなかでもっともよく知られている「色即是空《しきそくぜくう》」の文言にも「空」が登場している。

空の一般的イメージは「なにもない」というものだ。しかし、仏教でいう空は意味がまったく違う。空とはあらゆる物や現象には実体がないということなのだ。

そうはいっても、目の前にある物は実際に存在しているように見えるし、現象だって事実、起きているという実感がある。それは実体があることを証明するものではないか。

仏教ではそうは考えないのだ。実体が

縁起の変化

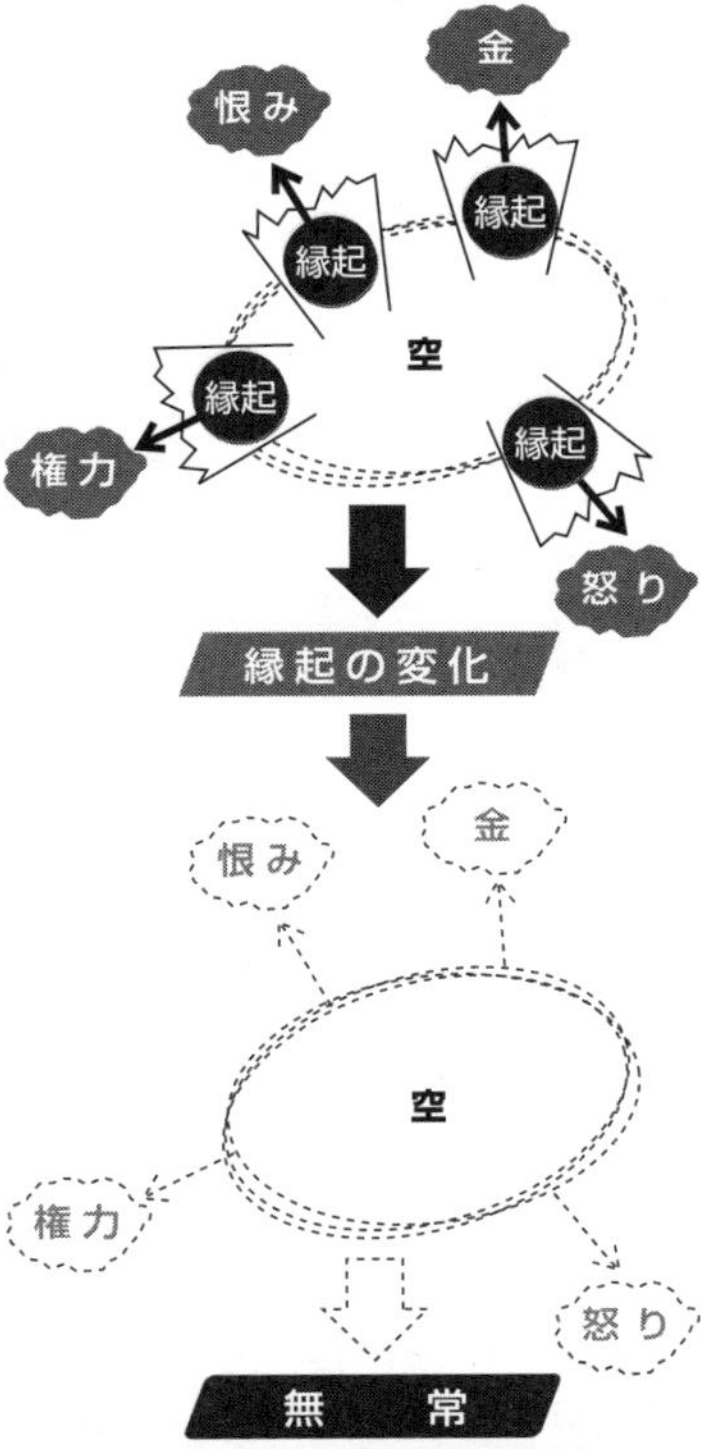

すべては実体のないものだ。縁起によって起こったものも時間の経過とともに空になる

ないところから物や現象が生じるのは、物や現象がさまざまに関係しあっているからだ。これが仏教の考え方である。

たとえば、自分がいまここに存在しているのは実体があるからではない。周囲を取り巻くあらゆる関係が自分というものをかくあらしめているのである。

ここでいう関係は親子関係や家族関係、友人関係……など人間関係にとどまらない。物との関係、現象との関係など一切合切のことである。

それら関係こそが自分というものが存在しているように見せているのであり、関係を取り除いてしまえば、自分というものは消滅する、と仏教では考えるのだ。

この関係性のことを縁起《えんぎ》と呼ぶ。

「とすると、つまるところ存在というのは無ということか」

それはあまりに短絡的だ。確かに実体としては無だが、関係性のなかでは存在しているのだから「有」なのだ。関係によって命を吹き込まれるもの。それが空としてある、物であり現象であり存在であるといえばわかりやすいかもしれない。

私たちが生きている世界とは

関係性、すなわち縁起によって生じるのはなにも物や現象ばかりではない。思

いや感情といった精神作用もまた、縁起の産物なのである。

ちょっと考えてみよう。たとえば、腹の底から突き上げる激しい怒りも、しばし時間が経過すれば、嘘のように消え去る。それは怒りには実体などなく、縁起によって生じたものに過ぎないからだ。だから、その縁起がなくなれば怒りもきれいさっぱり消えてなくなるのである。

この世界のすべてが空、つまり実体がなく縁起であらわれるものだということは、あらわれているものすべては時間（縁起の変化）とともに形を変え、やがては消滅していくということである。

わたしたちが生きている世界には、いつまでも変わることもなく、なくなることもないものなどないのだ。すべては無常なのである。

しかし、人間は縁起でいくらでも変わり、なくなってしまうものに翻弄されて生きている。金や権力、地位に執着し、怒りや恨みの感情に振り回される。いかにもつまらないと思わないだろうか。

道元はこんなことをいっている。

〈いたずらにして露命《ろめい》を無常の風にまかせることなかれ〉

所詮、命だって縁起によって与えられたうたかたのものなのだ。無常の風などサラリと受け流して生きてみようじゃないか。

道とはなにか
——万物としての根源

老子と荘子の道

茶道、花道、武士道、柔道、合気道……日本には「道」がつく言葉がたくさんある。道がどこかその世界に深みや奥行きを与えているような気もするのだが、もともと道とはどんな意味なのだろう。

東洋哲学の歴史にその回答を探ると、「道（タオ）」を核とした哲学を説いたのは老子《ろうし》、荘子《そうし》ら道家《どうか》と呼ばれる思想家たちである。

老子は道とは万物の根源であり、また、

そこから万物が生じる母なる混沌とでもいうべきものだとして、これを自然と呼んだ。その道に帰すべきだとする道家の主張は、中国哲学の一大潮流たる、仁、義、

道は儒教に対するアンチテーゼ

道家は儒教の人為性、作為性を廃した

礼、智などの徳目《とくもく》を説く儒教へのアンチテーゼでもあった。

自らを律し、人為的に仁や礼に到ろうとする儒教に対して、人為的、作為的なものを廃し、無為自然のままにいることの大切さを道家は説いた。自然にしたがって生きることが道に添った生き方だとしたのである。

道家（老子）は「柔弱《にゅうじゃく》」「謙虚」「寛容」「知足《ちそく》」を生き方の指針、四徳《しとく》とする。しなやかにおおらかに、多くを求めず、足るを知る。これらを実践して生きることが、道に抗わない生き方というわけだ。

また、道は個人の生き方にとどまらず、国家の真のありようをも示すものだとし

た。

　為政者が無為の政治をおこなえば、国が乱れることなどなくすべてはうまくいく。虚静であれば物事の真相を知ることができる。百姓が無知、無欲であれば国は小国《しょうこく》寡民《かみん》という自然な状態に戻ることができる。それが老子の国家論であった。

荘子の生き方

　老子の哲学をさらに発展させたのが荘子だ。荘子は天を絶対的なものと考えた。

　人間は天から与えられた本質のままに生きるだけの存在であり、主体的に生きることなどできない。それが荘子の人間観である。天の道にしたがってこそ、人間はなにものにも縛られない超越的な自由を獲得できるというのである。

　天の道がすべてであり、すべては無だと荘子はいう。その境地に立ってみれば、大小や美醜、貴賤、是非、善悪、生死、現実と夢など相対的と認識されているものも、じつはそんな区別はなく、同一だということがわかる。

　大小や美醜の別など小賢しい人間の知識が生み出したものに過ぎず、本当はありはしないのだというのが荘子の主張だ。

　老子が国家というものも視野に入れていたのに対し、荘子は現実的なもの、世俗的なものを徹底的に排除する。生きざまは道が決めてくれるのだから、世俗にまみれる意味などないのである。世俗を捨て、道にまかせた生き方を荘子は「安《あん》心立命《しんりつめい》」と呼んだ。

実際、荘子の見識を認め楚が大金を積んで招聘《しょうへい》しようとしたが、荘子はいっさい応じなかったという。政治の中枢に身を置くことほど世俗的なことはないとの思いだったのだろう。

相対的価値観にがんじがらめになり汲々とする現代人には、悠然として羨ましくもある生き方だ。

無為自然の道

無為自然の生き方 ➡ 万物の根源である道にそった生き方

無為自然の政治 ➡ 国が乱れることなく治まる小国寡民の自然な姿に戻る

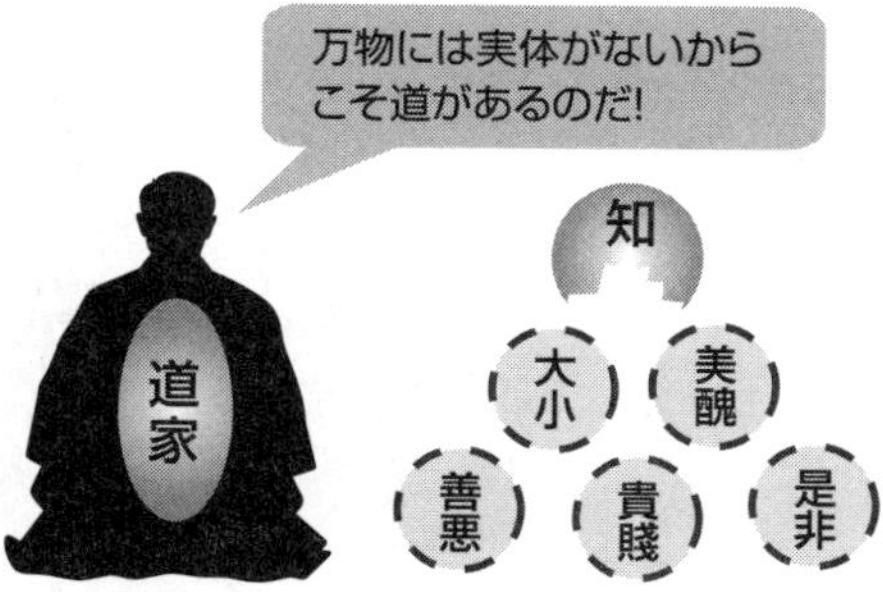

大小や美醜などは相対的な区別にすぎず、実体はない。

死とはなにか〔西洋哲学〕

——唯一、確実な未来の可能性

ソクラテスの死

「死は唯一、確実な未来の可能性」というハイデッガーの言葉を持ち出すまでもなく、人間にとって、死は避けることができないものだ。哲学者のなかにはみずから死を選んだものもいる。

永遠不滅の真善美《しんぜんび》こそ真の知識であるとし、だからそれを求めることを説いた古代ギリシアの哲学者・ソクラテスは、若者たちから熱狂的な支持を受ける。

しかし、権力者は彼を「若者たちを堕

落させた」と断罪し、国を出るか死刑を受け入れるかの選択を迫るのである。

国を追放されてなお生きることは、ソクラテスにとって死を恐れることにほかならなかった。魂の永遠不滅であることを知り、若者たちにもそれを伝えてきたソクラテスが死を恐れることは自己矛盾でしかない。みずから毒杯をあおり、死の世界に身を投じることは、彼にとって必然であったのだ。

みずから死を選んだソクラテス

追放か死か？
ソクラテスは死を選んだ

死は人間には無関係

死は遠いものであっても、自分には無関係なものだ、と考えている人はいない。ところが、人間は死と無関係である、といい切った哲学者がいる。エピクロスだ。

「死はわれわれにとって無関係である。なぜなら、われわれが現在するときには死は現在せず、死が現在するときにはわれわれは現在しないからだ」

生きているときは死んでいないし、死

んだらもう人間として存在していないのだから、死は無関係なもので、恐れる必要などどこにもないというわけだ。

詭弁《きべん》ともきわめて合理的な考え方ともとれるが、現実には死を無関係なものとして、意識の外に追いやることは難しい。

エピクロスの“死”

生きていれば死は現在せず、
死んだら人間は現在しない

キリスト教の死生観

神がつくった最初の人間であるアダムとイブは、知恵の実を食べてはいけないという禁を破り、エデンの園を追放される。そのときから人は自由意志という原《げん》罪《ざい》を背負って生まれ、死ぬものとなった。

滅びることを定められた人間を救済するのがイエスだ。イエスは人々を罪から解放し、死後の復活を約束する。死によって肉体は滅び塵に帰っても、その魂はイエスのもとにあり、世界が終末を迎えるとき、イエスによる最後の審判が下される。審判で罪なきものとされれば、新しいからだと永遠の命を与えられ、神の国に送られる。罪ありとされれば、永遠の滅び、すなわち地獄へと送られる。死を定められた人間も、神に向かった生き方を送ることで永遠の命を与えられるとするのが、キリスト教の死生観である。

キリスト教の死生観

死に至る病とは

キルケゴールの「死に至る病」とは、精神、魂の死だ。絶望が魂を死に至らす。絶望した人間は神の救いを得られない。

キルケゴールの“死に至る病”

絶望した人間は
神の救いを得られない

死とはなにか〔東洋哲学〕

——精神＝魂と肉体＝魄の離別

考えずにはいられぬ問題

人間は誰でも死について考えずにはいられないものだ。だが、その回答は永遠の彼方にあって、明確な姿をあらわしてはくれない。死とは、まさしく哲学的な命題なのだ。さて、東洋哲学では死をどう捉えているのだろう。

本来の仏教では死については考えない。もちろん大乗《だいじょう》・小乗《しょうじょう》の各宗派での考えはさまざまである。だから明確な答えはない、としかいえない状況にある。

儒教のなかの死とは

現世は〝楽〟の世界だとするのが儒教だ。その世界と訣別する死は受け入れがたいものとされる。しかし、誰も死からは逃れられない。だから、死は認めるものの、死者を呼び戻そうとする。

儒教は人間を精神と肉体に分けて考える。精神＝魂《こん》と肉体＝魄《はく》が一致している状態を生と考え、両者が離れるのが死と考えるのである。死が訪れると魂は天上に向かい、そして魄は地下へと向かう。天と地に分かたれた魂と魄。両者を呼び戻し、ふたたび一致させれば生の状態が甦る。それが儒教の死生観である。

問題は魂と魄を呼び戻す場所。当初は死者の頭蓋骨こそふさわしいとされた。命日に血縁者が故人の頭蓋骨をかぶり、そこに魂魄《こんぱく》を呼び戻すのだ。芳《かぐわ》しい香を焚いて天上の魂に呼びかけ、地には酒を降り注いで魄を招く。

頭蓋骨は招魂《しょうこん》が帰ってくる形代《かたしろ》である。形代はやがて木の板になり、その板に死者の姓名などが記されるようになった。ちなみに、仏教の位牌のルーツは形代であるこの木の板（神主）だとされている。

こうした招魂儀礼による死者の再生により、死の恐怖を乗越えられるとした。

道教と死

一方、道教では「不老長生《ふろうちょうせい》」を説く。つまり、死後の再生ではなく、この世に一刻でも長くとどまっていることを求めるのである。そのために積極的に健康法を取り入れ、さまざまな〝妙薬〟を用いることになる。

気功や太極拳などの肉体鍛錬や健康食など、現在ある健康法の原型は道教にあるといっていい。道教が最終的に求める姿は永遠の生命を獲得し、不老長生を身をもって示している仙人である。

肉体を鍛えていくなど、努力すればその仙人の域に到達できる。道教はそう説いたのである。

道教の死

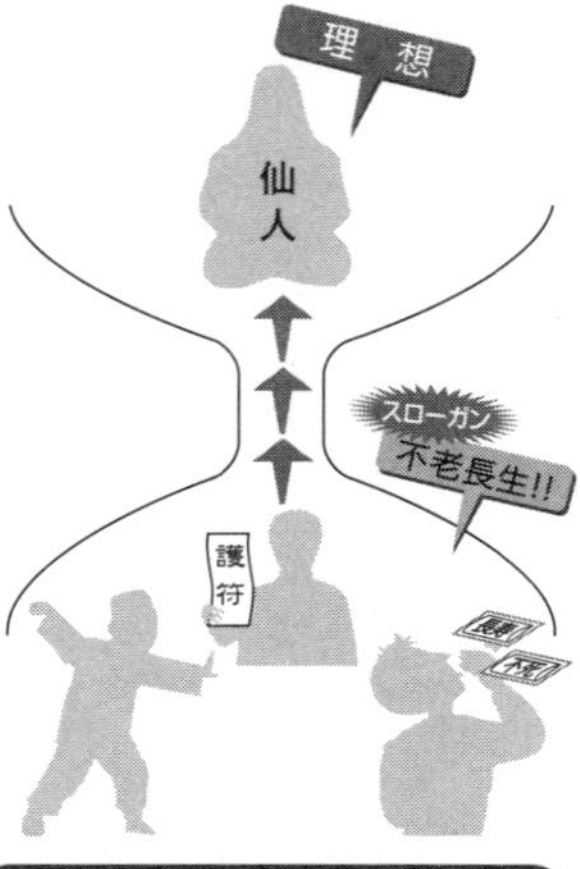

肉体を鍛え、仙薬を飲むことによって「仙人」になることが理想とされた

Ⅱ部

「西洋哲学」は図で考えると面白い

「人は自己を、みずから望む存在にする」

サルトル（1905〜1980）

西洋哲学
これだけは

古代ギリシア哲学

——哲学の始祖、タレスの試み

万物の根源を解きあかすもの

哲学者の始祖とされるのは紀元前六世紀に生きたタレスである。

タレスは「万物は水である」と考えた。

世界をなしているあらゆる物、現象は水が変化したものだという主張だ。

このタレス説を批判し、「無限のもの」を根源と考えたのがタレスの弟子アナクシマンドロス。また、その弟子アナクシメネスは「空気」が根源だとしている。

やがて、万物のあり方が問われるよう

になる。ヘラクレイトスはこれに「万物は流転する」と答え、すべての事物・現象は変化するものとして存在するとした。

　一方、この世界には、永遠に生まれることもなく滅することもない存在だけがある、としたのがパルメニデスである。

イデアとはなにか

　古代ギリシアに、絶対的な知を求めるべきだと主張した哲学者がいた。

　「汝自身を知れ」の言葉を残したソクラテスだ。

　ソクラテスは美しいもの正しいものについては語れても美や正義そのものについては何も知らないことに気づき、その自身の無知を

哲学の原点

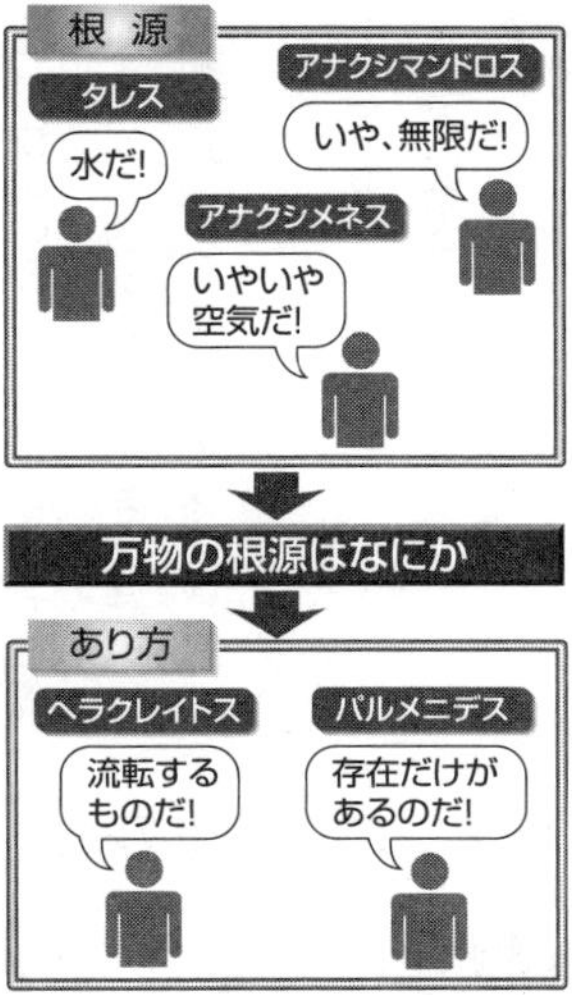
根源
タレス
水だ!
アナクシマンドロス
いや、無限だ!
アナクシメネス
いやいや
空気だ!
万物の根源はなにか
あり方
ヘラクレイトス
流転する
ものだ!
パルメニデス
存在だけが
あるのだ!

自覚することが絶対的な知への憧れをもたらし、そこに近づく欲求（知への愛）を起こさせるのだと説いた。「汝自身を知れ」は「無知を知れ」という意味にほかならない。

ソクラテスの思想を継承した弟子のプラトンは、永遠不変の真理、存在としてイデアを想定する。

美にも正義にも勇気にも、あるいは自然物にもそれぞれのイデアがあり、それこそが真の存在。現実世界のものは非存在であり、イデアが不完全な形で現われているものでしかないというのが彼のイデア説である。

プラトンはイデア界を「洞窟の比喩」によって説明する。

洞窟で影だけを見ている人間を外に連れ出し、本物の世界（イデア界）に導く

ソクラテスの「無知の知」

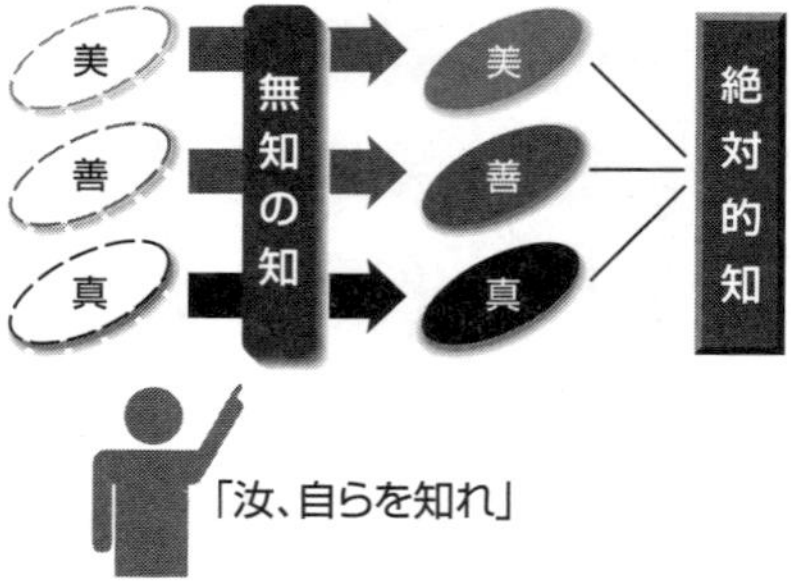

のは哲学者だ、とプラトンはいう。

イデア界を知る科学者は国家を統治するにふさわしいと考えたプラトンは、哲学者を頂点とする理想国家にも言及した。

アリステレスのイデア

イデア界を想定したプラトンに対し、人間や動植物など現実にある個々の内に本質（イデア）があると考えたのが弟子のアリストテレスだ。

その説明に彼は、〝質料〟と〝形相《けいそう》〟の言葉を使う。質料とは材料、形相は本質、また本質が実現した姿のことである。

プラトンのイデア

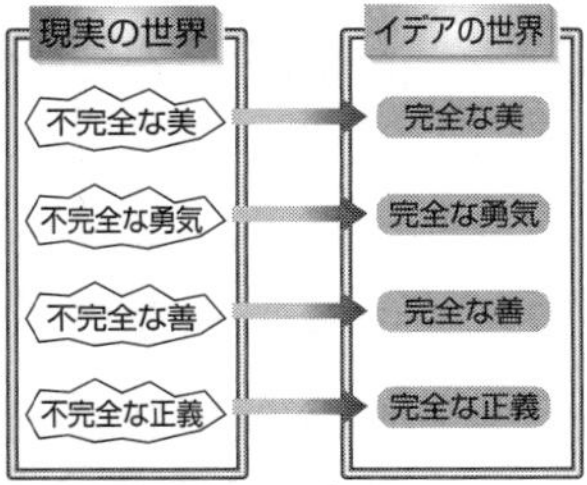

本物の姿はイデアにある

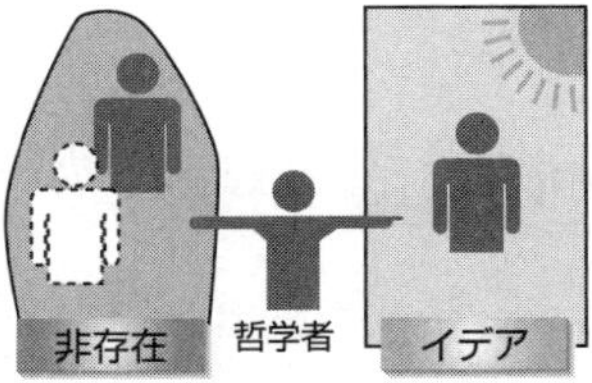

イデアに導くのは哲学者である

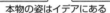

たとえば、家を考えれば、木材や瓦などが質料、家の形が形相となる。質料が形相と結びつくことでさまざまなものが生まれる。

家の材料となるもの（質料因）は、それだけでは家になる可能性を持つもの（可能態）でしかない。そこに家の形（形相因）、材料を組み立てる大工（動力因）、建てる目的（目的因）が加わってはじめて現実の家（現実態）は完成する。

この世にあるあらゆるものが、この四つの要因によって可能態から現実態に変化する。本質は形相が実現されている現実態としての個々の存在の内にあるとするのが、アリストテレスの主張だ。

アリストテレスの「形相」と「質料」

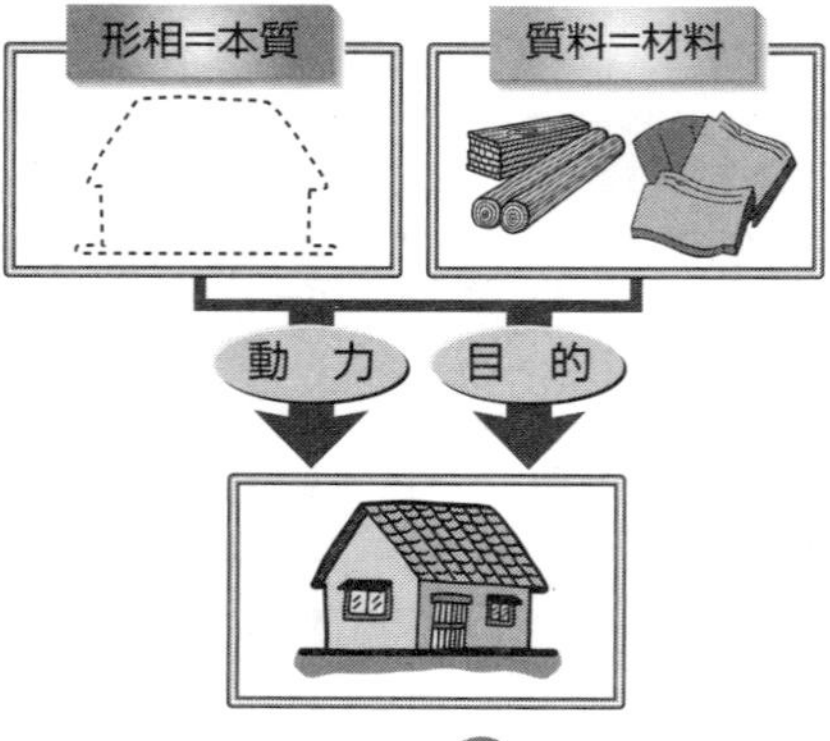

中世神学

——アウグスティヌスの答え

キリスト教の矛盾?

ユダヤ教から発したキリスト教がローマ帝国の国教となるのは四世紀。イエス・キリストが誕生してから三〇〇余年後だ。

すべての民の救済を唱えてキリスト教は世界宗教へと成長していくが、その教義にはさまざまな疑問を生じさせた。

「永遠なる神が有限な人間（イエス）としてこの世に現れたのはなぜか」

「神が創造した世界なのに、なぜこうも多くの罪が存在するのか」

神学者たちはその答えをどう導くべきかについて論争した。キリスト教が広がる初期に最大の異端とされたグノーシス主義は、地上の矛盾は神と肉体の一致するところだとして神秘主義を貫いた。

プラトンのイデア論を取り入れたプロティノスの新プラトン主義は、神を「一者《いっしゃ》（ト・ヘン）」とし、それは完全無欠なものであり、無価値なものである現実とはヌース（知性）で繫がっていると考えた。

中世初期の神学の流れ

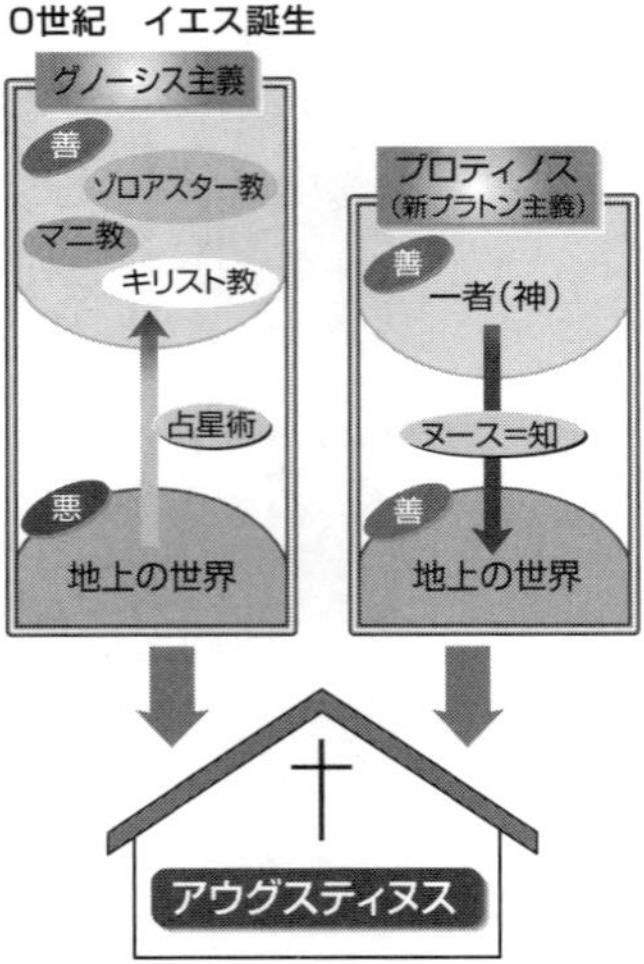

アウグスティヌス

この論に一つの答えを見出したのが、初期キリスト教会の教父・アウグスティヌスだった。彼は新プラトン主義を取り入れ、「神は永遠の知性を持った存在であり、真理は神である」と考えた。どんなに構築された知性でも、それによって魂が救われないのなら真理ではない。知性は信仰によってのみ真理となるとした。

アウグスティヌスはまた、「悪は善の欠如した状態」だという。それまでの善悪二元論的な考えはプロティノスに「あるのは善でしかなく、悪はあり得ない」と言わしめたが、アウグスティヌスはこれに異を唱えた。情欲へむかう意志が悪であり、善が心を満た

アウグスティヌスの神

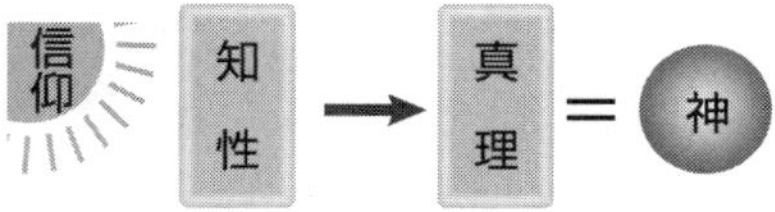

知性は信仰によって真理となる

終末論

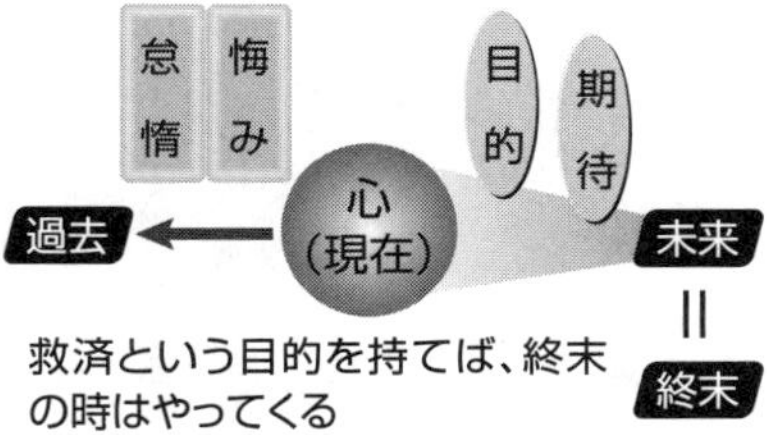

救済という目的を持てば、終末の時はやってくる

したときに悪はなくなるのだと考えた。

　この論理の視点を時間に向けたのが、後々のキリスト教の教義に続く「終末論」だった。個人の時間の流れは心の内にあり、目的のためにその心と深く関わって流れる。歴史も同じだ。歴史は終末に向かって流れることによって目的と意味を持つ。「最後の審判」として知られる思想である。アウグスティヌスは、時間は救済へ向けての歴史だと説いた。

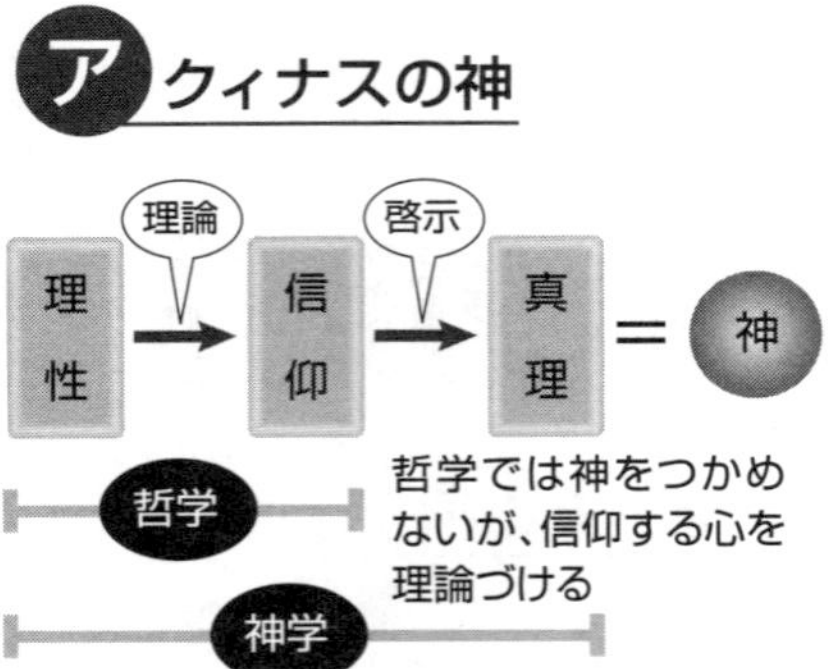

スコラ哲学

　キリスト教神学の完成者と呼ばれるのはトマス・アクィナス。アウグスティヌスから九世紀の時が流れ、神学に関する研究が学問として行われていた時代、アクィナスはアリストテレスの哲学を信仰に向かうもう一つの道筋になるとした。

アクィナスは、理性（哲学）は信仰とは相容れないものだが、「神は超理性的な真理」だという、アリストテレスの論理によって、神の存在証明はなされるとした。「神を認識するには啓示と信仰が必要である」というわけだ。

アクィナスがアリストテレスの哲学を採用した要因はもう一つある。「存在論」だった。中世は教会を頂点に、封建領主、家臣団、農奴の階級制度が定まっていた。アリストテレスの「質料と形相」の理論はその社会を裏づけるものとして都合がよかったのだ。アクィナスを中心とした神学は「スコラ哲学」と呼ばれた。

存在の位階制

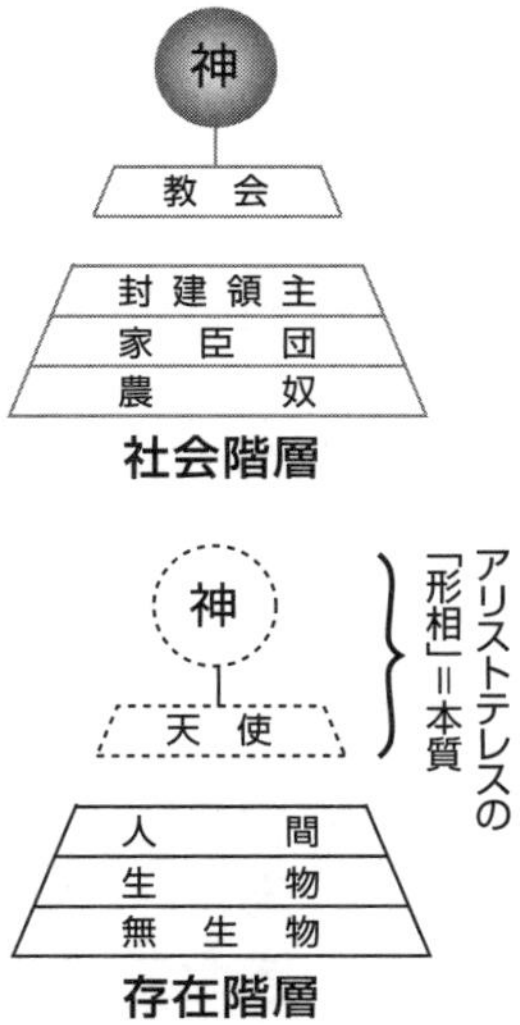

近世デカルト

——哲学は、神から自分自身へ

封建制度の崩壊

中世神学が修道院のなかで呻吟《しんぎん》しているとき、世の中はルネッサンスへ向けて着実に動いていた。15世紀のイタリアはまさにその中心地であった。

ガリレオ・ガリレイ、コペルニクス、ミケランジェロ、レオナルド・ダ・ヴィンチなど、人文思想、科学思想が続々と誕生していた。

宗教戦争（1517〜）を経て、神を抱いた教会を頂点とした封建制度は崩壊をはじめ、代わって市民階級が台頭していた時代。そこに登場してきたのがルネ・デカルトだった。

われ思う、ゆえにわれ在り

近代哲学の基礎を築いたのはデカルトである。

彼は数学的合理性で世界観を説いた。数学者であり、座標軸を発明したデカルトは、数学的方法を哲学に応用したが、それはこれまでに蓄積された複雑に見えるものを、限りなく単純化させる作業だった。

いい換えるなら、人間が人間として自らになにを問うか。神から自分自身へとその関心を移した哲学だったといえる。

デカルトはまず、「絶対確実なもの」を求める方法論を考え、「疑うものはすべて疑う」という視点に立った。

偏見の目で見たり、速断したりすることなく、疑いのまったく入り込む余地のないほど明らかに真であると確信すること以外は認めない。

問題を細分化し、単純なものから複雑なものへと認識を深め、秩序をつくり、見過ごしたものはないか再検討する。

疑い続けていった先にあるのは疑うという「私」の存在であり、その事実は変

わらない。ここに絶対確実なものがある
とデカルトは考えた。
「われ思う、ゆえにわれ在り」
デカルトはこれを哲学原理の第一義と

した。
そして、「私」が明晰な判断をすれば
他のものから区別する認識を獲得でき、
「私」が認識したものはすべて、確実に

二元論への道のり

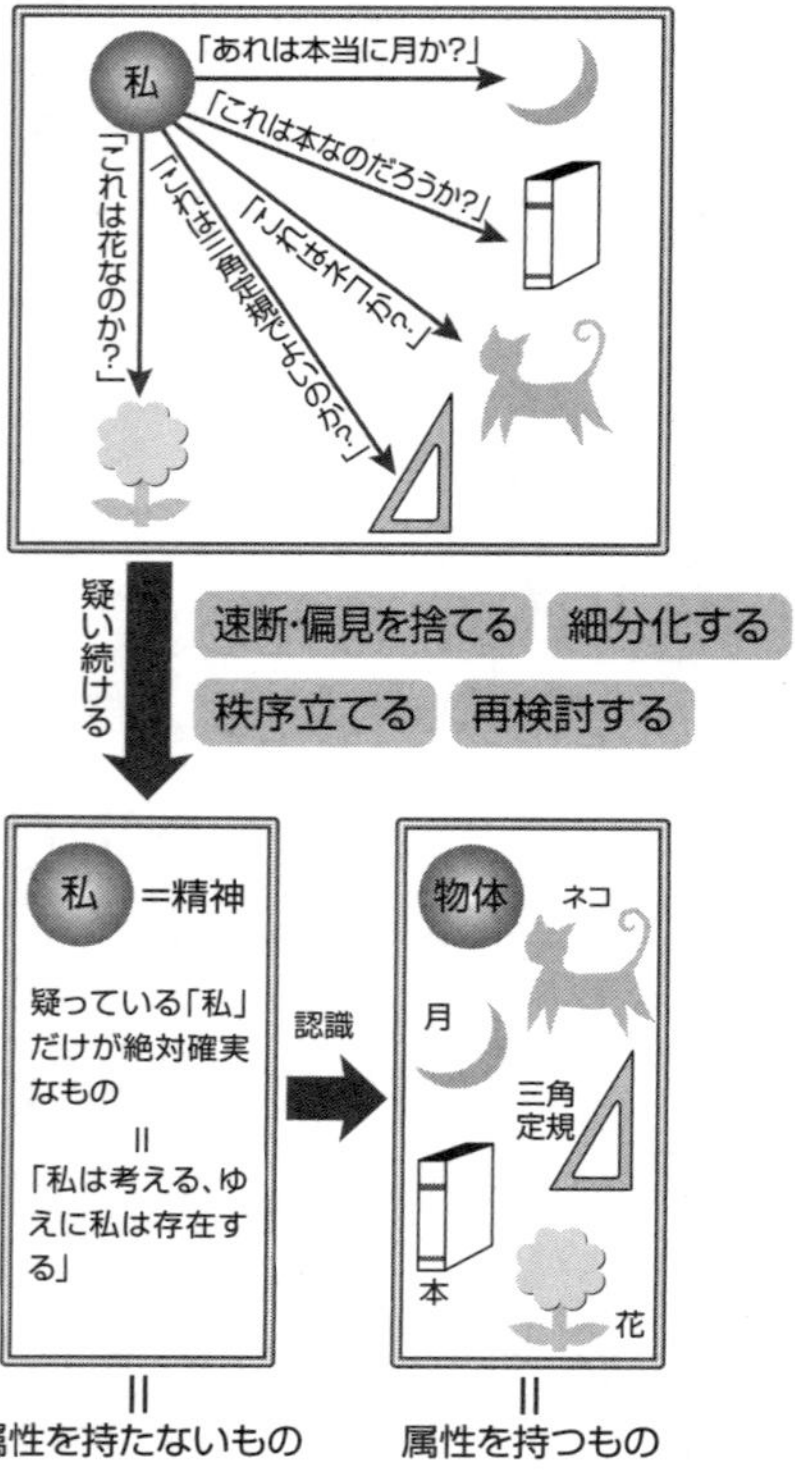

存在すると考えたのだ。

精神と物体は分離する

この考えからデカルトが導いたのが、「精神」と「物体（自然を含む）」は分離するという「二元論」である。

「精神」とはすなわち「私」であり、「物体」はそれ以外のものということになる。

物体は「私」がそこにあると認めた場合に物体となる。

目の前に本がある。「私」は本を見て「本がある」と考えている。だから「考えた私」の判断は正しい。

単純に言えば、二元論の「精神」と「物体」はこれだけの関係にある。では「私」から「物体」と判断されたそのものはどんなものか。

物体の延長

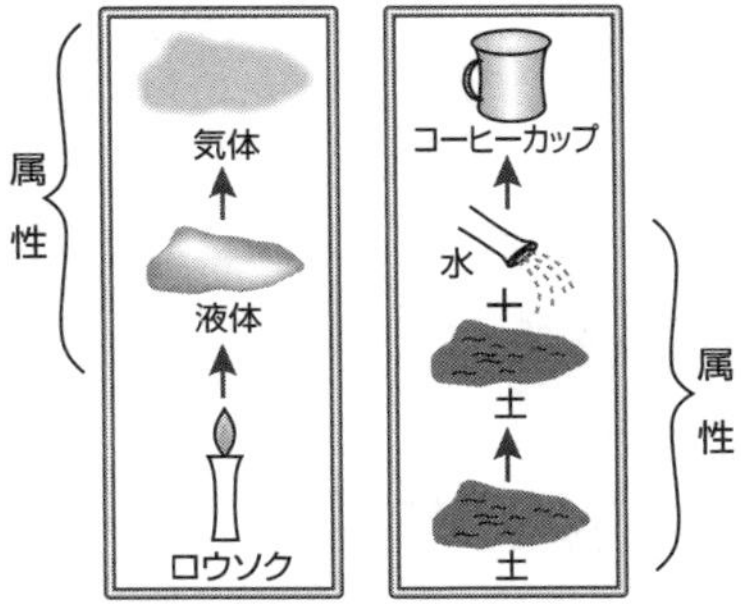

物体はどこにあっても空間は均一である

物体はどこに存在していようと物体であり、存在している空間は均一なものである。その空間には他のものが存在したり、入り込んだりすることはできない。それが物体の延長なのだとする。

中世神学にあった聖霊の宿る「モノ」は存在しないのである。

しかし、デカルトの二元論は、ルネッサンス期に花開いた科学的なものには強力な思考の背景にはなったが、哲学においてはもろさを孕んでいたといわざるを得なかった。

物体である肉体が精神と共存し、互いに影響しあっているという事実に明解な言及ができなかったからだ。

属性を持たない「私の存在」

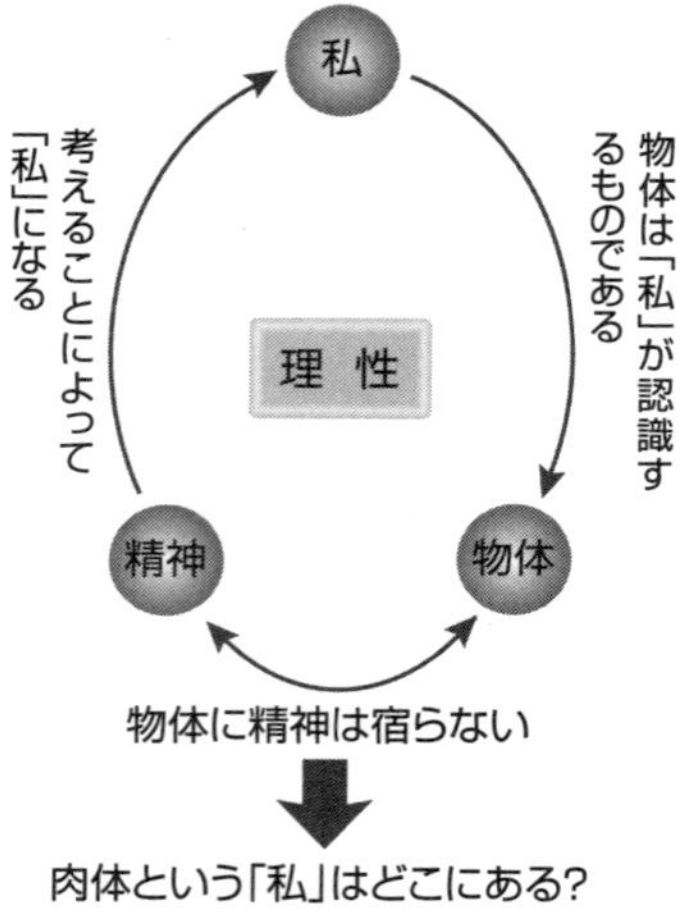

私
物体は「私」が認識するものである
考えることによって「私」になる
理性
精神
物体
物体に精神は宿らない
肉体という「私」はどこにある?

現代哲学
——ヘーゲルからキルケゴール、ニーチェへ

人間とは何かの探求

弁証法によって、人類の歴史や人間の精神の成長、思考の発展プロセスなどを解き明かしたヘーゲルの観念論。これは、哲学を体系化したという意味では、近代哲学を完成に導くものだった、といっていい。

しかし、いま、現実に生きている「人間とは何か?」、あるいは「どう生きるべきか?」という問いに明確に答えるものではなかった。

ヘーゲルを批判する形で人間の個人としての存在、つまり、「実存」に迫ったのがキルケゴールであった。

実存主義の台頭

熱烈なキリスト教徒だったキルケゴールは、神との関係のなかでいかに生きるべきかを探求した。

神を失ったとき人間は絶望に陥るが、まさにその絶望を契機として飛躍していく。

そう考えたキルケゴールは、生き方を3つの実存の段階として捉えた。

「美的実存」「倫理的実存」「宗教的実存」がそれだ。

絶望を体験しながら、その段階を昇り、宗教的実存に至ると、人間は神の前に立つことができ、真理を実現することになる、というのがキルケゴールがもたらした結論だった。

一方、キリスト教を徹底的に批判し、無神論的実存主義を展開したのが、ニーチェである。

ニーチェはキリスト教的道徳が本来の価値観を転倒させ、人間を頽廃させたのだ、と声高らかに主張し、「神は死んでいる」と宣言した。

世界に意味や目的を与えてきた神が死

んでいる以上、もはやこの世界には何の意味も目的もない。それがニーチェのニヒリズムだ。

　しかし、ニーチェはその目的も意味もない世界で生きていることを、みずから選んだのだ、と受け入れ、積極的に肯定していくことが魂の救済につながる、と指摘した。

　無意味な世界を受け入れ、そこに自分自身の意志で価値をつくり出していくのが、ニーチェのいう「超人」である。

　超人はニーチェの理想を体現する存在であった。

実存から構造主義へ

人間を「現存在」と呼び、他者とかかわり合って生きている、としたのがハイデッガーだ。

　そのかかわり合いのなかで、人間は死から目を背けて生きている。だが、確実に死ぬ存在としての自己と向き合うことなしには、めざめることも目標を持って生きることもできない。

　それが、ハイデッガー哲学の骨子《こっし》だった。

人間は本質に先立って存在しており、

すべてを自由に選択し、また、責任を負いながら、みずから本質をつくり上げていかなければならない。

そうした人間の生き方をサルトルは「自由に呪われている」と表現した。

その実存主義を痛烈に批判したのが、レヴィ・ストロースだった。

文化人類学的な視点から「人間」にアプローチしたレヴィ・ストロースは、未開社会の部族を観察することで、社会の成り立ちを解明しようとした。

レヴィ・ストロースが注目したのが近親相姦のタブーである。

なぜ、近親相姦がタブーとされるのか？

それは社会を構成する人間の意志や意図ではなく、社会の「構造」がタブーを必要としているからだ、とレヴィ・ストロースは考えたのである。

構造によって人間の行動は規定されている。

構造主義と呼ばれた、レヴィ・ストロースに始まる思想潮流は、実存主義をいわば放逐し、哲学の世界に大きな一石を投じることとなったのである。

西洋の哲学者たちはどう考えたのか

カント

「認識」のしくみを解き明かす

イマヌエル・カント
1724 ～ 1804

●

プロイセンのケーニヒスベルクに生まれる。1740 年ケーニヒスベルク大学に入学、哲学、神学、数学、自然科学を学ぶ。同大学教授の職に就いたのは 46 歳。後に総長にもなった。晩年は認知症も患い、著作はなかった。死の直後には砂糖水で薄めたワインを口にし「これでよい」の言葉を残して逝ったとされる。

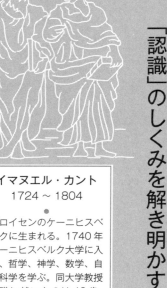

何を知ることができるか？

「ドイツ観念論哲学」の礎を築いたイマヌエル・カントが、まず挑んだのは「人間は何を知ることができるのか」という命題だった。その手はじめに、カントは「認識」のしくみを解き明かそうとする。

たとえば、何かが自分に向かって近づいてきたとき、それをまっさきに捉えるのは「感性」である。

感性は時間と空間という形式によって「何かが近づいてきた」と認識するのだ。つまり、時間の経過につれて空間（場所）

認識するとはどういうことか？
時間
空間
感性
整理
判断
思考
悟性
現象はまず感性で捉えられ、悟性によって判断される。
感性、悟性とも生まれつき人に備わっている→ア・プリオリ

が変わることで、「近づいてきた」とわかるというわけだ。

　この時間と空間という形式は、生まれつき感性に備わっているもの（ア・プリオリ）で、時間と空間からなる形式でしか、人間はものを認識できない、とした。

　ただし、感性の段階では現象が捉えられるだけで、近づいてきたものが何かはわからない。それを判断するのは「悟性」だという。

　悟性によって現象が整理され、思考が加えられて、判断が下されるのである。近づいてきたのが人なら、悟性がそれを人だと判断し、「人が近づいてきた」と認識できる。

　カントは、感性と悟性によるこれら一連の作業は、瞬時のうちにおこなわれるとした。

何をなすべきか？

　人間が認識しようとするのは目に見える対象や現象だけではない。たとえば、神とは何か、愛とは何か、生とは、死とは……といった、目に見えないことにも、思いを馳せ、知りたい、と願うのである。

　しかし、感性と悟性ではそれらを認識することができない。カントはここで「理性」をとりだす。

経験を成立させる「ア・プリオリ」

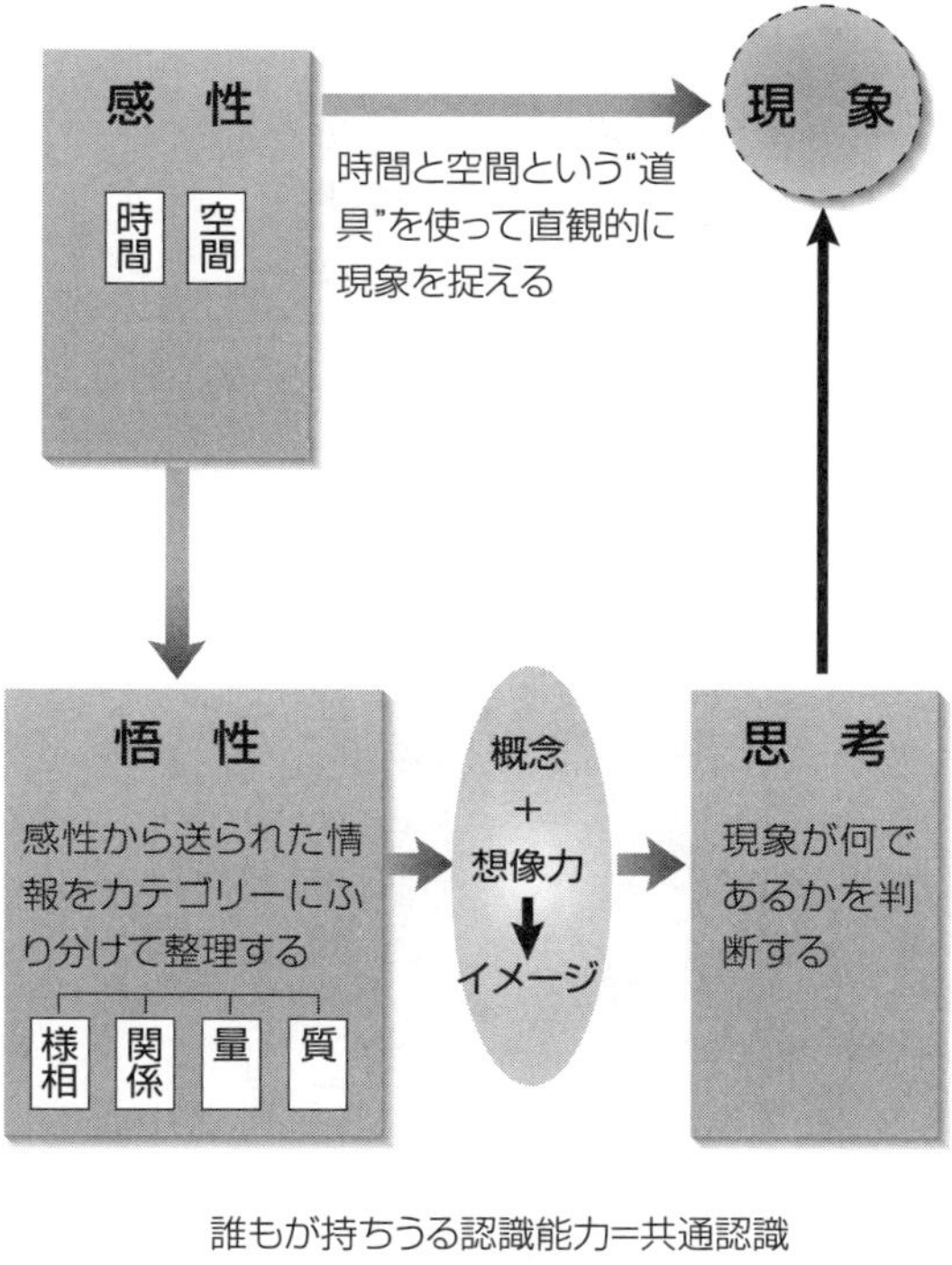

理性とは何か？

理性をもってしても、
実体の世界は解明できない

理性とは理念や理想、実態を求める能力といってもいい。感性や悟性の手にあまることも、理性なら考えることができる、とカントはしたのだ。

しかし、残念ながら理性にも限界があり、いくら考えたところで、答えを導きだすことはできない、認識することは不可能だというのがカントの結論であった。

理性をもってしても解き明かすことができない実体の世界、すなわち、理念や理想だが、考えてみると人間は理念や理想にしたがって、行動をしているのだ。

たとえば、一片のパンしか残っていない状況でも、人間は飢えている人を前にすれば、それを与える。与えれば自分が餓死することがわかっていて、あえてそういう行動をとるのだ。なぜか？

「自分よりも他人を助けたい」という理念、理想がそうさせるのである。

カントは人間をそうした行動に駆り立てる理念、理想を「道徳律」と呼んだ。

もちろん、道徳といっても時代や社会で変化するようなヤワなものではない。いつ、どんな時代、どんな人々にも共通する、信仰や宗教にも左右されることのない、普遍的な行動規範のことである。

そしてカントは、道徳律も先天的（ア・プリオリ）に、人間の理性の内に備わっているとした。

道徳律にしたがって行動することが、人間としてなすべきことであり、道徳律にこそ、人間の尊厳がある、というのが、カントが思索の末に行きついた結論だった。

道徳律とは何か？

道徳律が人間を理念、理想に沿った行動に駆り立てる

ヘーゲル

弁証法と、絶対精神

ゲオルク・ヴィルヘルム・フリードリッヒ・ヘーゲル
1770 ～ 1831

●

ドイツのシュトゥットガルトに生まれる。1788年テュービンゲン大学で神学と哲学を学び、卒業後はスイスのベルンへ。ここで家庭教師をして暮らした後、イェーナへ移り、大学で教える。その後は、ハイデルベルグ大学の哲学教授、ベルリン大学の教授、後に総長となる。61歳の時コレラに罹り死去。ヘーゲルは近代哲学の完成者といわれ、その後の哲学体系に多大な影響を及ぼした。

弁証法とはなにか

へーゲルといえば〝弁証法〟。哲学初心者でも、意味はわからなくてもこの言葉だけは聞き覚えがあるだろう。後の哲学者たちに良くも悪くも大きな影響を与えたのが、このへーゲルだ。

へーゲルが取り組んだのは、物事が、どのような過程（段階）を経て完成に近づくかを見ていくことであった。物事が完成に向かう運動を弁証法と呼ぶ。さっそくその仕組みを見てみることにしよう。

へーゲルは、とにもかくにも弁証法で有名である。この弁証法とは、劇的な発展法則のことだ。発展・成長・変化をするものには、すべてこの弁証法の法則が見られるとするのである。

たとえば、人間は生きている。けれども、人間の内で細胞は毎日のように死んでいる。つまり、人間のなかには生と死が同居している。そして、日々新しい自分となる。

このように、あるもののなかにそれ自身を否定するものがあり、かえってそれゆえに、変化生成をとげてゆくというのが弁証法である。

へーゲルは観念もこのような弁証法によって発展し、やがて真理になると考えた。ヘーゲルは、精神や観念をまるで生き物のように考えたわけである。

もちろん、こういう弁証法はファンタジーにすぎない。彼はしかし、このファンタジーを現実のように見て、歴史や精神も弁証法にしたがって発展すると考えてしまったのだった。

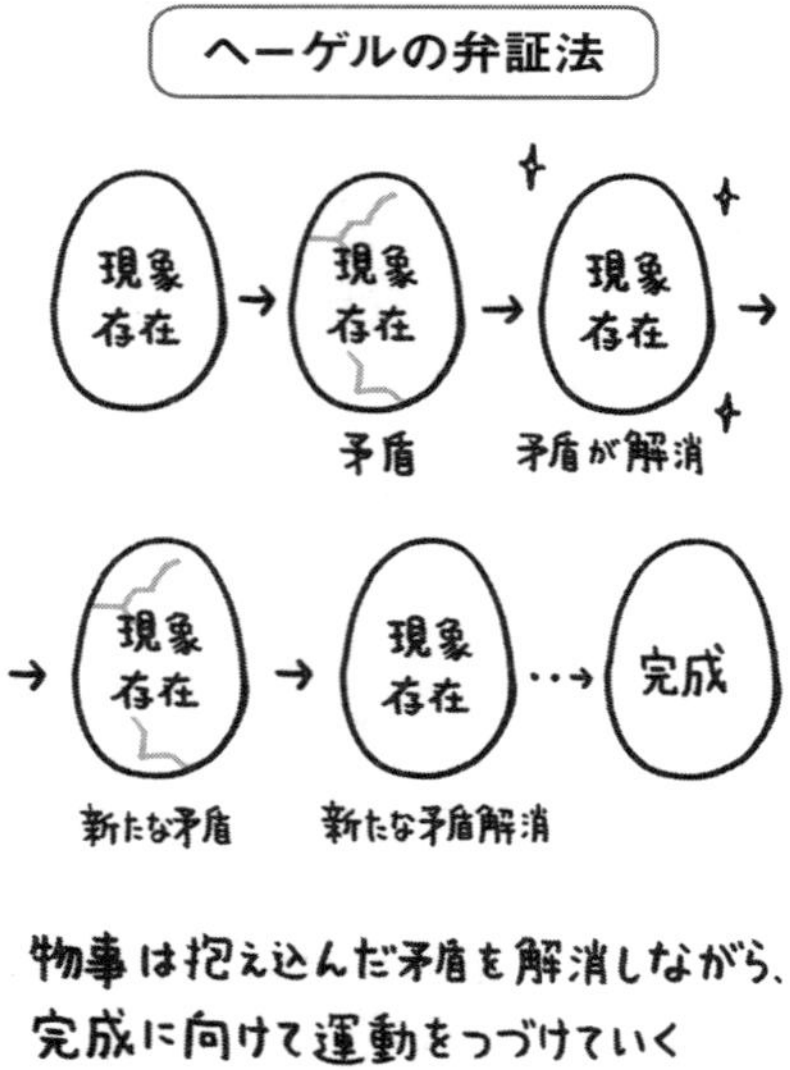

意識が変わると対象も変わる

ヘーゲルは意識の変化によって対象も変わるという。

もっとも初歩的な意識は視覚的、感覚的に対象を「このもの」と認識するにすぎない。しかし、意識が知覚の段階に進むと、対象が持っている特徴といったことも見通せるようになり、対象は「物」として認識される。

さらに意識が進むと、対象は「力の法則」として認識されるのであると、ヘーゲルはいう。例を挙げてみよう。

ここに書物があると想像してみてほしい。視覚的段階では一冊の本でしかなかったものが、知覚では書かれている内容がわかり、次の段階では、それが表現している世界を理解できるようになる、というのが意識と対象の関係である。

意識の深化によって対象が変わってゆくのは、「知」が蓄えられていくからだ。

知は意識がさまざまな対象と出会うこと、具体的には学習、経験、労働などを通して形成され、深まっていく。

対象をどのように認識するかは知によって決まる。言葉を換えれば、対象を認識するということは、自分のなかに蓄えられた知を取り出すということになるのだ。

ヘーゲルの「対象は本質的に（自分の）知に属している」という言葉は、そのことを意味している。意識は知を深めながら自分が自分であることを知る自己意識へ、さらに絶対知へ向かって成長していく、とヘーゲルは説いた。

自己意識と他人との闘い

自分が自分であることを知った自己意識は、他人を屈服させ、自分を認めさせることを求める。これは誰もが一度は経験があることだろう。他人が自己を主張することがめざわりなのだ。だから、他人の自己意識を否定し闘いを繰り広げる。
ヘーゲルはこの闘いを「承認をめぐる生死を賭した闘い」と呼んでいる。
闘いは勝者と敗者を生む。そして、勝者は主人に、敗者は奴隷になっていく。主人は承認を勝ち取り、奴隷は主人のために労働を提供するだけの存在となるのである。

主人と奴隷の弁証法

ところが、ここで、弁証法が登場する。
主人は奴隷が労働によってつくり出し

た物を消費するだけなのに対して、奴隷は労働を通してめざめていくからだ。

　奴隷はその教養を積み、より高い精神をつくりあげていく。その一方で、主人は自分に奴隷がいることによってはじめて、承認される存在であることに気づかされるのである。

　承認された存在であるという定立《ていりつ》に対

主人と奴隷の逆転

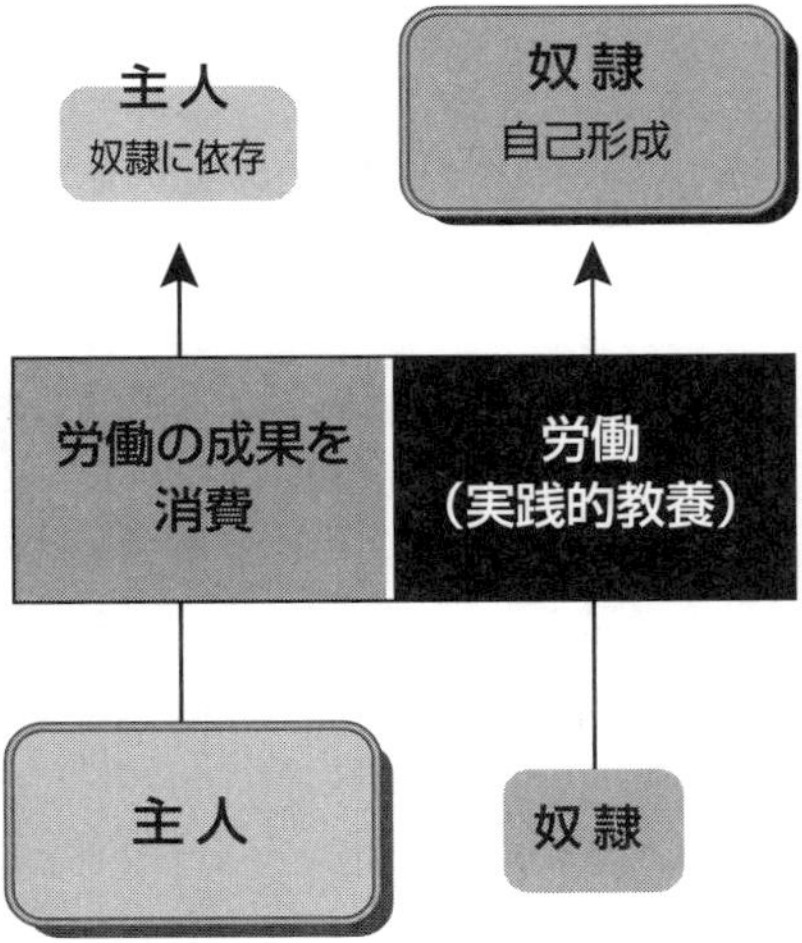

して、奴隷に依存した存在でしかないという反定立が生まれるというわけだ。かくて、主人と奴隷との関係に逆転現象の矛盾が起きる。これが弁証法の見方だ。

絶対精神とはなにか

ヘーゲルは、精神も弁証法的な運動をつづけながら絶対精神に向かうと考えた。

絶対精神とは、もはや矛盾や否定が起こりえない完成された精神のことだ。言葉を替えれば、人間を取り巻くすべての（自然も法も道徳も芸術も宗教も……）原理を内に含んだ精神といってもいい。

絶対精神は外部からもたらされるものではない。個々人の内にまどろんでいて、学習や労働、経験などによってしだいにめざめていくのだ。

歴史と絶対精神

歴史もまた、この絶対精神によって動かされているとヘーゲルはいっている。歴史の根底には絶対精神があり、それぞれの時代は、矛盾を越え、理性的に進行してきたというのだ。

イェーナ大学の哲学教授の職にあった

ヘーゲルは、自由を携えてイェーナに入城してきたナポレオンの姿に世界精神が体現されている、と確信した。

　だが、その後のナポレオンの侵略的行為はヘーゲルを失望させるものであった。ヘーゲルは国家に世界精神を見いだすようになる。当時のプロイセン王国こそ、世界精神を展開するものだと考えたのである。が、現実のプロイセンは自由を弾圧する強権国家として歴史に刻まれることになる。

　一八三一年一一月一三日、ヘーゲルはコレラに罹《かか》って永眠する。

　だがヘーゲルが打ち立てた哲学体系は、後世の哲学者に大いなる遺産として受け継がれた。キルケゴールやマルクスに見られるように、多くは批判の標的という形ではあったが。

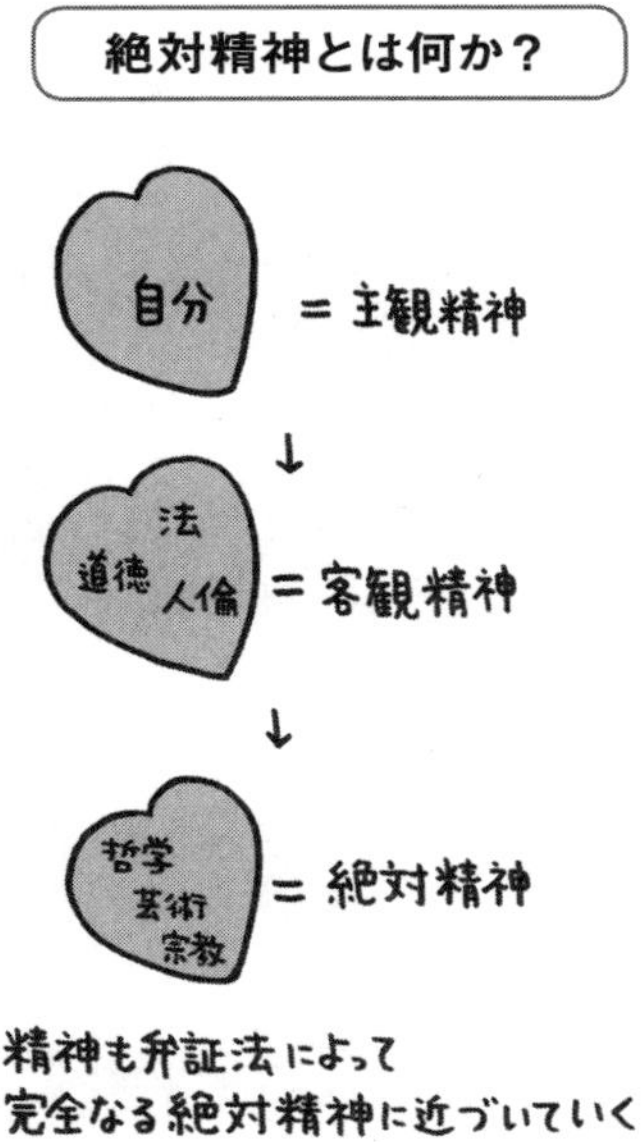

キルケゴール

生き方には段階がある

セーレン・オービュエ・
キルケゴール
1813 ～ 1855

●

デンマークのコペンハーゲンに生まれる。父は富裕な絹取引の商人であり、敬虔なキリスト教徒でもあった。そんな家庭に育ち、自らも牧師になることを志してコペンハーゲン大学の神学科に入学する。が、ほどなくしてキルケゴールはヘーゲル哲学に傾倒していく。そんな折、キルケゴールは父からの告白に愕然とする。自分は父が女中に生ませた子であること、かつて父は農奴であり、神を呪ったことに罪の念を拭い去れないのだと知る。著作に、『死に至る病』『あれか、これか』『哲学的断片』『不安の概念』『誘惑者の日記』など。

人間を三階建ての家にたとえる

キルケゴールは、ヘーゲル哲学に傾倒しながらも反発を強め、そこから独自の思索を進めていった哲学者のなかの一人。

ヘーゲルの哲学体系が、世界を合理的に解き明かそうとしたのに対して、キルケゴールは現実に存在している（生きている）自分の魂と向き合いつづけた。

自分はどのように生きなければならないのか。キルケゴールはその問いに対する解答を追い求めた。

人間がどのような段階を経て目覚めていくか、よりよく生きていくかを、キルケゴールは三階建ての家にたとえて説明している。

地下室と一階、二階を備えた立派な家だ。地下室が美的、感覚的な世界、一階

キルケゴールによる3つの実存

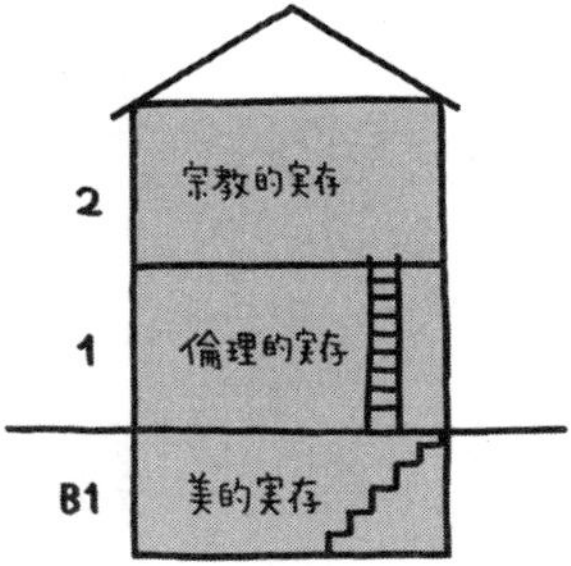

階を上るにつれて
人間は自己に目覚めていく

は倫理的世界、そして二階は宗教的世界だ。この家は人間そのもので、地下室から一階へ、一階から二階へ昇っていくことで、自己に目覚めていくことをあらわしている。

美的実存とは何か

では美的、感覚的な世界にいる段階とはどういうことだろうか。それは、自分の生き方を選ぶ基準が美や快楽になっている状態のことをいう。

これは身に覚えがある人も多いのではないだろうか。

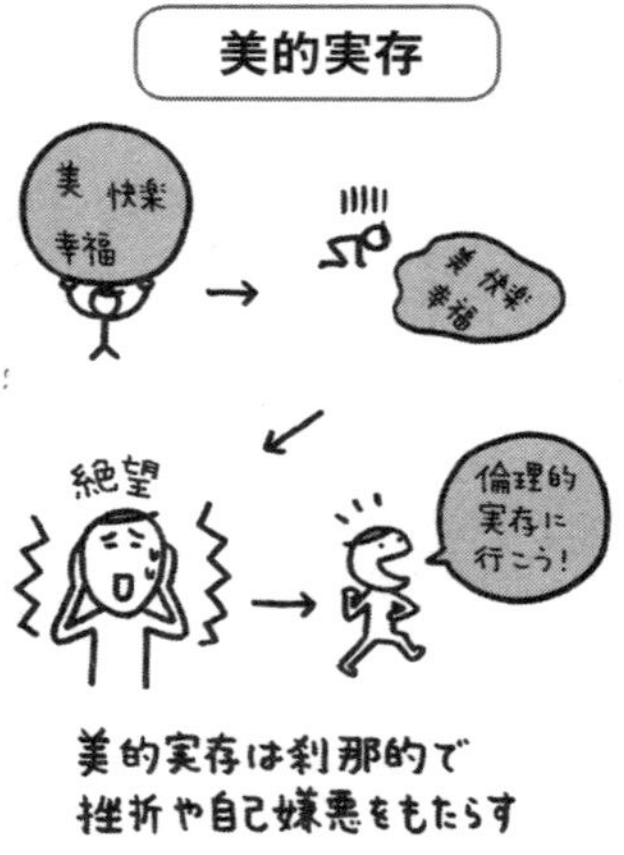

美しいものだから、手に入れたいと願う、心地よいから、それに向けて行動する、快適だから、豊かさをめざす……。つまりは、世俗的な幸福や快楽を、衝き動かされるままに求める生き方だ。

キルケゴールはこの美的実存を、否定することはしない。ただ、美的実存がゆきつく先は示している。

どうなるのだろうか。探ってみよう。

美なるものや快楽を追い求める生き方は、どうしても刹那的にならざるを得ない。

快楽をもたらすものは自分ではコントロールできないから、つねに外的世界に頼って生きるしかない。

そんな人生に思いを馳せれば、安定感もなく、なんの意味も見い出せないものであることに気づく。

待っているのは自己嫌悪と深い挫折感。それは「絶望」へとつながっていくのだ。

絶望から這い上がるには

絶望から抜け出す道はどこにあるのか。

それは、自分以外に頼ることなく、自分の人生に対する責任を引き受ける以外にはないと、キルケゴールはいう。

つまり、絶望を誤魔化すことなく認めて、「自分の人生を自分自身でつくり上げていこう」と決めるところに、絶望の深遠から這い出す希望の道はある、とキルケゴールはいうのだ。

そうして絶望から抜け出せば、美的実存とは違う生き方をすることができる。

美的実存を突き抜けた次の段階が、倫理的実存である。

倫理的実存とはなにか

倫理的に生きるとは、どのような自分を生きるのかを、自分で選んでいく生き方だ。高潔な魂を持つ人格として生きていくためにあれかこれかを選択し、自分の誤りや欠陥を正しながら、自分自身をよりよいものに変えていく。

美的実存が外の世界とのかかわりで成り立っていたのに対し、倫理的実存では自分の心の内側と向き合うことになる。

自分を知ろうとすることも、自分を変える努力をして、理想の自分に近づいていこうとすることも、意志（心）の問題だからだ。もちろん、人間が完全に倫理的に生きることはできない。どんなに努力しても正すことができない誤りや欠陥

倫理的実存では限界を知り、
無力感に襲われる

を、人間は抱え込んでいるからだ。

理想をめざして、限界を知るとき人間は無力感に陥る。なんと、倫理的実存もまた、絶望の淵に立たされざるを得ない、とキルケゴールはいうのだ。

しかし、その絶望の淵は次の実存段階への入口となっていく。

宗教的実存とはなにか

美的実存から倫理的実存へ至ってもなお、人間は絶望にさらされている。そこからさらに進むには美的実存と倫理的実存を弁証法的に統合する生き方を見い出すしかない。

神にかかわろうとする宗教的実存だ。

その説明にキルケゴールは旧約聖書『創世記』のアブラハムとイサクの話を引く。

イサクはアブラハムの息子。神はあるとき、アブラハムにイサクを生け贄に差し出すように命じる。悩み抜くアブラハムだが、神の命にしたがうことを決め、イサクをともなって山に登る。そこに祭壇を設けてイサクを手にかけようとするのだ。

信仰のために愛する息子を殺害しようとするアブラハム。キルケゴールはそこに宗教的実存を見る。

倫理的に考えると子殺しは絶対に容認できるものではない。だが、倫理的実存を超えた宗教的実存の段階では、神に自分を預けることができるのである。

ちなみに、逸話はイサクに剣を突き立てようとした瞬間、「その子を殺してはならない」という神の声が聞え、イサクはアブラハムの手に戻るところで終わっている。

宗教的実存を支えるのは、信仰だ。倫理的な生き方を貫いていても、信仰には到達できない。倫理的な生き方をしている人間は自分を知り、良識を持ち、世間的な信仰がなんたるかも理解している。

だけど、神の前に立つことはない。神の前に立つことができるのは、倫理的な合理性を捨て去り、不条理を受け入れたときだけなのだ。まさしくわが子を手にかけようとしたアブラハムのように……。

信仰に至る最後の段階としてキルケゴールは「無限の諦め」をあげている。人

宗教的実存

すべてを諦めて信仰に近づく。信仰は人間のうちにある最高の情熱である

間は有限なものに囲まれて生きている。家族も友人も財産も地位も、すべては有限である。それらを無限の諦めで包み込んだとき、信仰に一歩近づくのだという。

キルケゴールにとって信仰がどのような位置にあったかは、次の言葉から明らかである。

「信仰は人間のうちにある最高の情熱である」

死に至る病〈絶望〉

キルケゴールは多くの著作を発表したが、その多くはさまざまな偽名によるものだった。もっとも著名な『死に至る病』もアンチ・クリマクス著、セーレン・キルケゴール刊行という形で出版している。

死に至る病とは魂を死滅させる病、つまり絶望のことだ。絶望には三つある。一つは「意識されない絶望」、一つは「絶望して自分自身であろうとしない絶望」、そして「絶望して自分自身であろうとする絶望」。後者二つは意識された絶壁だ。これは絶望を自分がどう認識しているかの違いである。

意識されない絶望は、理想の自分になりそこねたときなどに生じる。

たとえば、大リーガーになるという野望を持ちながら草野球レベルに終わってしまった、恋人になると決めた異性にこっぴどく振られた、といった場合である。

このとき成りえなかったことに絶望しているのではなく、成りえなかった自分自身に絶望している。この絶望は感覚的、気分的なもので意識はされないが、絶望には違いない。

信仰によって絶望から抜け出す

この世界やこの世界のなにものかについての絶望は、意識された絶望である。

この世界になにかを望み、それが果たされないときに、人間は自分が置かれた不幸な境遇を呪い、絶望する。

この絶望は自分自身に対する絶望へと向かうが、自分自身に絶望しているのだから、その絶望のなかで自分自身であろうとすることはない。

絶望しながら、自分自身であろうとするのは、自分の抽象的な可能性についての意識がある場合だ。

抽象的な可能性を認めるからこそ、絶望のなかでなんとか自分を取り戻そうとしたり、絶望しない自分を思い描いてそこに近づこうとする。だが、それは絶望している自分を否定することにほかならないのである。

また、絶望している状況を引き受けよ

意識されない絶望

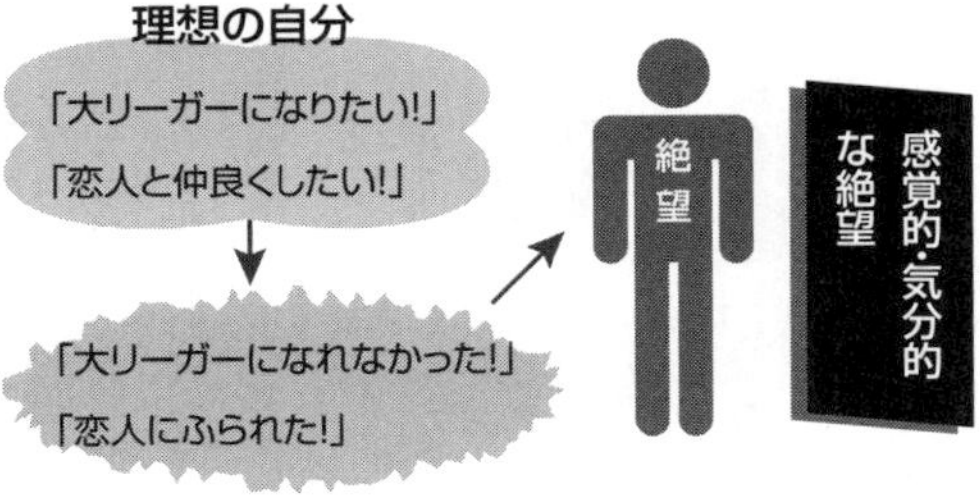

意識された絶望

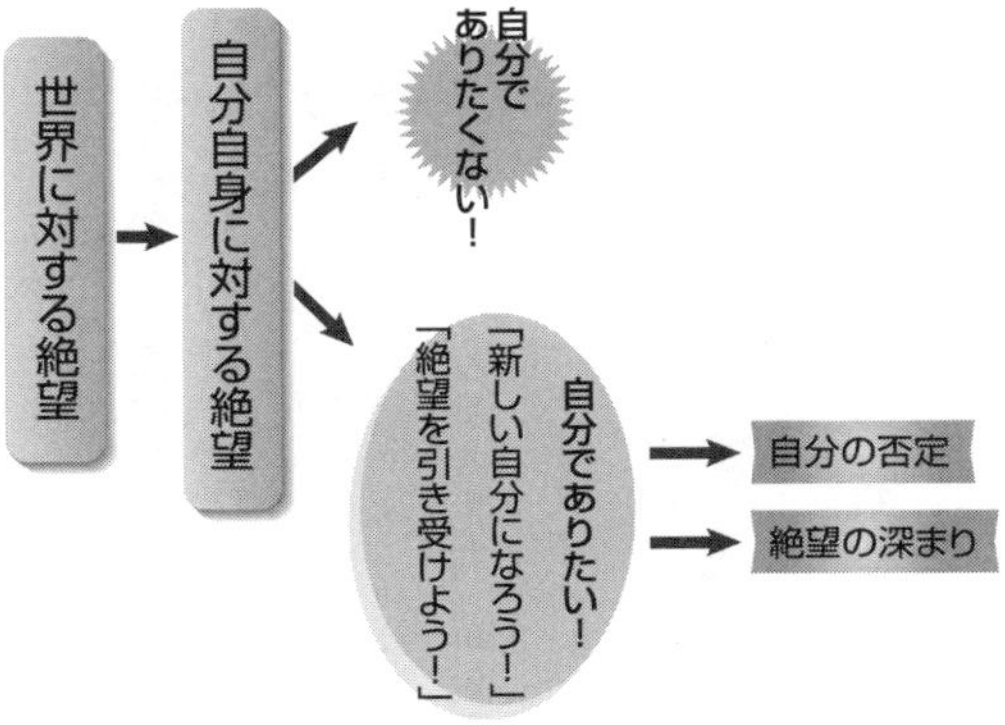

うとするのも、自分自身であろうとする試みだ。絶望している自分を意識してい ながら、ただ自分だけに頼り、遮二無二自分自身であろうとするわけだが、そのゆきつく先は絶望を深めることになってしまう。

絶望は人間であるかぎり逃れることができない必然なのである。しかも、絶望は罪だと断じるのだ。

「罪とは人間が神の前に絶望して自己自身であろうと欲しないこと、もしくは自己自身であろうと欲することである」

しかし、キルケゴールは絶望は否定すべきものでも、そこに陥らないようにすべきものではないという。むしろ、絶望にこそ自分自身になるための契機があるとするのである。

なにをもって絶望から抜け出し、真の実存となるのか。信仰だ。信仰によって人間は絶望を乗り越え、救われる。

キルケゴールはいう。

「信仰とは自己が自己自身であり、また自己自身であろうとするとき、同時にはっきりと自己自身の根拠を神のうちに見い出すことである」。

著作の出版に父親から受け継いだ莫大な遺産のほとんどを投じ、憂鬱と衰弱のなかで倒れ、絶望に襲われた晩年のキルケゴール。だが、神への信仰は最後まで失わなかった。

マルクス

ブルジョワジーとプロレタリアートの考察

カール・マルクス
1818 ～ 1883

ドイツのライン地方に生まれる。弁護士だった父からは進取の気風を受け継ぎ、父の友人からは社会主義的な影響を受けて育つ。ボン大学で法学を学び、その後、ベルリン大学に移って哲学を専攻した。その友人の娘と結婚するが、定職を持たなかったため収入は乏しく、生まれた３人の子どもは困窮生活のなかで死んでいる。

ヘーゲル以後の哲学界

ヘーゲルの死後、その哲学の信奉者たちは右派、中間派、左派に分裂する。

ヘーゲルの観念論を離れて、唯物論の立場からキリスト教やヘーゲル哲学の「疎外」の構造を明らかにしたのが、左派の論客フォイエルバッハであった。

疎外とは、本来ならば自分のなかにあるはずのものが、自分からは遠くかけ離れたものとなってしまうことだ。

フォイエルバッハはヘーゲル哲学の絶対精神が人間を疎外するとして、批判を加えた。このフォイエルバッハの哲学に強い影響を受けたのがドイツのマルクスである。

哲学論争、神学論争に明け暮れるヘーゲル左派のなかにあって、マルクスはピカイチの実践派だった。反体制的な主張を展開する『ライン新聞』の編集長となり、体制批判をおこない、民衆の悲惨な実情を訴えつづけたのだ。

政府がライン新聞を発禁処分にするほどの激烈さだった。

共産党宣言

反体制の思想家マルクスに対するプロイセン国家の弾圧は強まり、ついには国外追放の身の上となる。祖国を追われたマルクスはロンドンに渡って、生涯を過ごした。

一八四三年にプロイセンの貴族の娘ジェニイと結婚、四人の子をもうけるが、一家の生活は赤貧そのものであった。医師にかかるお金がなく、三人の子どもを失い、マルクス自身も上着を質入れしてしまったため、外出もままならない状態だったとも伝えられている。

秘密結社『共産主義者同盟』に加わったマルクスと彼の生涯の友人エンゲルスは、ロンドンで綱領《こうりょう》を発表する。

〈妖怪がヨーロッパを徘徊している。共産主義という妖怪が……〉にはじまり、〈万国の労働者よ団結せよ〉で終わる『共産党宣言』である。

**あらゆる歴史は
階級闘争の歴史である**

もっとも熾烈な階級闘争は
ブルジョワジー対プロレタリアートの
闘いである

時は折しも、一八四八年パリで起きた革命が雪崩《なだれ》をうってヨーロッパに伝播する直前、革命前夜のことであった。ちなみに、宣言はドイツ語で書かれ、ロンドンで印刷されている。

共産党宣言のなかでマルクスは「あらゆる社会の歴史は階級闘争の歴史である」と規定し、ブルジョワジー（資本家）とプロレタリアート（労働者）という二つの階級が、その時代、もっとも熾烈な対立関係にあることを主張した。

労働者の存在意義

イギリスの産業革命に端を発する工業の近代化のなか、生産手段を手中にすることによって、封建制を終焉させ、支配階級にのし上がったブルジョワジー。これに対立する階級として、マルクスはプロレタリアートを置いた。

なんら生産手段を持たず、ブルジョワジーに労働力を売り渡すことによってしか、存在しえない階級。それがプロレタリアートである。

そして、プロレタリアートの悲惨さは、労働にしか生きるすべを持たないにもかかわらず、労働することによってますます疎外されていくことにある、とマルクスはいうのである。

疎外されるプロレタリアート

マルクスの考えた、プロレタリアート（労働者）の疎外はどのようにして起こるのだろうか。資本主義下での資本家と労働者との関係を考えてみよう。

資本家は、資金や機械などの生産手段を持ち、労働者は生産のためのなにものをも持たない、というところで両者の関係は成立している。労働者はみずからの労働力を資本家に売り、資本家のためになにものかを生産する。

だが、労働者が労働によって生みだしたなにものか（たとえば、衣類だったり、食料品だったり……）は資本家の所有物であり、それを生み出した労働者の手から離れ、資本家によって商品として売ら

プロレタリアートが疎外される構図

労働者が生産した商品は
資本家が所有し、
資本家はそれを売って利益を得る

れてしまう。自分自身が生み出したものが、自分とはかかわりがないものになってしまうこの構造こそが、マルクスが指摘する「疎外」である。

疎外は労働者がたくさん生産すればするほど、大きなものとなる。

一方、資本家にとって労働者が提供する労働力は商品でしかない。一定の賃金を支払って買い上げたその商品（労働力）を使って、資本家はさまざまな商品を生産させ、販売して富を得る。労働者の生産能力が高まれば、資本家の富は増大するが、それが労働者に還元されることはない。

つまり、同じ賃金で多くのものを生産する労働者は、資本家を富ませるだけで自分は相対的に貧しくなっていく。

剰余価値とはなにか

マルクスは資本主義の原理として「剰余価値」をあげる。

通常の商品の交換、たとえば、一〇〇〇円の貨幣と一〇〇〇円の商品（酒でも食料品でも衣類でも……）を交換した場合では、剰余価値は生まれない。一〇〇〇円の貨幣と一〇〇〇円の商品は同じ価値を持つものどうしだからだ。

だが、一つだけ剰余価値を生む商品が

あるのだ。それが労働力という商品だ。労働力はそれを買った資本家に剰余価値を与えるのである。からくりはこうだ。

資本家は労働者から買った労働力を一日八時間使うとする。しかし、実際に労働者が生活していくため、いい換えれば労働力を売りつづけるためには、八時間も働く必要はないのだ。たとえば、必要な労働時間が六時間だとすれば、余った二時間分、労働者は余分に商品を生産することになる。これが剰余生産だ。

剰余生産によって手にした商品を販売して資本家は剰余価値を得る。いうまでもないが、その剰余価値は資本家が独占し、労働者にはなんの恩恵もない。剰余価値は資本家に富をもたらす源泉であり、労働者を悲惨な状況に追いやる元凶だ、というのがマルクスの指摘だ。

こうした資本主義社会をマルクス

剰余価値とは何か？

剰余価値が増えるほど、
資本家は富み、労働者は貧しくなる

搾取の構造

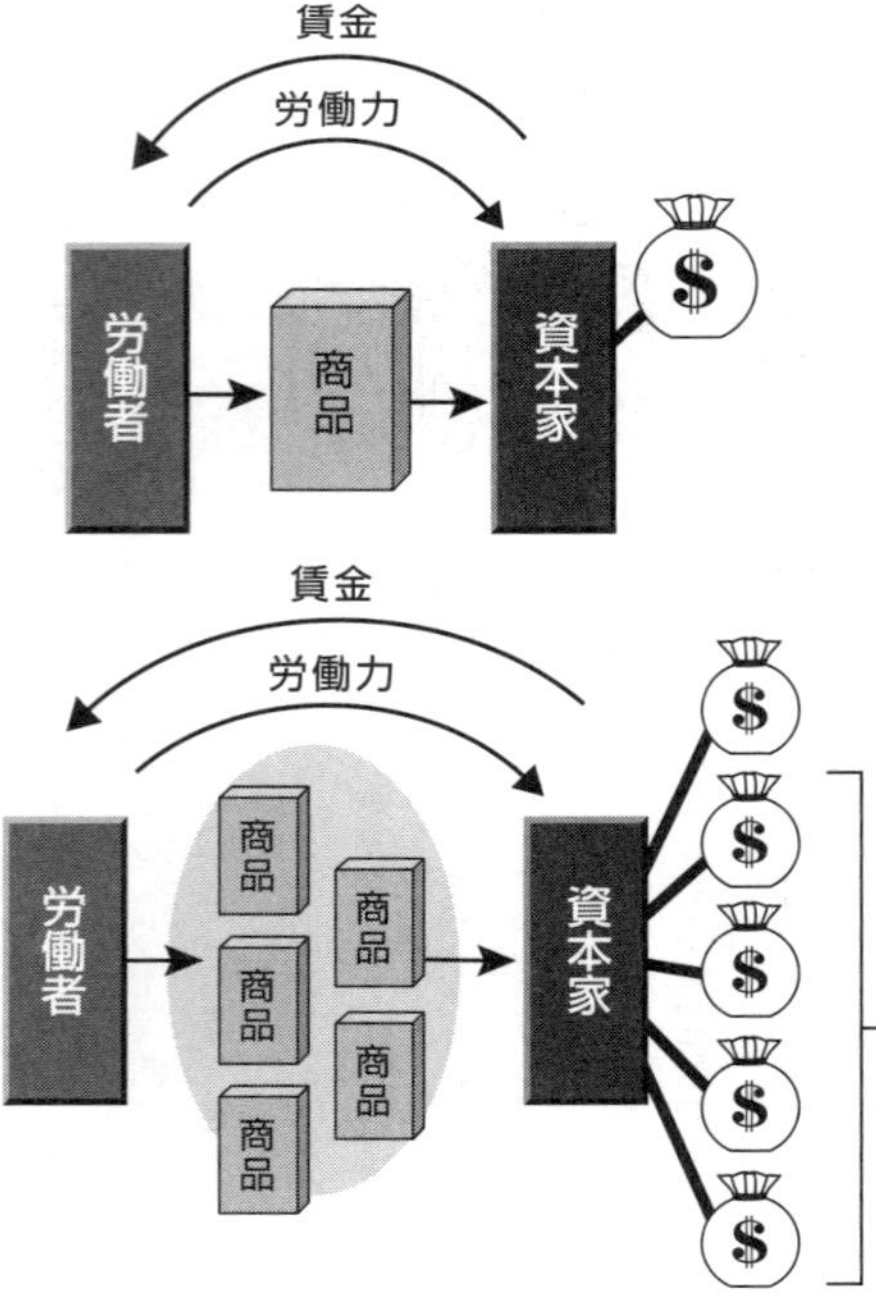

資本家の富は増えても、労働者の賃金は変わらない。

は「賃金奴隷制」と断じ、こう指弾《しだん》している。

「賃労働者は無償で資本家のために働くかぎりでのみ生きることを許される存在であること、それゆえ、賃労働者制度は一つの奴隷制であり、しかも、賃金がよくなるか悪くなるかにかかわりなく、労働の社会的生産力が発達するにつれて、ますます過酷になっていく奴隷制度である」（『ゴータ綱領批判』より）。

しかし、賃金奴隷たる労働者は団結し、暴力革命によって資本家階級を打倒し、労働者（プロレタリアート）独裁社会に移行していくのが歴史の必然だ、とマルクスは考えた。

下部構造が上部構造を規定する

ヘーゲルは完成に向かう絶対精神が、段階的に実現されていく過程が歴史だと考えた。唯物《ゆいぶつ》史観《しかん》と呼ばれるマルクスの歴史観は、それとはよほど違っている。

マルクスは生産諸関係の変遷が歴史だという。生産諸関係とは農業や工業といった生産形式や生産力、生産されたものの所有形態など、生産にかかわる総体のことである。

歴史はこの生産諸関係の変化にしたがって、原始共産制から奴隷制、封建制、資本主義、社会主義へと動いていく。そうマルクスは考えた。歴史のそれぞれの段階で社会の土台となるのは生産諸関係であり、その上に法制度や政治体制、さらに道徳や芸術、宗教、学問といった意識的な現象も乗っている。

建物でいえば、基礎にあたる生産諸関係を下部構造、上の建物にあたる法や政治、意識を上部構造と呼ぶ。マルクスはその時代の下部構造、すなわち生産諸関係によって上部構造は規定されるとした。

また、人間の意識も生産諸関係のなかでどのように存在しているかによって規定されるとする。こうありたいという意識が存在を規定するわけではないのだ。

歴史はどう動いていくのか

ある社会の生産諸関係のなかで生産力が向上すると、生産諸関係や所有形態との間に矛盾が生じる。すると、それまでは生産力の発展を受け入れてきた生産諸関係は、一転して生産力の増大を妨害するようになる。そのとき社会には革命が起き、歴史は次の段階へと動く。

たとえば、農業の生産力が高まれば、それまで小作農に甘んじていた農民が力をつけ、地主から独立しようとする。地主はその流れを押しとどめようとするが、

マルクスの歴史観

生産諸関係が社会のあり様を決め、生産諸関係の変化が歴史を動かす

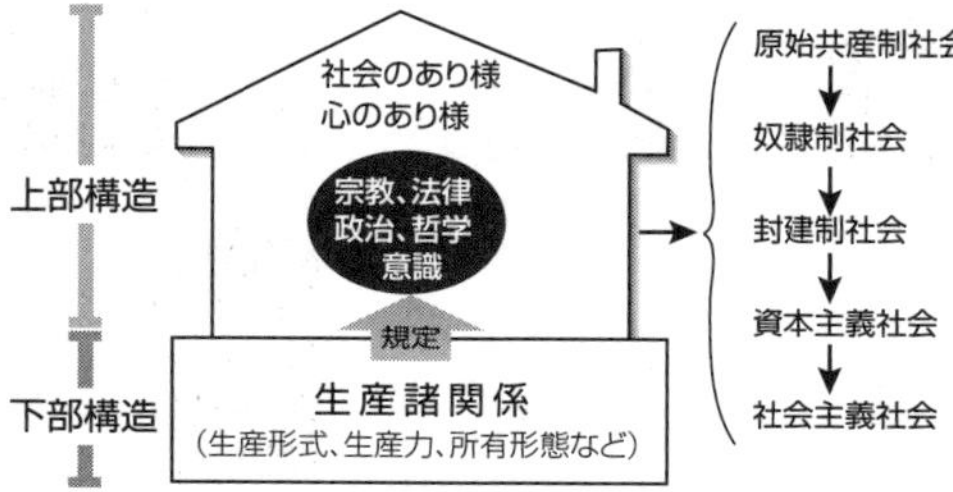

小作農は対抗して革命を起こし、土地封建制は崩壊。新たな生産形式や所有形態を持つ社会の誕生へと動いていくのだ。

封建制社会では国王や封建領主、僧侶、商人、ギルド職人、農奴という階級があった。それを支えていたのは生産諸関係だが、商人やギルドが力を蓄えてくると、現存する封建的な生産諸関係にはおさまりきらなくなる。つまり、力を得た商人やギルドは、国王や封建領主、僧侶たちに反旗《はんき》を翻《ひるがえ》すようになるのだ。そうしてブルジョワジーという階級が生まれた。

ブルジョワジーはさらに強大な力を持つようになり、封建制社会の生産諸関係を根底から覆すことになる。いわゆるブ

マルクスが見る歴史は、どう動いていくか

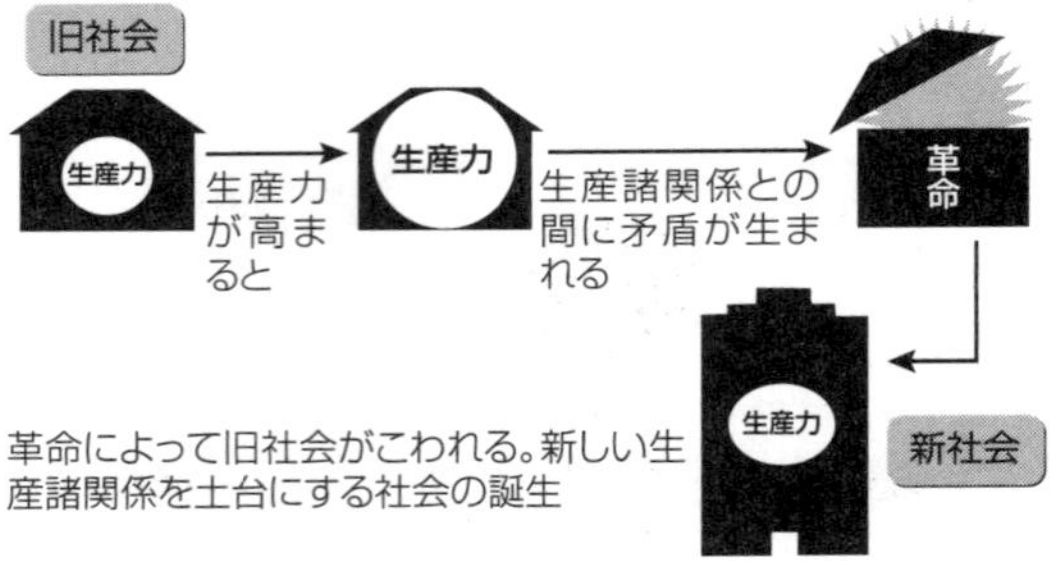

ルジョワ革命である。この革命によってもたらされたのは、新たな生産諸関係のもとに成り立つ資本主義社会であった。

だが、資本主義社会はブルジョワジーとプロレタリアートという対立する階級を生み出し、プロレタリアートはその成熟のなかで疎外されつづけていく。

マルクスは歴史は次の段階に必然的に進むと考えた。社会主義社会だ。そのためにはプロレタリアートが政治的意識にめざめ、団結することが不可欠だとした。

マルクスの理論はレーニンが主導したロシア革命によって現実のものとなったが、その後のソ連が破綻への道を進むことになったのは知ってのとおりである。

ニーチェⅠ

「神は死んでいる」の真意

フリードリッヒ・
ウィルヘルム・ニーチェ
1844 ～ 1900

●

ドイツのレッケン、プロテスタントの牧師の家に生まれる。父は５歳のときに死去。それ以降は母、妹、伯母、祖母といった女性のなかで育ち、寄宿制の公立プフォルタ学院に入学。「小さな牧師」と渾名されていたようだ。1864 年ボン大学で神学と古典文献学を学ぶが、家族の反対を押し切って神学への道を捨てる。

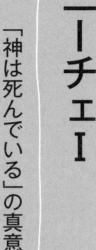

「よい」「わるい」の価値判断

　それまでの宗教的価値や哲学が解き明かした真理を根底からひっくり返そうとしたのがニーチェである。

「神は死んでいる」の言葉に象徴されるニーチェのニヒリズムとはなんだったのか。

　それは、あらゆる価値は意味のないもの、すなわち「無」だとするものだった。

　ニーチェはまず、道徳的価値観を逆転させた。「よい」「わるい」という価値判断が生じた源を解き明かすのだ。

「よい」という概念は元来、よい人間自身、あるいは彼らが持つ感情を示すものだった。よい人間とは高貴な、力のある、位の高い人々である。一方、「わるい」はその対極にあるもの。すなわち賤《いや》しく、力を持たず、低俗なもののことだ。

　ニーチェはこの価値判断を「騎士的評価様式」、「貴族的評価様式」と呼んだ。

「騎士的・貴族的な価値判断の前提をなすものは、力強い肉体、若々しい、豊かな、泡立ち溢れるばかりの健康、並びにそれを保持するために必要な種々の条件、すなわち、戦争・冒険・狩猟・舞踏・闘技、その他一般に強い自由な快活な行動を含むすべてのものである」

ルサンチマンによる善悪の逆転

ところが、これに真っ向から対立する価値判断がある。弱きもの、貧しきもの、力なきもの、賤しきものこそ「善」であるとする価値判断である。

ニーチェは「僧職者的評価様式」というこの価値判断は、古代ユダヤ人によってもたらされた、と主張する。そして、この善悪の転倒の背景にあるのはルサンチマン、つまり怨念（反感）だというのだ。

高貴で力のある階級は、力なきものを容赦なく征服する。その圧制を恨み、呪う無力な階級は、圧制者を悪とし、それとはあらゆる意味で反対の立場にある自分たちを善とする価値判断をつくり出すことで、復讐を成し遂げた、とニーチェは指摘するのである。例によく使われるのは猛禽《もうきん》と子羊だ。

「あの猛禽はわるい、したがって猛禽になるべく遠いもの、むしろその反対物が、すなわち子羊がよいというわけになる」

ここでいう猛禽はもちろん強者、子羊は弱者である。

善悪を逆転させたものとは

現実の力関係によって判断されるべき善悪、ゆえに人間性に根ざした善悪を、反感によってすり替えたこの逆転劇。これを、ニーチェは「道徳上の奴隷一揆」と罵《ののし》っている。

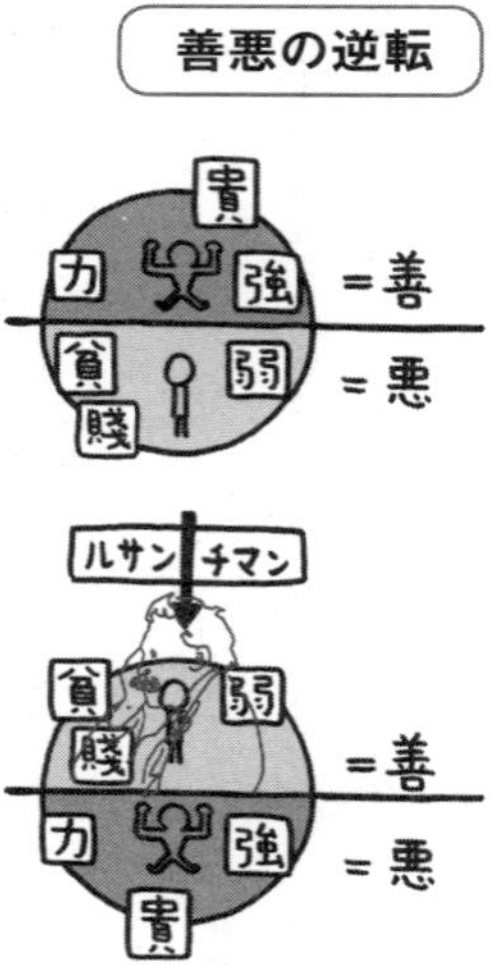

キリスト教が本来の価値観を逆転させた

価値の逆転をおこない、広く定着させたものは、いうまでもなくキリスト教である。ここからニーチェのキリスト教批判がはじまる。

神の〝死〟とニヒリズム

キリスト教が逆転させた価値観は、しだいに人間を抑圧するようになると、ニーチェはいう。当初は弱者を心理的に支えるものだった善悪が、個人に影響を及ぼすのだ。

悪は強者として外部にあるのではなく、自分自身の内にあるという考え方がキリスト教的価値観の主流だった。みずからの悪を炙《あぶ》り出すのは神である。聖なる神の前で人間は善たりえない。しかし、ニーチェは激烈な言葉でこういう。

「それは自分自身を到底救われがたい極悪非道のものと見ようとする人間の意志」

その意志はついに、人間の自然の本能まで敵対するものとして位置づけようとする。生きようとする欲望は聖なる神に背くものだというわけである。

この禁欲主義は生の否定にほかならない。この世の生は誤った、見せかけのものであり、だから意味などない。キリスト教によって生は否定されたのである。

役に立たないものの運命

しかし、科学や哲学が神の存在を危うくしていく。科学的な発見や論証、哲学的な思考は神とは別なところに真理を求めるようになったからだ。

役立たずになったものは死ぬしかない。

「神は死んでいる」

ニーチェはこの神の死によってニヒリズムは完成したのだ、と宣言するのだ。世界には価値も意味も見い出せない。それがニーチェの世界観であったのだ。

永劫回帰とはなにか

永劫回帰《えいごうかいき》はニーチェの思想を理解するためのキーワードの一つだ。

「われわれのいまの人生が未来永劫繰り返される。いま経験している一瞬、一瞬を、われわれは永遠のときのなかで繰り返し経験しなければならない」

これはどう読むべきものなのだろうか。

いまの人生が永遠に繰り返されるものだとしたら、あるがまま受け入れるしかない。「こんな生き方はいやだ」「もっと別の生き方が……」などといまを呪い、恨んでみたところで、それは永遠に繰り返されるものだからである。

とすれば、世界も自分もいまあるようにしか存在できないことを認めるしかない。永劫回帰ということがあるかぎり、あるがまま否定することはできないのだ。

あるがままの世界に「しかり（そうであった）」ということが、永劫回帰の思想のカギなのである。そして、「そうであった」を「自分がそう欲したのだ」に変えるとき、救済が可能となる。

それがたとえ、忌《い》むべき世界でも、不遇な人生でも「自分がそう欲したのだ」と受け入れる。それが生を肯定することなのである。自分が欲した人生ならば、

「よし、帰ってこい」といえる。つまり、永劫回帰にみずからを投げ入れることができるのだ。

神は死んでいる

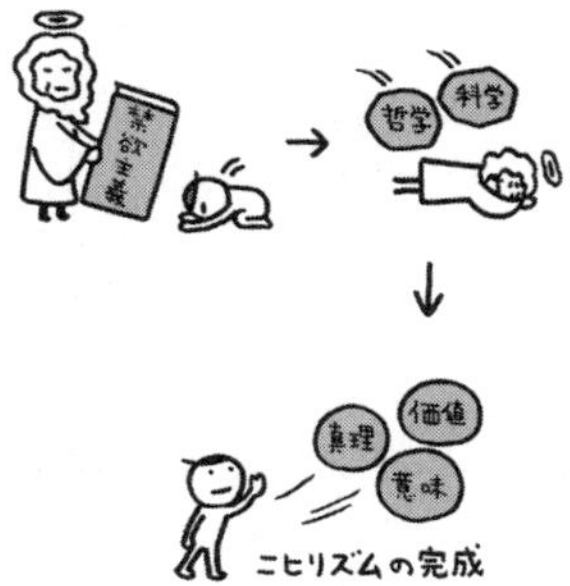

“神の死＝キリスト教的価値観の喪失”でニヒリズムは完成した

魂の救済

人生は永遠に繰り返される

あるがままの人生を肯定し、受け入れることが魂の救済につながる

ニーチェ Ⅱ

超人ツァラトゥストゥラが人間に語ったこと

フリードリッヒ・
ウィルヘルム・ニーチェ
1844 ~ 1900

●

21歳でライプツィ大学へ移り、古典文学の研究に専念し、ギリシア、ラテンの古典に精通するようになる。その才は高く評価され、25歳の若さでバーゼル大学の教授になる。著作に、『悲劇の誕生』『半時代的考察』『人間的、あまりに人間的』『権力への意志』『ツァラトゥストゥラはかく語りき』など。

力への意志とは なにか

「力への意志」とは、生命の根本的な衝動である。

くだいていえば、より力を高めようとすることと、強くなろうとすることだといっていい。

人間はこの力への意志につき動かされて行動する。

人間は力への意志によって世界を解釈し、その解釈にしたがって行動するのである。

「力への意志は解釈する。すなわち、この意志は、度合いを、権力の差異性を、限定し規定する」

たとえば、人間がある行動をとるとき、「その行動をとる」という意志と「とらない」という意志とのせめぎ合い状態が

力への意志とは何か？

人間は"力への意志＝根本原理"によって解釈し、行動する

生じる。

結果として、その行動をとったとすれば、「とる」場合と「とらない」場合の違いを解釈し、「とる」ほうに動いたのである。

その解釈も動きも力への意志によってもたらされるものだ。力への意志は意識よりもはるかに根源的なものだ。

ニーチェは力への意志がどのような形で現れるかについても言及している。

弱者（奴隷）では、主人から自由になること、解放されることとして力への意志は現れる。

また、権力に近づいた段階では、権力的に優位になることとして現れ、それが失敗に終わると、同等の権力を持つこと

力への意志はこう現れる

が力への意志になる。

そして、最強の者の力への意志は、人類への愛として現れる。

生の根本原理である力への意志は、もちろん、時代とも深く関わっている。

「力へのこの渇望はときの移り変わりに応じて、その姿を変えてきた。かつて神のためにしたことを、いま人間たちは金のためにしている」

超人「ツァラトゥストゥラ」

ニーチェが超人として登場させるツァラトゥストゥラは、火を崇拝するゾロアスター教の始祖・ゾロアスターのことである（ドイツ語読み）。
超人が人間に語るのは、神が死んだ世界では人間一人ひとりが、どこにも規範がないなかで自分自身の価値をつくり出し、すべての責任を負う覚悟で行動しなければならない、ということである。
強者は弱者を自分と引き比べて、優越感にひたるのでもなく、ましてや弱者に自分を合わせることなどせず、より高みに到達するような生き方をすべきであり、一方、弱者は自分を否定したり、より弱い人間と比較することで、自分が強者に対して抱くルサンチマンを解消するなどということをしないで、高みにある強者の生き方を目標とすべきである。

　超人の思想とはおおよそこのようなものだといえる。ニーチェ自身の言葉を引こう。

「私は私の上に、私自身があるよりももっと高い、もっと人間的なものを見る。

それに到達するようにみんな私を助けてくれ。私も同じものを認識し、同じものに悩むあらゆる人を助けてあげたい」

　ニヒリズムの蔓延という二〇世紀の時代の貌《かたち》をみごとに予見し、超人思想によってその時代の生き方をさし示したニーチェだが、生前に評価を得ることはなかった。

　しかし、そのニーチェの影響は後世の思想の流れを大きく左右するほどだった。

超人・ツァラトゥストラの思想とは

ソシュール

言語の意味とはなんなのか

フェルディナン・ド・
ソシュール
1857 ～ 1913

出身はスイスのジュネーブ。物理学や生物学などの学者を多く排出する一家に生まれる。ジュネーブ大学へ入学した頃からパリ言語学会に入会するなど、積極的に言語学を学び、ライプツィヒ大学に留学。1878 年、「インド・ヨーロッパ語における原始的母音体系についての覚書き」を、1881 年には「サンスクリットにおける絶対属格の用法についての覚書き」を発表して博士号を得る。パリ大学で 10 年間講義を持った後、ジュネーブへ帰る。

差異が言語を成立させる

スイスの言語学者であるソシュールは、まったく新しい言語の意味を提唱した。

われわれが使っている言語は二つの側面を持っている。たとえば、グラスという言語は「グラス」という音や文字と、それが示す実際のグラスからなっている。

前者をシニフィアン、後者をシニフィエと呼ぶ。翻訳すればシニフィアンは「能記」、シニフィエは「所記」ということになるが、要は音や文字による表現がシニフィアン、その表現がさし示す対象や

言語の構造

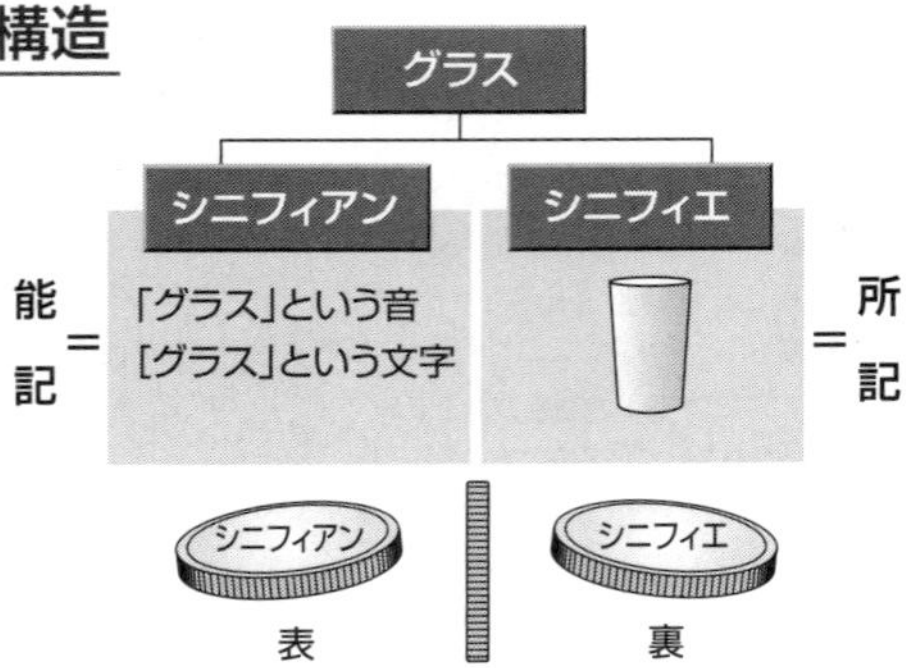

表現と対象はどちらか1つだけでは言語は成り立たない

内容がシニフィエということになる。

表現と対象はコインの裏表のように表裏一体のもので、どちらか一つだけでは言語は成り立たない。

しかし、グラスという音や文字が実際のグラスを意味しなければいけないということはない。グラスという音や文字が、たとえば、ライターを意味したっていいわけだ。グラスという表現がライターという対象を指すことをみんなが認めれば、ライターを掲げて「これはグラスだ」といってもだれもおかしいとは思わないのである。実際、ハンバーガーのマクドナルドのことを関東では「マック」、関西では「マクド」と呼ぶ人が多い。表現部分は異なっても意味するものは同じだ。

とすると、言語の表現部分と対象との結びつきは必然的なものではないことになる。マクドナルドをマックと呼ぶのも、マクドと呼ぶのも勝手なのである。

言語と対象は必ずしも結びつかない

同じ対象が違った言語表現で表される

言語は変化する

通常、言語はモノや概念につけられた名前だ、と考えられている。

空気を吸ったり吐いたりする呼吸器官を鼻と名づけ、水晶体や角膜からなる視覚器官を目と名づける。そうしたものが集まって日本語になっているわけだ。

言語がもともとあるモノや概念を対象とし、それにつけられた名前だとしたら、時間とともにその意味が変わることはない。

言語が示す対象は変化する

ところが、実際は言語は変化するのである。

たとえば、「お茶」という言語は、もとは日本茶を意味するものであった。「そろそろお茶にしましょうか？」といえば、仕事をひと休みして日本茶を飲むという意味と受け取られていた。しかし、現代ではどうだろう。

「お茶する？」の意味は、なにも日本茶を飲むことだけに限定されない。コーヒーや紅茶を飲むことも、ジュースを飲むことも「お茶する？」なのである。ほとんど「喫茶店に行く？」と同じような意味でお茶が使われている。

このような言語が示す対象の変化はいくらも見られる。

下駄《げた》や草履《ぞうり》を対象としてた履物という言語は、靴やスニーカー、サンダルなども含む言語に変化しているし、飯を炊く道具を指す「おかま」も、いまでは別の対象も指す言語となっている。

つまり、言語の対象はあらかじめ存在しているモノや概念ではないのである。言語の対象は時代によって、あるいは使い手である人間の思いによってさまざまに変化する。言語の意味は対象ではないのだ。

ソシュールの言語学は、言語は対象につけられる名前だ、と考えるそれまでの言語学、さらには哲学の常識をくつがえした。

言語は差異で成り立っている

言語の意味が対象によって決まるのでないなら、いったい何が意味を決めるのだろう。言語の意味を決めるのは、「差異」だ。

たとえば、スプーンがスプーンであることをわれわれが理解できるのは、それがフォークでもないし、箸でもない、おたまでもなければフライがえしでもないということによってである。つまり、「ほかのものがそれではない」という差異が、言語の意味を決めている。

概念についても同じだ。

東という言語の意味を決めるのは、その方角が西でもなく、南でも北でもないからだし、右という言語が右の概念を意味するのは左ではないからである。

言語は差異を示す形式でしかない。これがソシュールの言語学の中心となる考え方だ。

ポーカーなどのゲームでカラーチップをやりとりするといった経験はだれにでもあるだろう。赤が一〇ドル、青が五ドルなどと決め、勝者敗者でやりとりするわけだが、五ドルの青いカラーチップの代わりにマッチ棒を使っても別に問題はない。マッチ棒に一〇ドルではないという差異があれば、五ドルとしての意味を持つからである。

言語も同じで、言語自体が意味を持っているわけではない。意味を持つのは差

言語の意味は〝差異〟で決まる

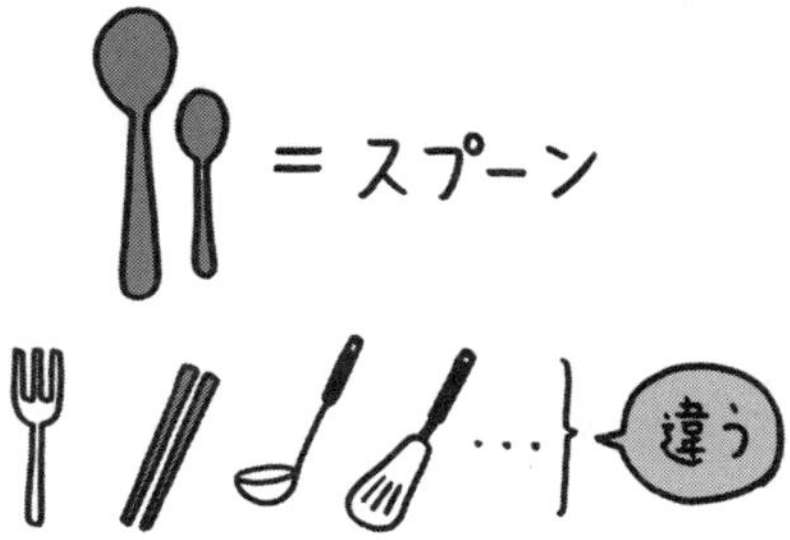

ほかのものがそれではない!

異によってだけなのだ。

言語から社会が見えてくる

ソシュールは「ラング」「パロール」ということにも言及している。

ラングとは言葉のさまざまな規則、すなわち単語の意味や文法、用法のこと。パロールとはラングを実際に話したり、文章として書いたりすることである。

われわれは単語の意味や文法、用法にしたがって話したり、書いたりするわけだから、パロールはラングに規定されていることになる。しかし、現実にはパロールがラングの規定をとっぱらってしまうことが珍しくないのである。

「お茶する」などもそうだし、このところしばしば話題にのぼる「ら抜き言葉」もパロールがラングを超えしまっている例といえる。また、なにげなくということを意味する「なにげに」も同じ現象である。

このように変化する言語を分析することは社会を分析することでもある。なぜなら、それぞれの社会のなかで、言語は差異を持ち、意味を与えられていくからだ。

言語の意味は社会によって決められる。つまり、言語を分析することは、それがどのような社会であるかを分析することになる。

独自の言語学理論で、それまで意味を持つものと考えられていた言語に、新しい解釈を与えたソシュール。その影響は言語学はもちろん、心理学や哲学、人類学の分野にまで広く及んだが、彼自身は生涯、一冊の著作も発表していない。

彼の理論が展開されているといわれる『一般言語学講義』は、一九〇六～〇七、〇八～〇九、一〇～一一年に三度にわたっておこなわれたソシュールの講義を聴講した学生らによって編纂《へんさん》されたものだ。

晩年は言語学から離れ、アナグラムに取り組んだソシュールは五七歳で没した。

フロイト

心はエス・自我・超自我の3つの層からなる

ジークムント・フロイト
1856 ～ 1939

羊毛商人の父と2度目の妻の長男として、オーストリアのフライベルグ（現チェコのプシーボル）に生まれ、母の強い愛を受けて育つ。1860年にウィーンに移住。1873～1881年、ウィーン大学で学ぶ。卒業後はウィーン総合病院に勤務し、自らを実験台に、コカインの麻酔作用を学会に発表した。中毒者が続出して顰蹙を買うこともあったが、神経病理学の専門家としての実践を積んでいく。1885年パリに留学し、ヒステリーと催眠療法に関して学び、夢の分析へと発展させた。著作に、『夢判断』『精神分析入門』『「死の本能」に向けて』『幻想の未来』など。

夢判断とフロイト

フロイトの夢判断という言葉をよく耳にする。フロイトは、人間の無意識が夢と深い関係があると気づいた人物なのだ。

眠りからめざめたときに覚えている夢を、フロイトは無意識のなかに押し込められている潜在的な願望、欲望が形を変えて現れたものだと考えた。

無意識の願望、欲望は意識を通る過程でつくり変えられ、「検閲《けんえつ》」の働きによって表に現れてもいいような形となる。ただし、実際に見た夢と記憶されている夢は必ずしも同じではなく、二次加工によってさらにつくり変えられる。

無意識のなかにあった願望、欲望が加工されてでてきた夢は、暗号やごちゃごちゃのジグソーパズルのようなものだ。実際、夢の内容を人に話そうとすると、つじつまがあわなくてうまく説明できないことが多くないだろうか。

夢と性の関係

夢は、性的な意味とはまったくかけ離れているかにみえる。けれども、夢の多くは私たちの性的な願望、欲望から発し

たものと考えられる。

　たとえば、剣や傘、銃、蛇など突き刺すことを暗示するものはペニスを象徴する。洞窟や箱など入れ物を暗示するものはヴァギナを象徴していることが多い。

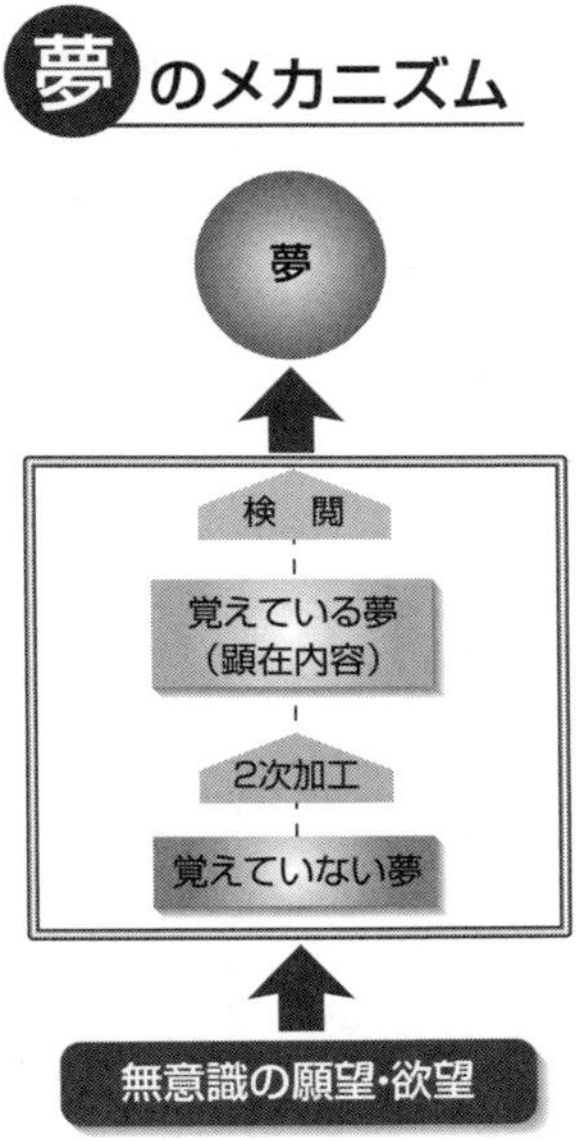

人間を動かすリビドーとは何か

私たち人間には、生まれたときから備わっている性衝動のエネルギーがある。
　それを「リビドー」と呼ぶ。
　生後一年半くらいの間は、母親の乳房を口唇で吸うことで快感を得る口唇期。
　二歳から四歳くらいの間は、便をためたり排泄することに快感を覚える肛門期。

三歳から四歳くらいの間は、性器に触れることによる快感を得る男根期だ。

リビドーはその時期、それらの器官に集中する。

もちろん、各期間とも必ずしも欲望が満たされるわけではない。口唇期に求める乳房を拒絶されたり、肛門期に粗相を叱責されたり、男根期に性器に触っているのを咎《とが》められたり、ということが当然あるだろうし、実際、経験した人も多いだろう。

こうした欲求不満や精神的ショックは、その人が成人になってからさまざまな神経症などの症状を引き起こすのだ。

口唇期に拒絶されてしまうと、失語症や拒食症になりやすい。肛門期に満たされないと、社会的な問題行動や守銭奴に、男根期の拒絶は異性の親への執着に、それぞれ結びつく可能性がある。

ちなみに、男根期は男児だけが経験する訳ではない。この時期の幼児は男児も女児もからだの違いを意識することはなく、どちらも自分が子供をつくることができると考えているという。性差を感じることがないため、女児も男根期を経験するのである。

エディプスコンプレックス

性衝動エネルギー／リビドー

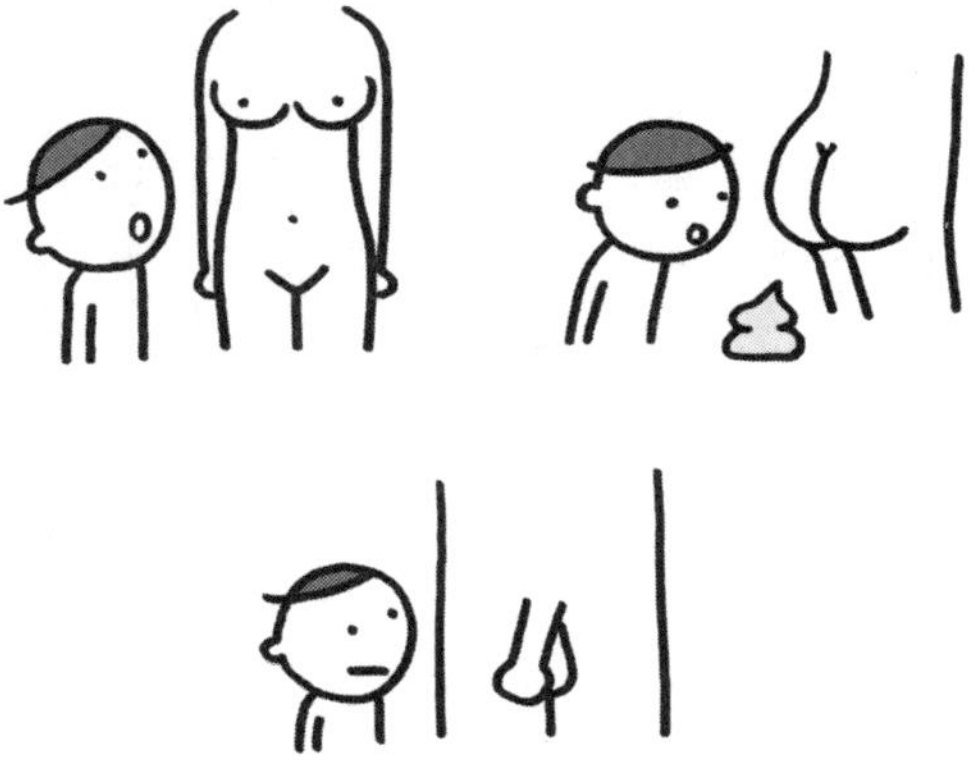

口唇期の拒絶は失語症、拒食症などに、
肛門期の拒絶は社会的問題行動、守銭奴などに、
男根期のそれは異性の親への執着などに結びつく

リビドーの固着

- **口唇期** → 失語症、拒食症…
- **肛門期** → 社会的問題行動、守銭奴…
- **男根期** → 異性の親への執着…

性の違いがわかるようになった幼児は、母親か父親に関心を向けるようになる。それは、いちばん身近な異性だ。男の子の場合は、母親を独占しようとし、その仲を割って入ろうとする父親を憎む。

これがエディプスコンプレックス。エディプスとはギリシア神話に登場する、父親を殺し母親を妻にする悲劇の王の名前だ。

一方、女の子は父親が関心の対象になる。父親に愛情を感じ、自分が母親の立場に替わろうとして媚び行動を取ったりするが、男の子のようなエディプスコンプレックスはない。

エディプスコンプレックスに陥った男の子は、母親に対する欲望を感じるが、それと同時に父親への恐怖心も生まれる。

母親を愛する父親が自分を去勢しはしないかという恐怖。去勢コンプレックスと呼ばれるものだが、この去勢コンプレックスによって、母親を欲望の対象とするエディプスコンプレックスは抑えられるのだ。

エディプスコンプレックスは六歳ころまでつづき、その後は、性的な衝動は意識の表面には現れてこなくなる。性的衝動が復活するのは一二〜一五歳くらいに訪れる思春期になってからだが、このとき性衝動は成熟し、両親から離れて他人へと向かう。

エディプスコンプレックス

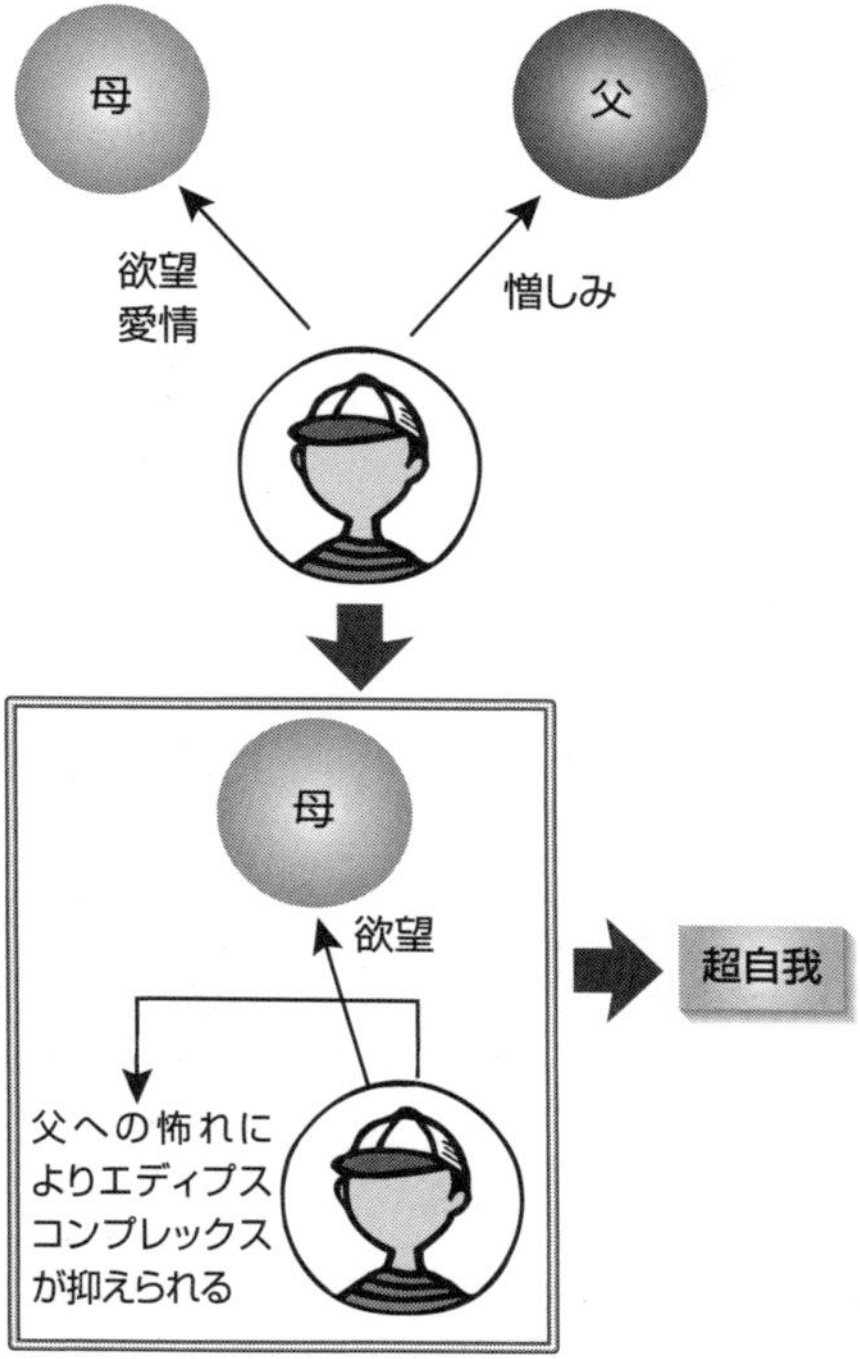

エス・自我・超自我

こころはエス、自我、超自我の三層構造だ。エスとは「それ」をさすドイツ語（ラテン語のそれをさすイドとも）。

　食欲、睡眠欲など本能的な欲求、原始的な衝動であるエスは、無意識な精神活動の源であり、生後すぐ乳児のこころはほとんどがこのエスで占められている。が、外界と触れあうことでエスの一部は変化していく。自我はエスをコントロールする。自我とエスは分離しているのではなく、エスは自我の一部だと考えられる。自我はエスを表に出そうともするし、現実社会に従わせようともする。

　また、自我には自分を守ろうとする働きもある。その自己防衛には次のようなものがある。

　自分にとって不都合なものはエスのなかにしまい込む（抑圧）。

自我の自己防衛反応

認識しているものでも、認めたくないものは拒否する（否認）。

ある衝動を抑えることによって、それとは正反対の心理をもたらす（反動形式）。

相手に対して持っている感情に気づかず、その感情を相手が自分に対して持っているかのように思い込む（投影）。

これらの働きは無意識のうちにおこなわれる。

超自我は、衝動に振り回されようとする自我を抑えるもので、良心や倫理観の基本となるものだ。これはエディプスコンプレックスと深く関わっている。

つまり、母親を性衝動の対象とし、父親を憎むこころを抑えるというプロセスを経て生まれるのだ。この超自我も自我の一部である。

無意識の存在を明らかにし、それが人間の行動を規定するとするフロイトの理論は、まさに斬新なものだった。

エス・自我・超自我の構造

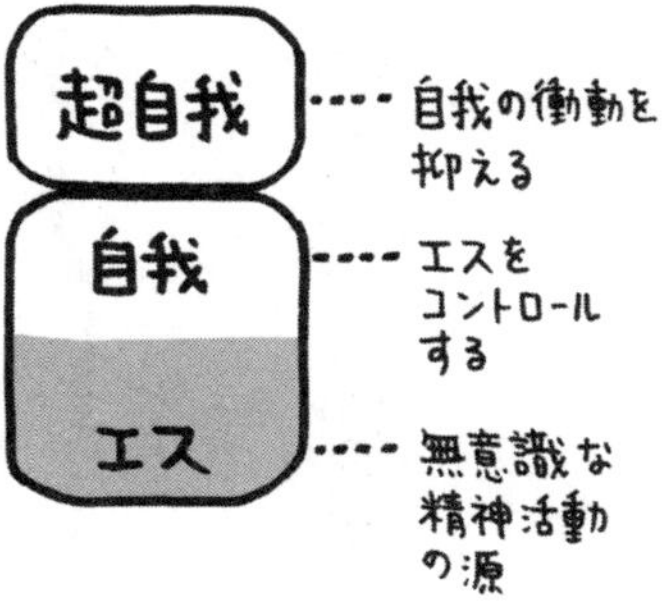

フッサール

疑うことから生まれた現象学

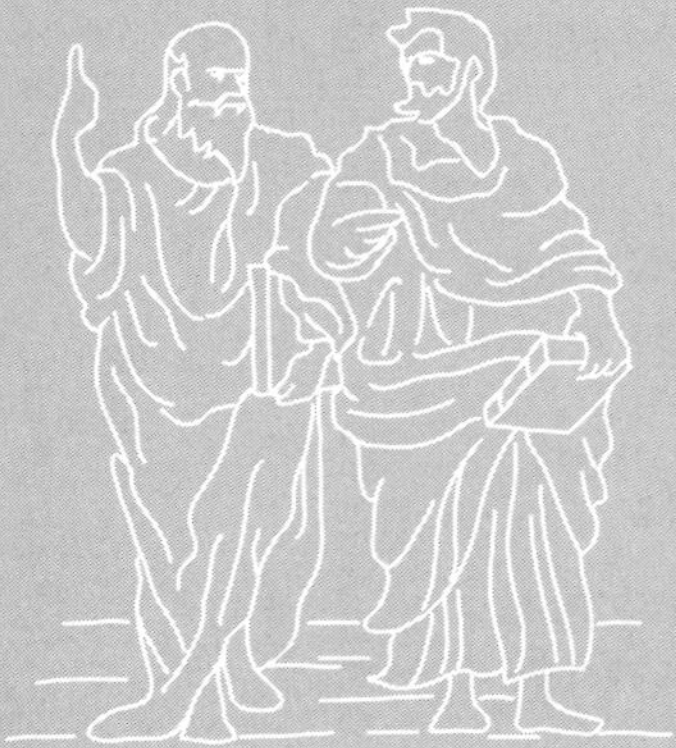

エドムント・フッサール
1859 ～ 1938

当時オーストリア（現チェコ）のプロスニッツ生まれ。ライプツィヒ大学で数学、物理学、天文学、哲学を学び、ベルリン大学では数学を集中的に学ぶ。その後ウィーン大学へ移り、ここで学位を取得。F・ブレンターノに影響され、哲学に転向する。この時期にフッサールはユダヤ教からルター派のプロテスタントに改宗している。著作に、『論理学研究』『厳密な学としての哲学』『デカルト的省察』『ヨーロッパ諸学の危機と超越論的現象学』など。

疑いからはじまる哲学

フッサールが打ち立てた現象学は疑いからはじまっている。

たとえば、われわれは目の前にあるモノを見て、それが「〜である」と認識する。コーヒーカップを見て「コーヒーカップである」、地球儀を見て「地球儀である」というぐあいだ。

ごく当たり前のことのようだが、その認識ははたして本当なのか。見ているのはそのモノが現れている姿である。しかし、モノはそこに現れている通りにあるのだろうか。それがフッサールの疑問だ。

コーヒーカップの周囲をグルリと一回りすれば、位置によって現れる姿は変化する。把手《とって》が右側にある姿として現れることもあれば、把手がない（見えない）姿として現れることもある。また、把手が左側にある姿として現れることもある。

そうしたモノとそれが現れる姿、すなわち現象との関係から、認識するとはどういうことかを考えたのがフッサールの現象学である。

思い込みを排除する

われわれはたとえば、目の前にあるコーヒーカップを見て「コーヒーカップである」と認識する。一見正しい認識のようだが、フッサールはそれは思い込みに過ぎないという。

つまり、コーヒーカップであると信じ込んでいるだけのことだというのである。こうした見方を「原信憑」と呼ぶ。

原信憑は主観的なものだから、一人ひとり違い、決して統一されたものではない。コーヒーカップ（通常、コーヒーを飲む器）が、常に灰皿として使われてきた環境にいれば、それは「灰皿である」と認識されるはずだからだ。

だから、思い込みを取り除いてしまわないかぎり、正しい認識はできない。思い込みを排除することを彼は「判断中止」「保留」（エポケー）と呼んでいる。

判断中止の対象となるのは、個人的な判断、暗黙の前提、個人的な関心、諸学説、神話や宗教的な世界像……など、一切合切だ。

判断中止がおこなわれた結果、残るのは意識である。その意識に向かって「なぜ、〜である」のかを問いつづける。現象学ではこの作業を「還元」と呼ぶ。

ここで意識とは何かという問題が浮上してくる。フッサールは「意識とはつねになにものかについての意識である」という。意識そのものがあるのではなく、対象（なにものか）があってはじめて、意識は動きはじめるのである。

対象に意識が向かうことをフッサールは「志向性」と呼んでいる。たとえ目の前にコーヒーカップがあったとしても、ただぼんやりと視界に入っているだけでは、その存在はわからない。

そのモノに意識を向ける、すなわち意識が志向性を持ってこそ、知覚（視覚や触覚）が働き、存在を意識のなかに取り入れることができるのである。

こころここにあらずといった状態のとき、見知った人間が近づいてきても気づかない、という経験があるだろう。意識が見知った人間に向けられていなかったために、その存在が意識のなかに入ってこないということだ。

エポケー（判断中止）とは？

認識はどのようにしてなされるか

われわれはどのようにしてモノや世界を認識するのだろう。

たとえば、恋人と待ちあわせたとする。雑踏で遠くからくる恋人を認識するとき、意識のなかではなにが起こっているか。

まだ、恋人が遠くに見える段階でわれわれは「あ、恋人だ！」と判断する。判断を下すための情報は視覚によるものだ。

視覚（知覚）が恋人の姿を捉え、意識がそれを恋人と判断する。この場合、恋人についてのあらゆる情報を組みあわせたり、つなぎあわせて、判断がおこなわれるわけではない。

容姿は確かに恋人のものだ、着ている衣服も、歩き方のクセもそう……というようなこまかな検証をすることなしに判

意識はどう認識するか

知覚情報から判断を下し、
新たな情報で確認していく→認識

断は下される。

ちょっとした情報だけなのに瞬時に、「あれは恋人である」という判断がなされるのである。そして、さらに近づけば、新たな視覚による情報、あるいは触覚による情報がもたらされ、恋人であるという確信（認識）に至る。

フッサールは認識とはこのように、ある程度の情報をもとにそれが何であるかを判断し、確かめていくことだ、としている。つまり、認識されるのは知覚による情報から意識がつくりあげたもので、存在そのものではないのだ。

とすれば、それは厳密な意味での認識（存在そのものを捉えること）ではなく、意識がつくりあげたものを「〜である」と確信することでしかない。

認識の地盤とはなにか

ある程度の情報から、それが何であるかを判断するときには、必ず、その判断がおこなわれる環境がある。

たとえば、森のなかを歩いていて、小さな動くものを目にしたとき、われわれは「あっ、野うさぎだ」とか「リスだ」といった判断を下す。この場合、その判断の前提になっているのは、そこが森のなかであって都会でも海辺でもないということ。つまり、周囲の環境である。

都会なら「ドブネズミだ」ということになるかもしれないし、いずれにしろ「野うさぎだ」「リスだ」という判断はおこなわれない。前出のケースでいえば、「恋人である」という判断がおこなわれる雑踏が周囲の環境ということになる。フッサールはこの環境について次のようにいう。

「認識の前提となる周囲の環境＝地盤は認識することはできないがそれ自体確実だ」

周囲の環境（認識の地盤）が確かなものだということからはじめなければ、認識は成り立たない。

認識の地盤

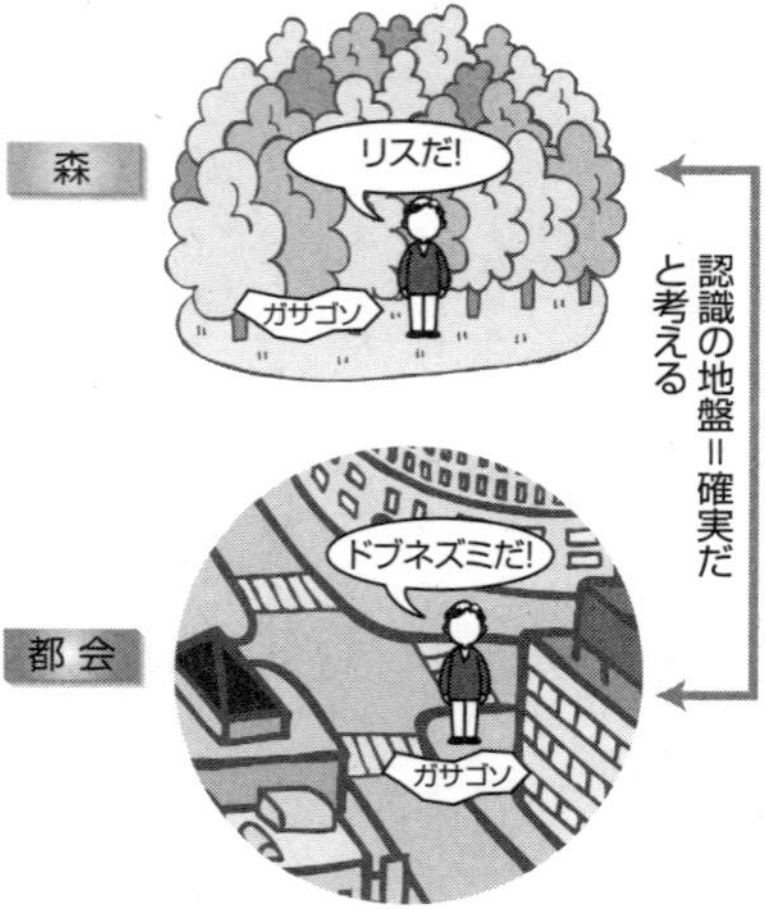

たとえば、ちらりとみえた相手が恋人だと判断できるのは、恋人と待ち合わせをした雑踏にいるからであり、それ以外の環境にいたら、そうした判断はおこなわれないはずだからだ。

仮に海外の街角にいて、恋人とそっくりの人物をみかけたとしても、「あれは恋人である」という判断がおこなわれることはない。

恋人は日本にいて、そこにいるわけはないからである。海外の街角にいるという認識の地盤が確実だと考えるからこそ、「恋人ではありえない」という判断がおこなわれるのである。われわれがおこなうあらゆる判断は、このように認識の地盤が確実だということに基づいている。

コーヒーカップか、灰皿か

視覚や触覚など、知覚によって得た情報から判断をおこない、それを確かめて認識（確信）に至る。これまでみてきたように、フッサールがいう認識の仕方を単純にいえば、そういうことになる。

コーヒーカップを見て「コーヒーカップだな」と思い、近づいて手に取り、いろいろな角度からながめ、触ってみて「確かにコーヒーカップだ」と認識する、という流れだ。しかし、この認識はあくまで主観的なもので、自分の確信でしかない。仮に自分の視覚や触覚が狂っていたら、認識にも当然、狂いが生じてくるはずである。

たとえば、コーヒーカップだと確信したモノを複数の他人が「これは灰皿だ」と主張すれば、自分の確信はとたんに危ういものとなる。

一方、複数の他人が「これは間違いなくコーヒーカップだ」といえば、自分の確信は揺るがないものになるのである。

つまり、他人との意見の一致が、「〜である」と認識するうえで大きな条件になるのだ。逆にいえば、自分と他人との意見が一致すれば、それは妥当な認識といえるのである。

意見はそれぞれの確信に基づくものだから、確信の合致がすなわち、認識ということになる。認識とはつまるところ、共通した確信ということなのだ。

認識のための条件

他人との意見の一致で"〜である"と確信する

真理も確信に過ぎない

コーヒーカップなど目に見え、触ることもできる世界に属しているモノは、だれもが知覚できるから、意見は一致しやすい。コーヒーカップに対する認識を異にする人はそうはいないはずである。

ところが、知覚できない世界はやっかいである。たとえば真理だ。

真理というものをわれわれは見ることも、触ることも、経験することもできない。フッサールはそれも知覚できる世界と同じように、意見の一致、確信の合致によって、定められるものだ、という。真理も確信に過ぎないのである。

なぜ、われわれは世界も真理も、このような方法によってしか認識できないのだろう。

それは人間が意識を通して認識するからである。世界も真理も、それそのものがあるわけではなく、意識の作用によってつくられる世界や真理を見ているだけなのだ。彼はその世界や意識を「超越《ちょうえつ》」と呼んでいる。

フッサールはいう。「事物へかえれ！」と。これは自分の知覚、意識から出発して対象に近づいていくしか、認識する手立てはないということである。

ハイデッガー

モノとヒトの存在の意味

マルティーン・
ハイデッガー
1889 ~ 1976

●

ドイツのメスキルヒという小さな村に生まれる。普通教育を受けながら神学校にも通っていたハイデッガーは、大司教のすすめによって1909年、フライブルグ大学へ入学する。入学して2年目には数学、哲学を学問の中心に置き、フッサールに師事。1919 ~ 23年の間、ハイデッガーはフッサールの助手を務めている。著作に、『存在と時間』『思惟の事に向けて』『ヒューマニズムについて』など。

存在する意味とは

存在の意味を明らかにしようとしたハイデッガーには、ギリシア哲学からはじまる西欧思想・哲学が存在に対する問いを忘れてきたという思いがあった。彼はいう。

「西欧思想は二五〇〇年にわたって存在の意味を問うことを無視してきた」

ハイデッガーは「存在するもの」を「存在者」という言葉で呼ぶ。存在者とはモノであり、動植物であり、さらには現象や関係なども含まれる。

人間も存在者だが、彼はとくに人間を「現存在」と名づけた。

存在者は三つに区分される。「事物存在」「道具存在」「現存在（人間）」である。

事物存在とは、ただ目に映っているに過ぎない存在のことだ。たとえば、部屋のすみに置かれている時計やスタンド。これらは事物存在だ。

道具存在はなにかの目的のために使われる存在だ。手紙を書くペンと便箋、料理を食べる箸やナイフ、フォーク。時計やスタンドも時間を確かめたり、部屋を明るくしたりするために点灯すれば、道具存在になる。

現存在も、状況によって事物存在にな

ったり、道具存在になったりする。居酒屋で隣の席にいる見知らぬ人は事物存在に過ぎないし、ビジネスで自分の手足となって働く人は道具存在として映っているわけだ。

つまり、存在者ははっきりと存在の場所が決められているのではなく、現存在がどうかかわるかで事物存在として意識されたり、道具存在として意識されたりするのである。

現存在（人間）は世界内存在だ

ハイデッガーが人間をほかと区別して

現存在と呼ぶのは、人間が生きることで、あらゆるモノの存在の意味を現わすからだ。

時計もスタンドも人間とのかかわりのなかでその存在の意味を明らかにしていく。

部屋のすみにあるだけでは事物存在でしかなかった時計は、人間が時間を知るために利用することによって道具存在としての意味を与えられる。

人間は、かかわったあらゆるものの存在の意味を現す場なのである。

現存在とは「存在（の意味）が現れる（場）」という意味を含んだ言葉だ。

ハイデッガーは、「人間は世界内存在

だ」という。ただし、この「世界」は、一般的な世界のイメージとは違う。事物存在、道具存在に囲まれた生活環境はもちろん、感情や知性、経験や思考といった精神活動がおこなわれる環境のことだ。

それらの環境にかかわっていくことによって、人間の世界は成り立っている。

生きるための道具として利用するのも、それを感じるのも、それについて考えるのも、かかわるということだ。そのかかわりのなかでしか人間は生きられない。

そうした現存在（人間）のありようをハイデッガーは「世界内存在」と表現したのである。もちろん、そ

存在者の3つのあり方

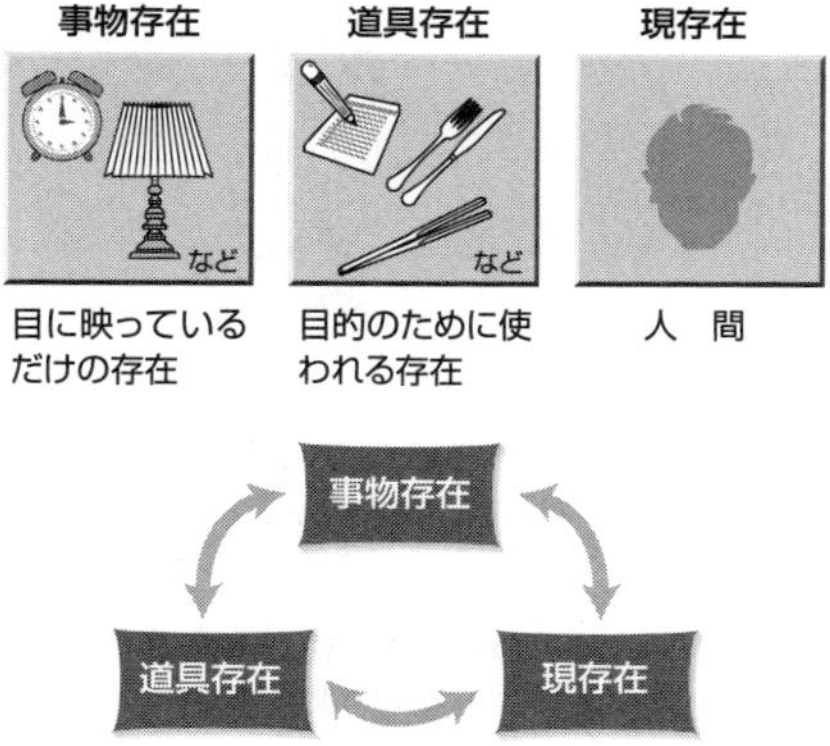

3つの存在は現存在のかかわり方で入れ替わる

現存在（人間）のあり方

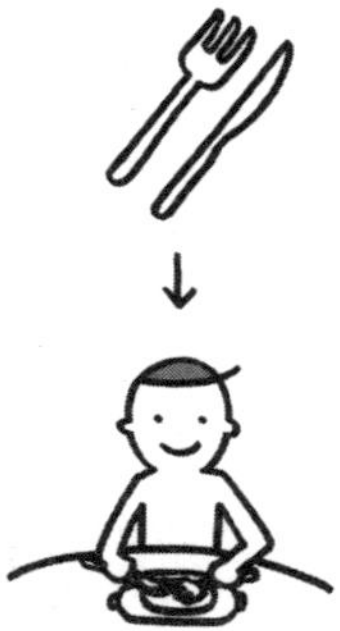

事物は現存在とかかわることでその意味が明らかになる

の世界は一つの現存在のためだけにあるのではない。他者も世界の内にある。

世界は、他者との共同世界として存在している。日常のなかで他者もまた、時計を時間を確認する道具として使う。つまり、現存在は他者と同じようなあり方で存在しているのだ。

現存在は生まれ落ちたときからすでに世界内存在なのだ、とハイデッガーはいう。

人間は時間の流れの中にある

世界とのかかわりによって意味を明らかにしていく現存在（人間）は、時間の流れのなかにある。

現在のあり方は過去に世界とどうかかわったかということに拠っているし、これからどのように世界にかかわるかで未来のあり方も変わってくる。もちろん、現在も世界とかかわって生きている。

人間はこのように過去、現在、未来という時間を抱え込んで存在している。そのなかで未来の可能性を見い出そうとしながら現在を生きる。それを「実存的生き方」という。

実存的生き方

人間は未来に可能性を見出そうとして現在を生きる

新しい世界とかかわり、新たな存在の意味を見つけるのは容易なことではない。日常に埋没して生きているほうがずっとラクなのだ。だから、現存在はありきたりな生き方をしようとする。

ありきたりな生き方とは、家族や仲間うちでとるにたらないおしゃべりをし、新聞や雑誌の通俗的でおもしろおかしい文章を読んで気を紛らし、テレビのスキャンダルにうつつを抜かすといったものである。いわゆる一般大衆としての平均的生き方ということになるかもしれない。

確かにみんなと一緒の生き方をしていれば、ラクには違いない。しかし、そうした日常生活を送っていると、現存在は「頽落《たいらく》」してしまう、とハイデッガーは指摘する。

　頽落するというのは、新たな存在の意味を見い出せず、同じことをし、同じところにとどまっているといった意味だ。これでは事物存在や道具存在とさして変わらないことになる。

　未来の可能性にみずからを駆り立てるはずの現存在が、事物存在、道具存在に成り下がってしまうのだ。

死に対する不安

　なぜ、現存在は頽落するのか。未来の可能性に唯一、確実なものがあることを知っているからである。

　自分がいつか必ず死ぬこと。

　未来の可能性に向けて生きるということは、新しい存在の意味を見つけることだが、死の先に未来の可能性はない。

　それを思うと現存在は不安になる。だから、死から目をそむけ、日常的なおしゃべりや気晴らしに逃げ込むのだ。

「死は確実にやってくる。しかし当分はまだやってこないと人はいう。（中略）こうして世人は死の確実性がもつ特徴、死はいかなる瞬間にも可能であるということを隠蔽《いんぺい》してしまう。死の確実性にはそれがいつやってくるかの不確定性がともなっているのである」

実際、日常生活では死はある種のタブーとして避けられている。誰かと話をしているとき、相手の死を話題にでもしようものなら、不謹慎とそしられる。

現存在にとって死は受け入れがたいものであり、非本来的なものなのだ。もちろん、その裏返しとしていま生きている現存在こそ本来的だ、という認識がある。

だが、ハイデッガーはまったく逆のものとして死を捉える。死は現存在にとってもっとも本来的な可能性であり、自由である、というのだ。彼は

死への不安と頽落

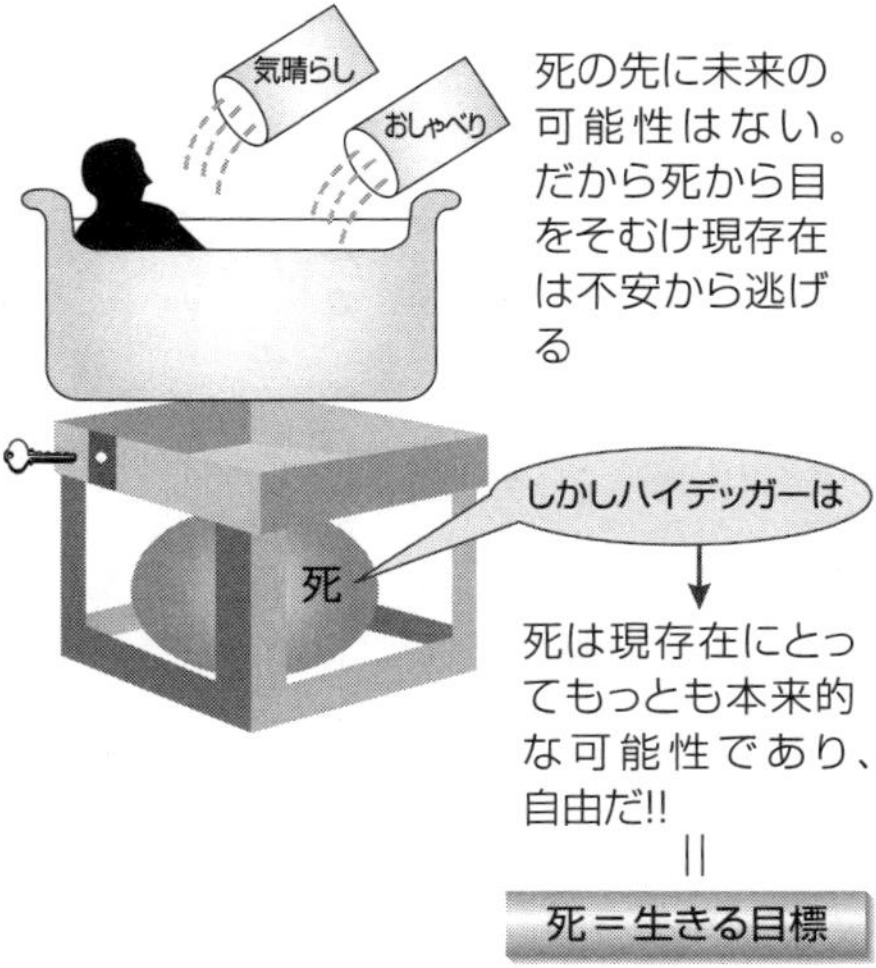

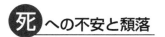

いう。

「ただ死に向かって自由であることのみが、現存在に端的な目標を与える」

　現存在がもはや存在しえなくなる、すなわち非存在である死は、ハイデッガーによって生きる目標に変わったのである。

死を引き受けることでよりよく生きられる

　人間にとって、その存在の意味が明らかになっていないのは未来だけ。だけど、その未来には確実に死がある。
　誕生によって世界に投げ出された人間は、さまざまな世界とのかかわりのなかで存在の意味を開示しながら、過去、現在を生きてきた。そして、これからも世界とかかわり、新たな意味を見いだしていくのだが、結局は死ぬしかないのだ。
　その事実がもたらす不安をやわらげるには、できるだけ死について考えないこと、そして死を忘れることしかない。
　人間にとって死など無関係なものだ、といったのは古代ギリシアの哲学者エピクロスである。人間が生きている間は、（死んでいるわけではないから）死とは関係ないし、死んでしまえば人間として存在してはいないわけだから、やはり死は関係のないものである、というのがエピクロスの主張だ。

しかし、生身の人間としてはこれほど達観することはできない。忘れようとしてもどこかで死を思い、考えまいとしても死の影がちらつくのが、現存在の現実だ。

ならば、逃げ隠れせず、死と正面から向き合ってしまえ、死を引き受けよう、とハイデッガーはいう。

死は生にかぎられた時間をもたらす。明日死ぬかもしれないという可能性を受け入れれば、時間は価値あるものとなる。

もう、おしゃべりや気晴らしで時間を浪費することなく、未来の可能性に自分自身を投じることができる。

死は唯一確実な未来への可能性

新たな存在の意味を見い出すために、世界とどうかかわっていくかの道筋も見えてくる。そのときはじめて、「良心」からの声が聞えてくる。

　この良心は倫理観や道徳といったものとは少し違う。よりよく生きることができる、という自信、確信といったほうが近い。不安や恐怖をもたらすものと考えられている死を引き受けることによってこそ、人間は本来的な存在の意味を明らかにできる。

ハイデッガーの継承者たち

　存在の意味を解明したハイデッガーは次代の思想家、哲学者たちに多大な影響を与えた。

　実存主義はもちろん、構造主義、ポスト構造主義などはハイデッガー哲学の流れを汲むものだが、とりわけ、ポスト構造主義の哲学者たちはハイデッガーの研究に積極的に取り組んだ。ミシェル・フーコー、ジャック・ラカンらである。

　ハイデッガーにはまた、ナチス党員としての顔もあった。

　フライブルク大学総長になった年（一九三三）に入党するや、講演でナチスへの忠誠を呼びかけた。アドルフ・ヒトラーについては「一人総統のみが、現在と未来のドイツの現実であり、法である」「われわれは、総統の高い意志についていくだけでいい」とまで持ち上げているのだ。

しかし、ナチス崩壊後はナチズムに加担したのは、大学総長になるための方便だったなどの発言をおこない、ユダヤ人大量虐殺についても沈黙をつづけた。

存在の意味を問いつづけたハイデッガーが、どのような理由からナチズムに傾倒していったのかはいまだに論の分かれるところである。

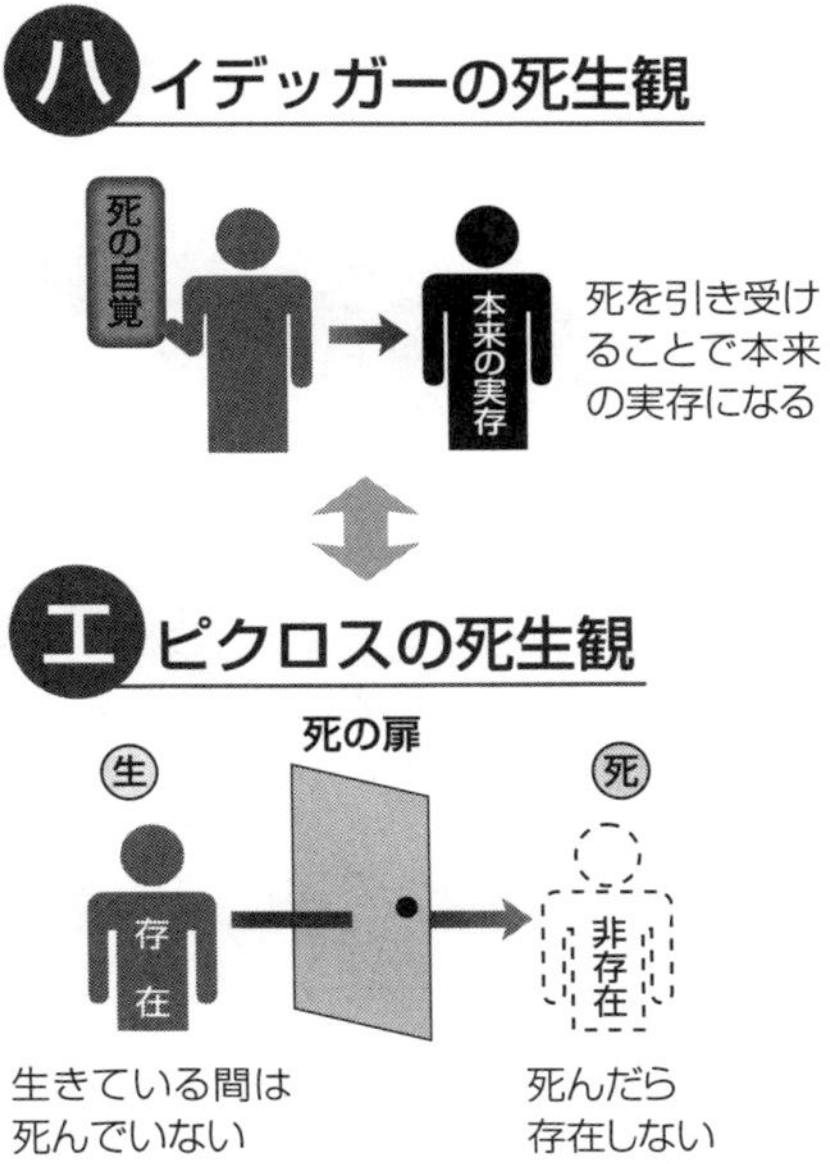

ヴィトゲンシュタイン

〝哲学の殺人者〟と呼ばれたワケ

ルードヴィヒ・
ヴィトゲンシュタイン
1889 ～ 1951

●

オーストリアのウィーンに生まれる。1903年、リンツの王立実業学校へ進み、大学では機械工学を学んだ。1908年にイギリスに渡り、マンチェスター大学で航空工学を研究。バートランド・ラッセルの『数学の原理』をきっかけに哲学に目覚める。ラッセル曰く「情熱と激烈さ」を持ったヴィトゲンシュタインは過激に、哲学に向かっていった。著作に、『論理哲学論考』『哲学探究』

ヴィトゲンシュタインの言語哲学

「言語の意味を決定するのは、事実との対応などではなく、言語の使用そのものだ」

ヴィトゲンシュタインはそういう。われわれの日常生活には、なんの事実とも対応していないような不可思議な言語表現が飛び交っている。たとえば、「あれ、明日までに」「わかりました」

当事者以外にはなんのことかさっぱりわからない表現だが、当事者間では意味が成り立っている。課長と部下の間で交わされたものなら、課長が明日までに報告書を提出するように命じ、部下が了解した旨を伝えているのかもしれないし、友人間なら、一方が貸したものの返却を求め、一方がそれに応じているということかもしれない。

こうした言語表現が成り立つのは、われわれが「言語ゲーム」に参加しているからだ。

ある人間が果物屋に、「赤いりんご五個」と書かれた紙切れを持っていった。紙切れを見た果物屋は五個の赤いりんごを手渡し、その分の料金を受け取る。一連の行動はまったく会話のないままにごく自然におこなわれる。

果物屋が「赤いりんご五個って、買うんですか？　見るだけですか？　それとも……」などと尋ねることはないし、くどくどと赤いりんご五個の意味を説明することもない。両者とも言語ゲームのルールにしたがって行動した結果、ことは互いの意図どおりに運んだのである。

言語ゲームのルールとは、生活形式の一致ということだ。生活形式が一致しているからこそ、言語表現に関する判断も一致する。

夫の「おい」で、妻には彼がお茶を所望していることが伝わるのである。あ・うんの呼吸も言語ゲームの一種だ。

ヴィトゲンシュタインのいう生活形式の一致は同じ文化圏、生活圏という狭い範囲にとどまらない。きわめて広い意味で、彼は生活形式の一致を考える。文化がまったく異なる地域にいって外国人とも言語ゲームができるのは、やはり生活形式が一致しているからである。

不思議な会話

ルールには根拠も必然性もない

スポーツにしろ、遊技にしろ、ゲームと呼ばれるものにはルールがある。しかし、そのルールには根拠や必然性といったものはない。

サッカーのオフサイドが反則とされる根拠はどこにもないし、野球で3アウトになると攻守が入れ替わることに必然性を見いだそうとしても無駄だ。ゲームに参加する者はただ、そのようにプレイするだけなのだ。

言語ゲームのルールも同じである。

「われわれは根拠もなく、ただ、そのように行為する」

実際、われわれは日常生活のなかで、根拠もなく、必然性もなく、ただそのように言語活動をおこない、行動している。

しかも、スポーツや遊技と違い、言語ゲ

言語ゲームのルール

言語ゲームのルールには
根拠も必然性もない。
"ただ、そのように"おこなうだけだ

ームではルールを覚えることもしないし、テクニックを磨くこともない。だから、だれもが言語ゲームに参加できる。

言葉を換えていえば、生活しているというそのこと自体が、言語ゲームのルールに沿っているということなのだ。

ヴィトゲンシュタインが提唱したこの言語観は言語を扱う各分野を大きく揺さぶることになった。

家族的類似とは

ヴィトゲンシュタインはゲームについて次のようにいう。

「盤上ゲームを見、次にカードゲームを見よ。似ている部分もたくさんあるだろうが、また別の特徴が現れてくる。さらに球技を見れば、さらに共通のものが消えていく。勝ち負けとか競争とかが見えてくるが、トランプの独り遊びでは、勝ち負けさえ共通ではない。運や技量も見よ。また、円陣ゲームを見よ。マスゲームを見よ。こうして見ていくと、類似が現れたり、また消えたり失せてたりしていく。しかし、すべてがゲームなのだ」

ゲームという言葉でくくられるさまざまなものには、共通する部分もあるが、また、まったく重ならない部分もある。

チェスや将棋などの盤ゲームと、サッ

カーや野球などの球技では勝ち負けを競うという点では共通するが、おこなう人数が違う。

また、カードゲームにはトランプの独り遊びのように勝ち負けを競わないものもある。すべてに共通する本質的な特質はゲームにはないのだ。しかし、それでもすべてがゲームだ。

ヴィトゲンシュタインは、こうしたゲームの性質を「家族的類似」と呼ぶ。

家族の間にはいくつもの類似がある。たとえば、父親の鼻は息子に似ている、母親の目は娘に似ている。息子のからだつきは祖父似で、気質は祖母を受け継いでいる……といったぐあいだ。

ゲームの類似　もそんな家族観の類似と同じだ。互いにどこか似ているものの、全員がここだけは共通しているというものはない。

家族的類似

本質的に共通するものはないが、
ゲームという点で似ている。
これを家族的類似と呼ぶ

共通の特徴はないのに、なにか似たところがあるという点で大きなまとまりのなかにあるような関係である。

それが家族的類似だ。

このヴィトゲンシュタインの考え方は、ある概念でくくられるモノは、すべてに共通する本質的な特徴をもっている、としてきた、伝統的な哲学を否定するものだった。

「哲学は絶対に、言語の実際の慣用に抵触してはならない。つまり、哲学のなしうることは、結局のところ、言語の実際の用法を記述することにすぎないのだ。(中略)哲学はすべてをあるがままにしておく……」

哲学の無力をあからさまにいい切ったヴィトゲンシュタイン。彼がそれまでの哲学を破壊した「哲学の殺人者」と呼ばれる所以である。

言語ゲームは多種多様

家族的類似のなかにある言語ゲームは、家族にいろいろなメンバーがいるように、多種多様な姿をもっている。
文字どおり、家族の言語ゲームもあれば、友人たちの間の言語ゲームもある。また、会社での言語ゲーム、恋人との言語ゲーム、学校での言語ゲーム……と自

哲学の殺人者

ヴィトゲンシュタインは言語ゲームで
伝統的な哲学を否定した

分がいる状況ごとにわれわれは違う言語ゲームをおこなっているのだ。

家族と話すときと会社にいるときとでは、同じように話すことはないし、恋人といるときと学校にいるときでは話し方、つまり、言語の使い方が違うのは、その場の言語ゲームが違うジャンルのものだからである。

われわれは日々、そのときどきにそれぞれの言語ゲームのなかに身を置きながら生きている。人生は言語ゲームの繰り返しなのである。

ヴィトゲンシュタインがそのゲームを終えたのは一九五一年、六一歳のときのことだった。

サルトル

人間は「本質に先立つ実存」である

ジャン＝ポール・サルトル
1905 ～ 1980

●

パリに生まれる。海軍の軍人だった父はサルトル１歳のときに死去。母の実家に戻って祖父（アルベルト・シュバイツァー博士の伯父）の書斎で本に囲まれ、何不自由なく育つ。19歳で高等師範学校入学。ポール・ニザン（後に作家）らと親交を深める。1929年、生涯の理解者となるシモーヌ・ド・ボーヴォアールと出会い、制度にこだわらない「契約結婚」の約束を交わす。２人の関係は生涯続く。著作に、『存在と無』、『嘔吐』『壁』『自由への道』『弁証法的理性批判』など。

人間の存在とは

無神論的実存主義を提唱したサルトルは、人間を次のように規定する。

「人間は本質に先立つ実存である」

実存とは文字どおり、現実に存在するという意味だが、人間は本質など持たずに存在しているというのだ。

このサルトルの人間観は、それまでの人間観とはまったく違うものだった。

なぜなら、「人間とは～である」というのがそれまでの人間観であり、「～」がまさに本質とされていたからだ。

サルトルは人間は「本質に先立つ実存」という点でモノとは違う、という。

ペーパーナイフの本質は「紙を切る道具」ということだ。

ペーパーナイフにはまず、この本質があって、それをつくる職人ももちろん、本質をわきまえていてペーパーナイフをつくる。できあがったペーパーナイフも「紙を切る道具」という本質を備えている。

つまり、ペーパーナイフ（モノ）は、はじめに本質があって存在している。モノは「本質が実存に先立つ存在」なのだ。

一方、人間はペーパーナイフのような本質をもっていない。

「このように生きるべきだ」とか「この

人間とモノの在り方の違い

モノ　―本質は実存に先立つ

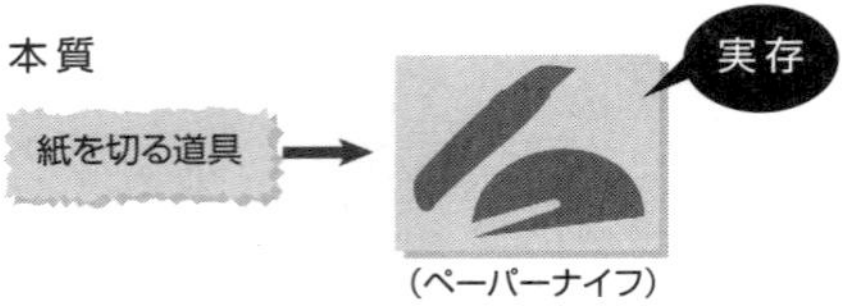

人間　―実存が本質に先立つ

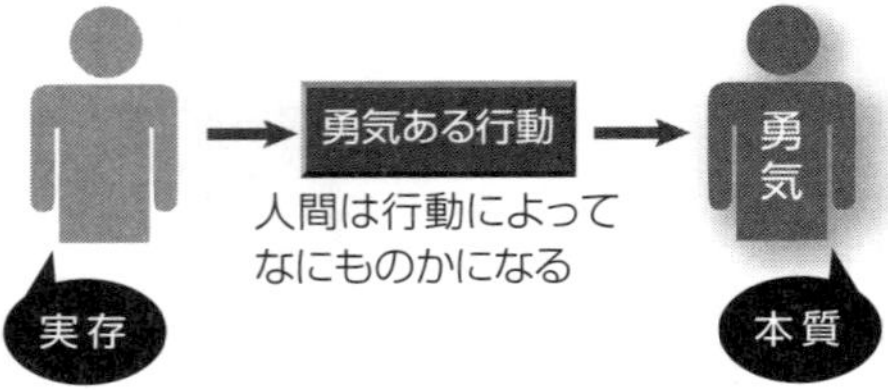

ようなものであるべきだ」といった定義をもたないままに、存在してしまっている。

「彼は勇気がある。勇気が彼の本質だよ」ということはあるにしても、勇気は彼にもともと備わっていたものではない。彼が勇気ある行動を示すことによって、勇気がある人間になるのである。

人間は行動によってなにものかになっていく存在であり、自分が行動することで自分をつくっていかなければならない。

サルトルはそれを「本質に先立つ実存」という言葉で表現したのである。

人間は「自由」に呪われている

本質をもたない人間は、行動によってどのような人間かが決まる。

「人間とは人間自身がみずからつくるところのもの以外のなにものでもない」

人間は（人間の本質を知る）神がつくりたもうたものなどでは断じてない、というのがサルトルの主張だ。

一九四五年一〇月、パリでおこなった『実存主義はヒューマニズムである』と題する講演で、サルトルは自分の哲学が「無神論的実存主義」であることを高らかに宣言するのである。

人間がみずから自分をつくる存在だということは、自分の行動を自由に選び、どのような人間になるのかの自由も与えられているということである。すべてにおいて自由な存在。それが人間なのだ。

だが、その自由がじつは、人間を縛りつけている。

自由であるということは、どうふるまおうが、どう生きようがいいということだが、そのふるまい、生きざまに対する全責任を負わなければならない、ということでもある。なにかから自由になるのなら、解放感にもひたれるわけだが、もともと自由であり、すべての責任を背負い込むのだから、この自由はかなりしんどい。

「人間は自由へと呪われている」

こう生きるべきだなどという指針をいっさい与えられず、善や悪の判断も自身でしなければならない。自由であること以外のあり方ができない人間は、〝自由

人間は自由へと呪われている！

の刑〟に処せられつづけているようなものだというのである。

アンガージュマンとはなにか

サルトルの無神論的実存主義のキーワードの一つが「アンガージュマン」だ。

アンガージュマンとは「社会参加」という意味。現実にある社会に積極的に参加していく（かかわっていく）べきだ、とサルトルはいう。

人間は自由な存在であり、そのなかで絶えずどう行動するかの選択を迫られている存在だが、自分が生きている時代の状況とは無縁ではいられない。状況に拘束されているのもまた、人間なのである。

どのような時代状況であっても、人間はそこでどう行動するかを選択しなければならない。

戦争が起これば、戦争とかかわらずに生きることはできない。「いや、戦争には断固反対だから、かかわることはしない」といって、戦争に加担せず、ひっそりとどこかに逃れて生活を送ったとしても、状況のなかで行動を選択しているのだ。「戦争から逃げる」という選択も戦争にかかわることとなのだ。

どのようにしようと、決して逃れることができない状況はある。ならば、その状況のなかでどう行動するかを、積極的に選択していく。それがサルトルの主張するアンガージュマンである。

「私がある戦争に動員されるならば、この戦争は私の戦争である。私はこの戦争から逃避しなかった。私はこの戦争を選んだ」というサルトルの言葉は、アンガージュマンの姿勢を強く訴えるものだといえる。

サルトルは戦争などの過酷な状況のなかでこそ、状況とどうかかわるかを決める自由が明らかになる、ともいっている。「われわれはドイツ占領下にあったときほど、自由だったことはなかった」というサルトル。平和で平凡な日常を生きているときは、かえって自由を見失ってしまう、

アンガージュマンとは何か？

とサルトルは考えたのである。

意識はモノとの関係としてある

　フッサールは「意識はつねになにものかについての意識だ」と定義した。サルトルもこの考え方を受け継いでいる。サルトルは、意識とは対象（世界）との関係そのものだという。

　たとえば、目の前にあるコーヒーカップを見ているとき、意識はコーヒーカップと関係している。しかし、サルトルによれば、それはコーヒーカップと意識というものがそれぞれあり、両者が関係しているのではない。意識はコーヒーカップのように実在するモノではなく、本来はからっぽなのだ、と彼はいうのである。

　意識はコーヒーカップ（対象）があってはじめて、それに向けられる。対象とのそうした関係そのものが、サルトルのいう意識である。

　では、実際には目の前に存在しないものについてはどうだろう。われわれは目の前にコーヒーカップがなくても、コーヒーカップをイメージすることはできる。

　意識が対象との関係そのものだとすれば、対象がない場合のこの現象は、意識のなかにあるコーヒーカップのイメージを対象にしているといえるのではないか。

つまり、意識はからっぽではなく、イメージを抱え込んでいるのではないのか。

サルトルはコーヒーカップをイメージ（想像）しているときも、想像しているコーヒーカップは意識の内側にではなく、外側にある、という。外側になければ意識の対象とはなりえないからだ。

即自存在と対自存在

サルトルはモノと人間とはまったく違ったあり方をしている、という。モノはそれ自体でなにかにかかわるということをしない。かかわるということは、自分は「それではない」ということなのだ。
人間がコーヒーカップとかかわる（を意識する）ことができるのは、人間がコーヒーカップではないからだし、世界とかかわっているのは、世界ではないからである。コーヒーカップではない、世界ではない、ということは、人間がモノや世界との間に裂け目をつくり出すことだ、とサルトルはいう。
言葉を換えれば、距離を取るということである。その裂け目や距離を、彼は「無」と呼ぶ。そして、この裂け目や距離こそが、人間の意識だ、とサルトルはいうのである。
一方、コーヒーカップのようなモノは

「自分は〜ではない」という存在の仕方はしていない。意識も持っていないし、過去も現在も未来も、ただコーヒーカップとしてありつづけるだけである。

　こうした存在の仕方をしているものをサルトルは「即自存在」と呼ぶ。即自存在は世界との間に裂け目をつくることはない。これに対して、意識を持ち、世界との間に裂け目をつくる人間は「対自存在」と呼ばれる。両者の違いをサルトルは次のように定義する。

「それであるものであり、それでないものでない」（即自存在）、「それであるものでなく、それでないものである」（対

即自存在と対自存在

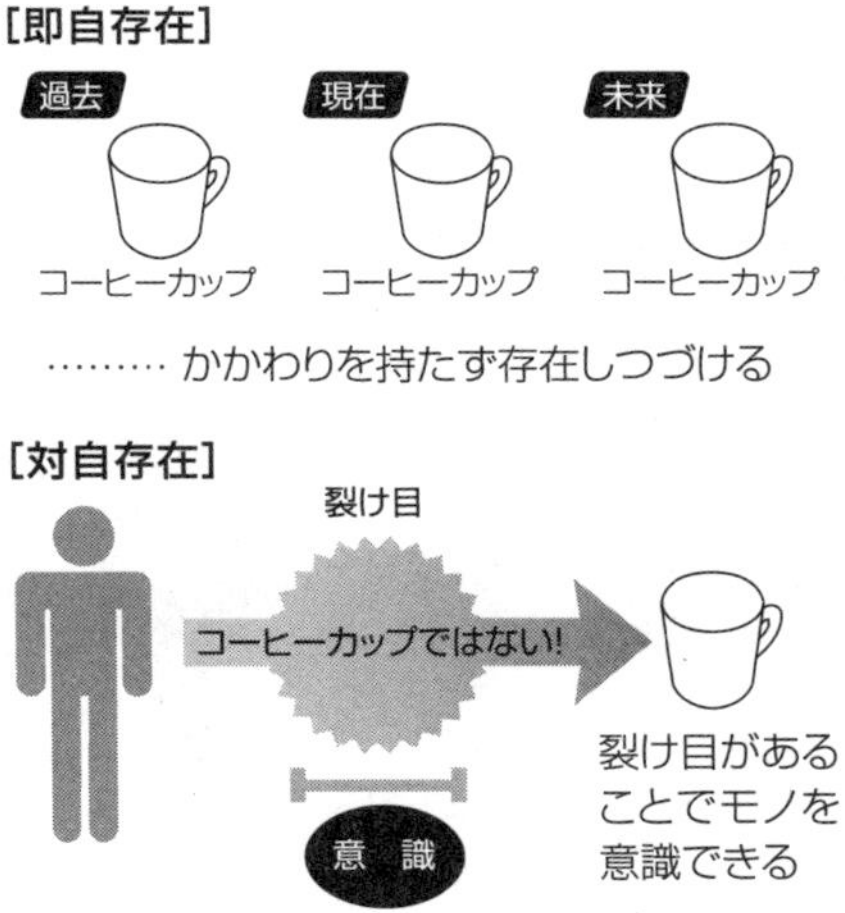

自存在)。

であるものでなく、でないものであるとは?

対自存在である人間は、サルトルによって判《はん》じもののような表現で定義された。これはどういう意味なのか。人間は自分自身も意識の対象とする(自身にかかわる)ことができる。かかわるには対象との間に裂け目がなければいけない。つまり、人間というものはみずからの内に裂け目を抱えている存在なのだ。

たとえば、人間は過去や現在の自分と訣別し、新しい自分に変わろうとする。

対 自存在は自分の内にもある

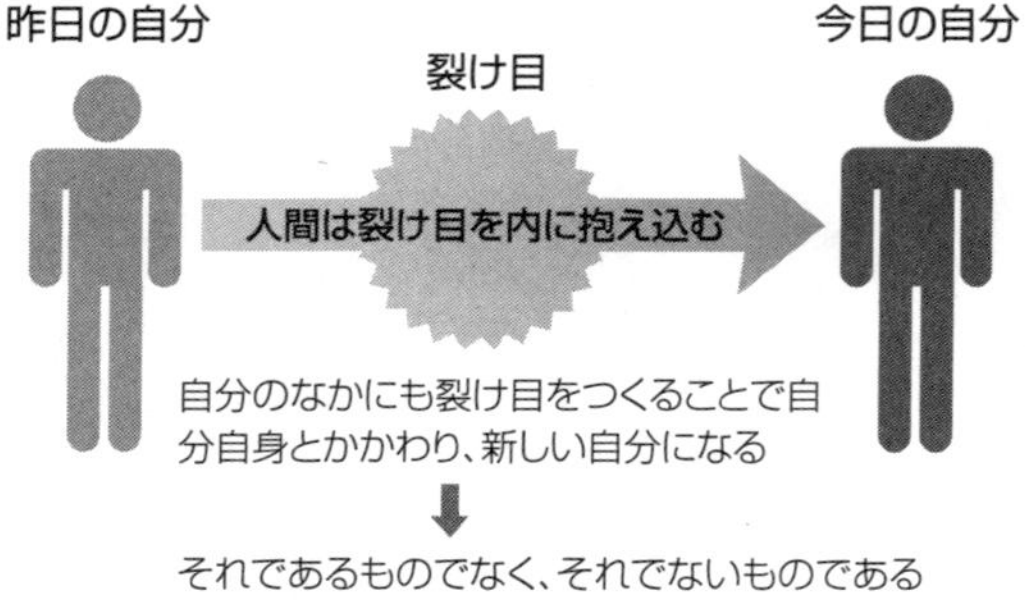
昨日の自分
裂け目
今日の自分
人間は裂け目を内に抱え込む
自分のなかにも裂け目をつくることで自分自身とかかわり、新しい自分になる
それであるものでなく、それでないものである

それは過去や現在の自分に裂け目をつくり、新しい自分になっていくことである。

つまり、現在自分がそれ「である」ものの「でない」ようになり、また、現在自分がそれ「でない」もの「である」ようになっていこうとするわけだ。サルトルの対自存在の定義は、そのことを意味しているのである。

過去や現在の自分を脱し、未来に向かって自分を駆り立てることを、サルトルは「投企《とうき》」と呼ぶ。投企とは積極的に行動する、というほどの意味だ。

一方の即自存在は現在それ「である」もの「であり」、現在それ「でない」ものの「でない」という存在の仕方を変えることはない。コーヒーカップはいつまでたってもコーヒーカップのままである。

みずからの内に裂け目を抱え込んでいる人間は、行動することで未来に向かって自分を投げかけつづけるが、どこまでいっても裂け目のない即自存在になることは、もちろんない。投企は生涯つづくのである。

こうしたサルトルの無神論的実存主義は、『嘔吐』や『自由への道』といった小説、また、『蝿《はえ》』『出口なし』などの戯曲の形でも展開された。パリをはじめ、ヨーロッパ各国、さらには日本でもサルトルブームが起きたのは、そうした手法の新しさによるところも大きかった。

レヴィ・ストロース

近親相姦のタブー、交叉いとこ婚の容認

クロード・レヴィ・ストロース
1908～2009

●

ブリュッセルに生まれ、パリで育つ。父は肖像画家、曽祖父は音楽家という芸術的な環境のなか、パリ大学で哲学と人類学を学び、哲学の教授となる。1935年までは高校で教えていたが、サンパウロ大学教授に招聘され、ブラジルへ。このときの体験が彼を文化人類学に目覚めさせる。第二次大戦でナチスに追われることとなり、アメリカへ亡命。ニューヨークに居を置き、ここでさまざまな分野の知己を得る。なかでもロマーン・ヤコブソンとの出会いは、多くのものを彼にもたらした。著作に、『悲しき熱帯』『親族の基本構造』『野生の思考』など。

近親相姦のタブー

南米やアフリカなどの未開社会を観察することで、レヴィ・ストロースは「構造主義人類学」を確立した。

彼は親族の基本構造を明らかにしたが、その核となったのが近親相姦のタブーの問題。

近親相姦は、未開社会でも文明社会でもタブーとされているが、なぜ、タブーなのか、その理由には諸説があり、決定打はなかった。

遺伝学的な問題とするもの、倫理的問題とするもの、肉親には性欲を感じないからというもの、などが諸説だが、レヴィ・ストロースは、まったく違った解釈を持ち込んだ。

彼は婚姻を集団と集団が連携するための交換形態だ、と考えた。

交換するもののなかでもっとも価値があるのが女性で、婚姻は女性を交換するシステムだ、としたのである。集団間で女性を交換するためには、集団内で性行為（婚姻）がおこなわれるのはまずい。

ここに近親相姦をタブーとした理由がある。

つまり、近親相姦をタブーとすることの最大の目的は、他集団との間で女性交換をうまくすすめることだった、というのである。
「近親相姦を禁じる規則は、自分の母、姉妹、娘との結婚を禁じる規則というより、母、姉妹、娘を他者に与えさせる規則というほうが正しい」

交叉いとこ婚が許されるわけ

近親相姦について人類学者の間で長く疑問とされていたのが、交叉いとこ婚の問題だった。

人類学では父親の兄弟の子、あるいは母親の姉妹の子を平行いとこと呼び、父親の姉妹の子、母親の兄弟の子を交叉いとこと呼んで区別している。

未開社会のなかでは、平行

婚姻は“女性の交換”

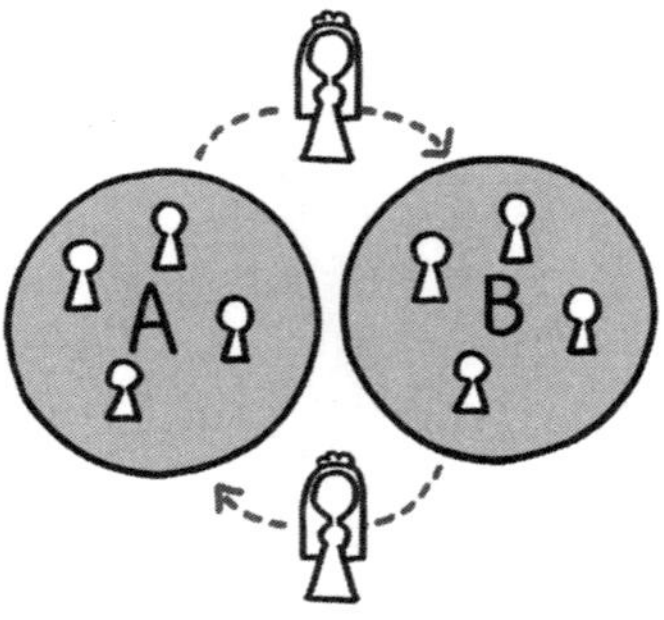

婚姻は女性の交換システムである

近親相姦をタブーとしたのは、女性交換をうまくすすめることを目的としている、とレヴィ・ストロースは説いたいとこ同士の婚姻が近親相姦とされて禁じられることが多いのに対して、交叉いとこ同士の婚姻は近親相姦とみなされず、かえって奨励されるという事実があった。

同じいとこであるのに、なぜこの違いがあるのか、素朴な疑問が浮かんでくる。未開の父系社会での親族関係はこんな構造になっている。

Aという集団の男性が、Bという集団の女性と結婚した場合、夫婦の間に生まれた子どもたちはA集団に帰属することになる。また、夫の兄弟の子どもたちもA集団の人間とみなされる。

一方、A集団の女性（前例の男性の妹、

並行いとこと交叉いとこ

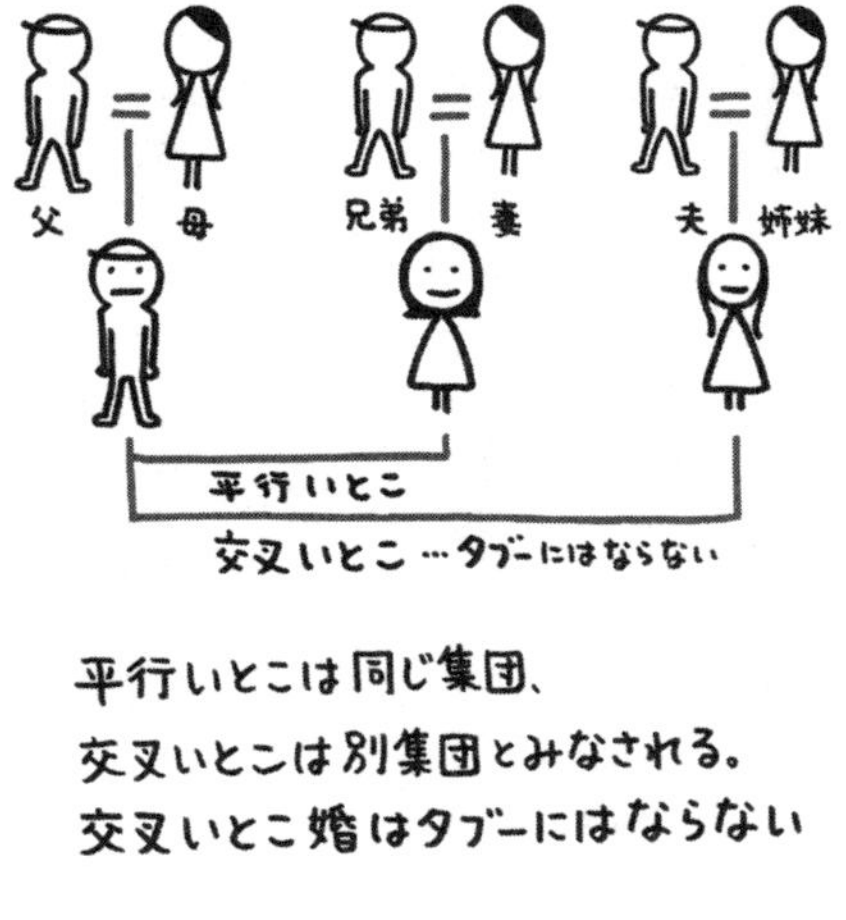

または姉）がB集団の男性と結婚した場合は違ってくる。夫婦の子どもたちはB集団に帰属するのである。

　前例夫婦の子どもたちからみれば、自分の父親の兄弟の子どもたちは平行いとこであり、父親の妹、または姉の子どもたちは交叉いとこである。

　つまり、平行いとこは同じA集団だが、交叉いとこはB集団ということになる。前例夫婦の子どもたちが平行いとこと結婚すれば、同じ集団内の結婚になり、他の集団との交換とい

交叉いとこが婚姻できる理由

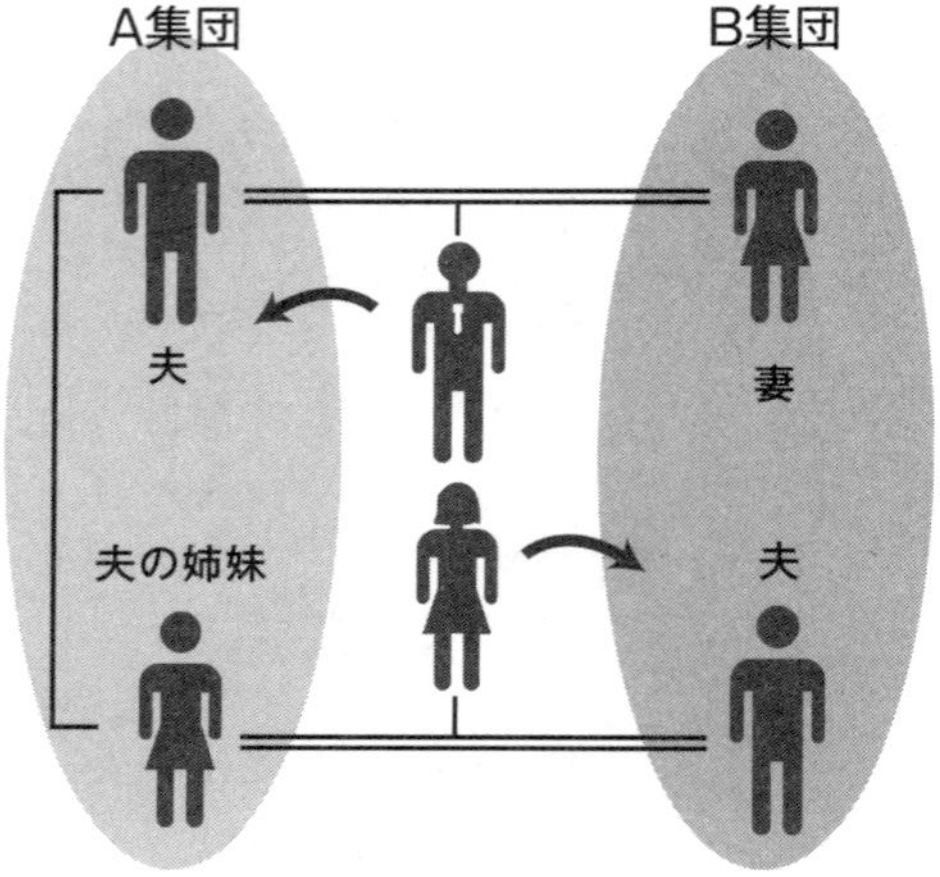

AとBは交叉いとこで集団が異なる

う原則にはずれる。

だから、これは禁じられる。対して交叉いとこは他集団に帰属しているため、交換原則に合致し、結婚になんら支障はないとされるのである。

レヴィ・ストロースは近親相姦のタブーを交換規則の一つと位置づけた。そして、この規則による集団外の結婚という形が定着することで、人間は自然の状態から文化的状態に移行しはじめたのだ、と指摘している。

親族の基本構造

どのような交換形態の婚姻がおこなわれたかによって、親族どうしの関係が親密になったり、疎遠になったりする。

父親、母親、おじ、子どもの相互間の関係には四つのパターンがある。一つずつ見てみよう。

1 〈夫婦が親密で、母親とおじ＝母親の兄弟は疎遠。親子は親密で子どもとおじは疎遠〉

2 〈夫婦は疎遠だが、母親とおじは親密。親子は親密で、子どもとおじは疎遠〉

3 〈夫婦は親密で母親とおじは疎遠。親子は疎遠だが、子どもとおじは親密〉

4 〈夫婦は疎遠だが、母親とおじは親密。親子は疎遠だが、子どもとおじは親密〉

親族の基本構造

親密
疎遠

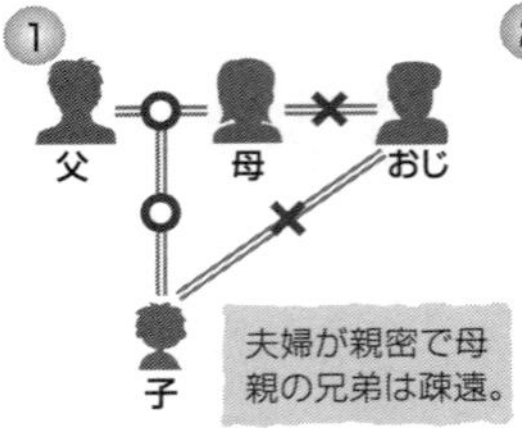
1
父
母
おじ
子
夫婦が親密で母
親の兄弟は疎遠。

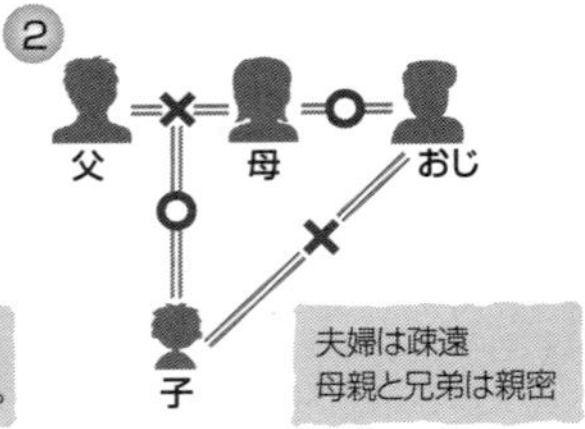
2
父
母
おじ
子
夫婦は疎遠
母親と兄弟は親密

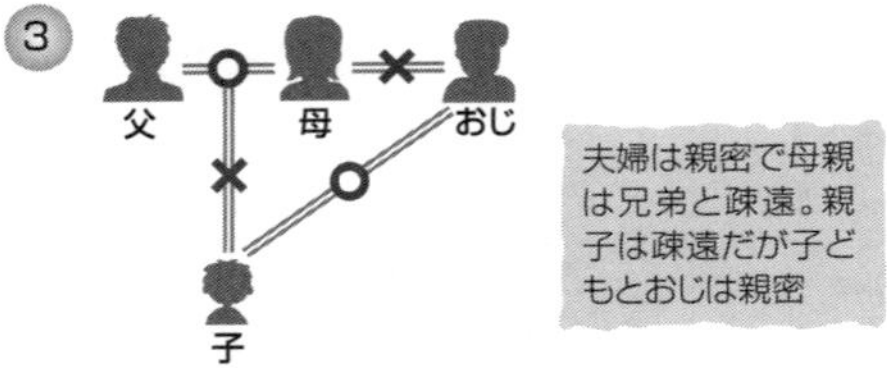
3
父
母
おじ
子
夫婦は親密で母親
は兄弟と疎遠。親
子は疎遠だが子ど
もとおじは親密

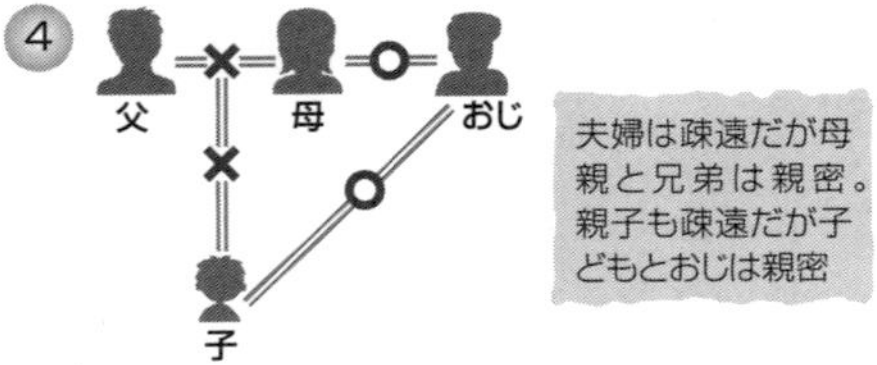
4
父
母
おじ
子
夫婦は疎遠だが母
親と兄弟は親密。
親子も疎遠だが子
どもとおじは親密

この四つのパターンは具体的には次のような地域で見られる。

トロブリアンド諸島（1）、シウアイ族（2）、トンガ（3）、チュルケス族（4）。

いずれにしても、親族には立場（父親であるとか、母親であるとか）と互いに対する態度（親密か疎遠か）からなるこうした構造があるのだが、当人たちはそれに気づいていない。しかし、その構造によって彼らの行動は支配されている。

「野生の思考」とは何か

未開社会の研究を通してレヴィ・ストロースは、未開人の思考様式に注目する。

その思考様式「野生の思考」によって彼らは自然界を理解し、体系化しているのだ、と考えた。

未開人の野生の思考というと、野蛮な思考といったイメージを持ちがちだが、レヴィ・ストロースは断固、そのイメージを排斥する。

野生の思考はきちんとした体系と秩序を備えた思考なのだ、そして、野生の思考は、現代の科学的な思考に決して劣るものでない、と。

レヴィ・ストロースは科学的思考を、生産性を高めるために専門化された思考だとして、「家畜化された思考」「栽培された思考」と呼ぶ。

科学的思考は野生の思考が進化したもの、あるいは野生の思考に取って代わったものではなく、科学的思考とともに野生の思考もしっかりいまも生きつづけている。

「人間はいつの時代も同様にうまく思考してきた」

この彼の言葉は、野生の思考も科学的思考も同じく価値のあるもので、どちらがすぐれているとか、どちらが未熟でどちらが完成されているといったとらえ方が間違っていることを訴えるものだ。

レヴィ・ストロースは野生の思考の特徴として、次のことをあげる。


野生の思考は感覚知覚によって捉えた情報を直接的な基礎として組み立てられる。つまり、色やにおい、形、感触などがもたらす情報をもとに自然を理解したり、分類したり、体系づけたりするのが、野生の思考の特徴だというわけだ。

レヴィ・ストロースは一九六二年に発表したその名も『野生の思考（パンセ・ソヴァージュ）』のなかで自説を展開した。それは科学万能主義、理性中心主義の現代社会に対する鋭い批判の一石を投じるものとなった。

メディアはこぞって野生の思考と構造主義を取り上げ、構造主義は思想界を席巻することとなったのである。

フーコー

人は権力に従属することでしか主体になれない

ミシェル・フーコー
1926 ～ 1984

●

フランスのポワチェに、裕福な医者の息子として生まれる。16歳で哲学の勉強を始め、パリの名門師範学校から高等師範学校へと進学。このときすでに自分が同性愛者であることを知っていたが、生涯これを隠し続けた（公には）。彼が生きた時代はまだ、異性同士の愛は禁断のものであった。1951年哲学教授の地位を得て、いくつかの大学の哲学教授を歴任。初期は「狂気」を分析し、後期は「権力」と対峙した。晩年は「自己の主体化」の問題に向かう意欲を見せていたが、エイズで死んだ。享年57歳。著作に『狂気の歴史』『監獄の誕生』『言葉と物』『知への意志性の歴史1』『快楽の活用性の歴史2』『自己への配慮性の歴史3』など。

「死の権力」と「生の権力」

権力を分析し、近代の権力のしくみを解明して批判を加えたのがフーコーだ。

権力には前近代的な権力と近代民主社会の権力がある。

前者は絶対的な権力をもつ国王などが、その力を見せつけることで人々を服従させ、秩序を維持する。力の誇示は、たとえば、死刑に対する恐怖を与えるといった形でおこなわれた。

しかし、民主社会の成立とともにそうした前近代的な権力は消滅する。人々は力づくで押さえつけようとする権力から解き放たれたかに見える。だが、フーコーは近代にはもっと複雑なしくみの権力が生まれ、前近代的な権力よりも強く人々

前 近代権力とは

権力の力を見せつけることで人々を服従させ秩序を維持していた

を縛りつけるようになった、という。

近代民主社会の権力の象徴としてフーコーは、功利主義の哲学者ジェレミー・ベンサムが考案した一望監視施設（監獄）を引きあいに出す。

それまでの監獄は、監視者が一つひとつの房《ぼう》を見て回らなければならなかったが、一望監視施設では、高い塔を中心に房が環状に配置され、監視者は塔の上からすべての房を監視することができる。しかも、監視される側からは監視者の姿が見えない。つまり監視される側はいつ、自分が見られているのかがわからない。

その結果、監視される側はつねに監視されているような気持ちになり、効率的な監視が可能になるわけだ。

近代の権力は一望監視施設だ

フーコーは近代の権力のしくみは一望監視施設的なものだ、という。

前近代的な権力のように、力をふるうものの姿が見えないため、人々はいつも権力に脅え、自分で自分を管理するようになる。権力はきわめて合理的、効率的に民衆を管理できるのだ。

フーコーは、監獄は社会のいたるところにあるという。近代の権力のもとでは、規律と訓練が秩序を維持するために重んじられる。学校では生徒が整列の訓練をさせられ、時間割にしたがった時間どおりに勉強をさせられる。兵士は正しい行進ができるよう訓練され、工場で働くものも時間を守ることを厳しく決められる。

こうした規格化はなんと性にまで及ぶ。性教育や人口統計学などによって、性行為や出産まで管理されるようになった。

人々を規格化していく、このような権力をフーコーは「生の権力」と呼んだ。前近代的な権力が死への恐怖によって成り立っていた「死の権力」だったのに対し、こちらは訓練を受け入れ、規律にしたがうことによってはじめて生きることが許されるものだからだ。

一望監視施設

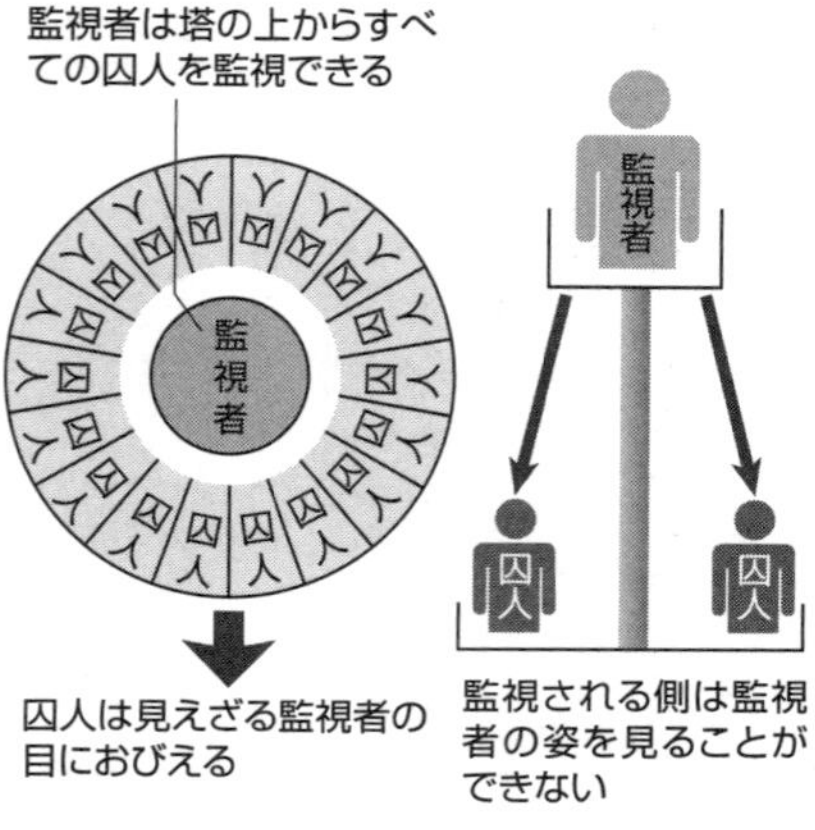

監視者は塔の上からすべての囚人を監視できる
監視者
囚人
囚人は見えざる監視者の目におびえる
監視者
囚人
囚人
監視される側は監視者の姿を見ることができない

近代民主社会は個人の主体が保証されるものだと考えられていた。だが、主体を意味する「subject」は、じつは「従属する」ということであり、民衆は主体になったわけではなく、権力に従属する臣下的存在でしかないことを、フーコーは明らかにしたのである。

だれもが主体にはなれない

人々は個人個人が主体であり、それぞれの自由意志によって主体的な行動をするという神話を

フーコーは壊してみせた。人々は権力にsubject（従属する）ことによってしか、subject（主体）であることはできない。

生の権力

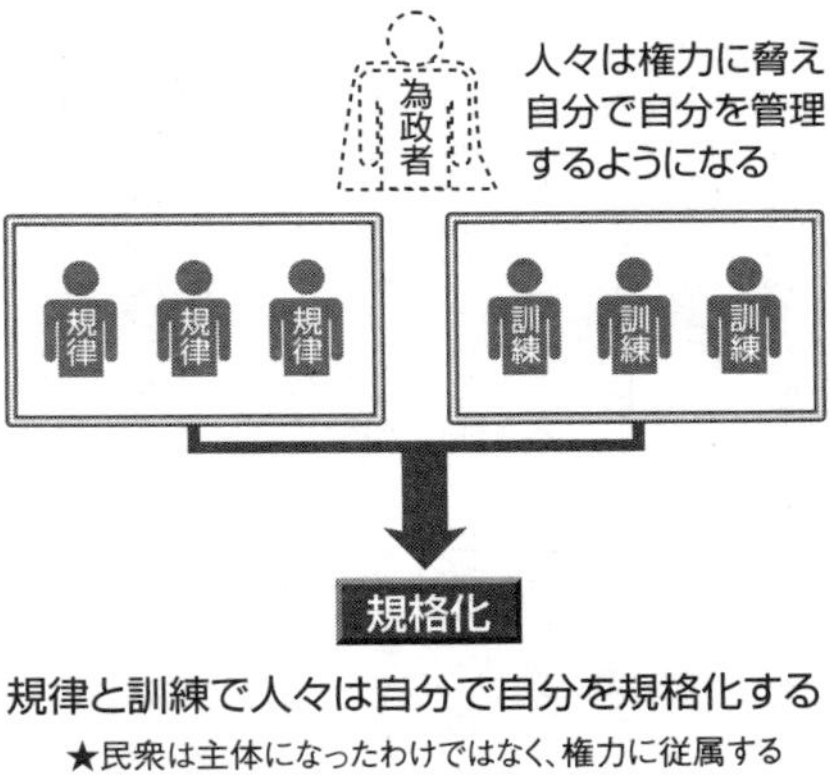

規律と訓練で人々は自分で自分を規格化する

★民衆は主体になったわけではなく、権力に従属する臣下的存在でしかない

しかも、服従したからといってだれもが権力から主体としての地位を与えられるわけではない。

主体を手に入れるには、条件があるのだ。健康な成人男性で異性愛主義といった条件に見合うものだけが、多くの場合、権力の規律にしたがうことと引き換えに主体であることを許されたのである。

健康であることは労動力として利用価値が大きいし、異性愛主義なら〝服従者〟を増やし、結果的に権力を盤石にすることができる。条件にそぐわないものは異端とされ、条件を備えるように訓練され、あるいは否定された。

知は権力である

「知は権力である」とは、フーコーが残した言葉でもっともよく知られるものの一つだ。知とは科学、哲学、思想など、それぞれの時代の人々に光を与え、ゆくべきところを指し示すもの、理性を象徴するものといってもいい。

知は権力からは遠く、純粋に客観的なものと捉えられてきたが、フーコーはこれに異を唱えるのだ。

知は権力を批判し対抗するどころか、権力にすっぽりとからめとられ、権力が人々を服従させるために必要不可欠な役割を担ってきた、という。

　知が権力に占有されるものだとすれば、知を所有するものたちも選別される。主体であることを許されるものとそうでないものに。主体を手にできるのは、当然、権力にしたがい、権力の規律を受け入れたものだ。こうして知と権力は手を携えることになる。

エピステーメーとは何か

フーコーの思想のキーワードに「エピステーメー」がある。これは思想や文化をつくり上げるうえで、その土台となる

知は権力である

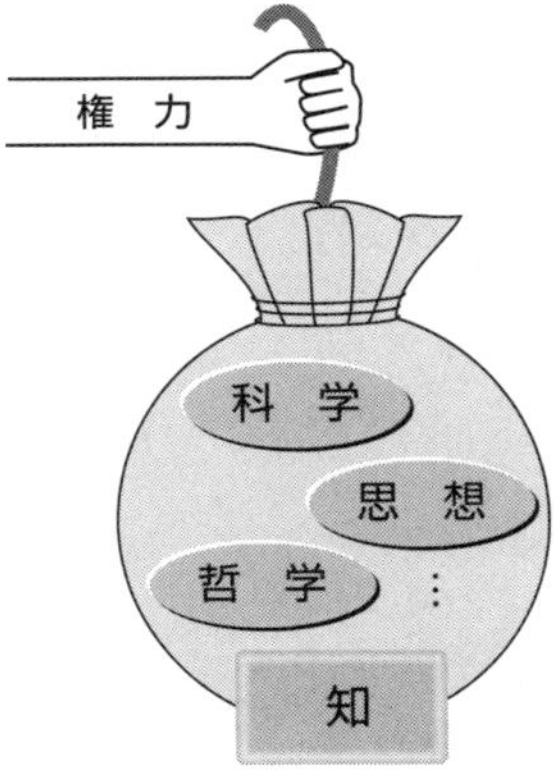

知は権力にからめとられ、人々が権力に服従するための役割を担ってきた

ような秩序、法則といった意味である。

時代はそれぞれに独自のエピステーメーを持ち、経験や知識、真理もそのエピステーメーに規定され、科学もまた、エピステーメーに支配される。

たとえば、ルネッサンスの時代には「相似《そうじ》」という視点からさまざまなことが考えられそこから独自の思想や文化が生まれたが、その「相似」がエピステーメーということになるのだ。

フーコーは、ヨーロッパの観念がどのような歴史的プロセスを経て確立されてきたかの解明に取り組んだが、その基礎になったのが、時代が固有のエピステーメーを持っているという考え方だった。

エピステーメー（epistémé）

各時代ごとに独自のエピステーメーを持ち、エピステーメーによってこれらの形は規定され、支配される

これらの花を咲かせるために土台（要素）となる法則。それがエピステーメーだ

III 部

「東洋哲学」は図で考えると面白い

「自己を楽しめ。自分の変化と成長を楽しめ。
今から真剣に自分をはぐくめ」

ゴータマ・シッダールタ（紀元前5～6世紀）

東洋哲学これだけは

インド哲学

——紀元前に完成した東洋哲学の祖

ヴェーダの奥義書、『ウパニシャッド』

インド哲学は紀元前1200年ごろにアーリア人によってつくられた文献『ヴェーダ』からはじまる。司祭階級であるバラモンはヴェーダを聖典とした宗教、バラモン教を発展させた。バラモン教はたくさんの神々を信仰する多神教だ。

ヴェーダの奥義書と呼ばれる『ウパニシャッド』が完成すると哲学的な色彩が強くなる。その中心となったのが「梵我《ぼんが》一如《いちにょ》」の思想だ。梵（ブラフマン）とは宇宙の根本原理、我（アートマン）は個人存在の根本のことだが、この両者が相似的同一だとするのが梵我一如だ。

紀元前6～5世紀になると、反ヴェーダ、反バラモンの動きが出てくる。そのなかで登場してきたのが自由な思想を持つ沙門《しゃもん》である。彼らはヴェーダを認めず、出家生活を送りながらみずからが信じる教えを説いて回った。

その沙門のなかから2人の傑物が出現した。ジャイナ教を興したマハーヴィーラ、そして仏教の祖となったゴータマ・シッダールタ。釈迦だ。

仏教の伝播に大きく寄与したのが、インドを統一したマウリア王朝のアショカ王（紀元前3世紀）。仏教に帰依した彼はその振興に力を注ぎ、仏教はインド全土を席巻した。が、この時期に仏教内部は上座部と大衆部に分裂。その後も18～20の部派に分かれることとなってしまう。

ヒンズー教が成立するのは紀元前3～2世紀のこと。土着の民間信仰と巧みに融合したヒンズー教はしだいにその勢力を拡大していく。

一方、仏教では大乗仏教運動が展開された。出家主義の従来の部派仏教とは違い、在家信仰を重視し、民衆救済を訴える大乗仏教は浄土思想や法華《ほけ》思想を打ち出し、それらは中国、朝鮮半島を経て日本にもたらされることになる。

インド哲学の主流となるのは

インドにおける仏教はヒンズー教の勢力拡大とともに衰退していく。ヒンズー教ではヴェーダの権威を認める六派《ろっぱ》哲学が確立。なかでもヴェーダーンタ学派はインド哲学の主流となるべく発展する。

イスラム教は8世紀頃にインドに伝わったが、既存の思想に影響を与えるには到らなかった。勢力を伸ばすのは11世紀以降で、1206年にイスラム王朝が誕生すると、その影響力は強まった。密教化の傾向が顕著となった仏教が、イスラム勢力に押され消えるのもそのころだ。

その後、ヒンズー教とイスラム教が影響しあい、融合する動きが起こり、新しい流れが生まれる。カースト制度を批判し、ヒンズー教の偶像崇拝を切り捨てた宗教詩人・カビールなどがその急先鋒だ。

16世紀に成立したシク教はヒンズー教、イスラム教両者の影響を受けている。輪廻・解脱《げだつ》の観念はヒンズー教の影響と見られるし、カースト制度の否定はイスラム教の影響である。創始者《そうししゃ》であるナーナクはカビールに傾倒し、唯一神への崇拝を主張し、偶像崇拝を激しく攻撃した。

現在のインドでは、8割以上がヒンズー教徒だ。

インド哲学の流れ

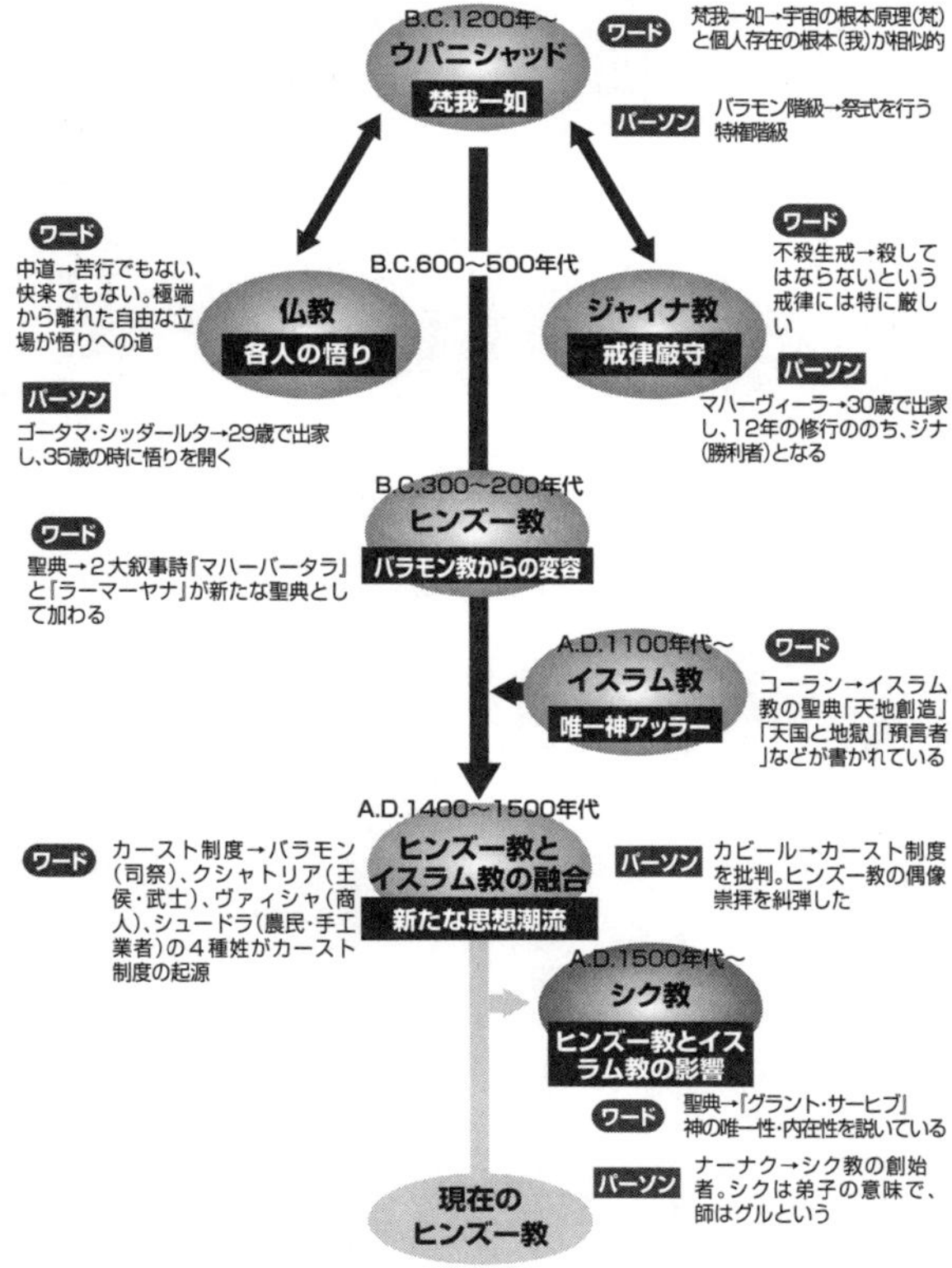
B.C.1200年～
ウパニシャッド
梵我一如
ワード
梵我一如→宇宙の根本原理(梵)と個人存在の根本(我)が相似的
パーソン
バラモン階級→祭式を行う特権階級
B.C.600～500年代
仏教
各人の悟り
ワード
中道→苦行でもない、快楽でもない。極端から離れた自由な立場が悟りへの道
パーソン
ゴータマ・シッダールタ→29歳で出家し、35歳の時に悟りを開く
ジャイナ教
戒律厳守
ワード
不殺生戒→殺してはならないという戒律には特に厳しい
パーソン
マハーヴィーラ→30歳で出家し、12年の修行ののち、ジナ(勝利者)となる
B.C.300～200年代
ヒンズー教
バラモン教からの変容
ワード
聖典→2大叙事詩「マハーバータラ」と『ラーマーヤナ』が新たな聖典として加わる
A.D.1100年代～
イスラム教
唯一神アッラー
ワード
コーラン→イスラム教の聖典「天地創造」「天国と地獄」「預言者」などが書かれている
A.D.1400～1500年代
ヒンズー教とイスラム教の融合
新たな思想潮流
ワード
カースト制度→バラモン(司祭)、クシャトリア(王侯・武士)、ヴァイシャ(商人)、シュードラ(農民・手工業者)の4種姓がカースト制度の起源
パーソン
カビール→カースト制度を批判。ヒンズー教の偶像崇拝を糾弾した
A.D.1500年代～
シク教
ヒンズー教とイスラム教の影響
ワード
聖典→『グラント・サーヒブ』神の唯一性・内在性を説いている
パーソン
ナーナク→シク教の創始者。シクは弟子の意味で、師はグルという
現在のヒンズー教

中近東哲学

——イスラム教の国々の基本思想

偶像崇拝の禁止

中近東の哲学の中心となっているのは、イスラム教だ。信仰対象は唯一神アッラーだが、偶像崇拝は厳しく禁じられ、モスクにもアッラーの像、絵画の類はいっさいない。

創始者ムハンマドが、メッカ近郊の洞窟で瞑想中に天使ガブリエルの啓示を受けたのは610年。それからイスラムの教えを説くようになったムハンマドだが、度重なる迫害を受け、いったんメッカからメディナに逃れた。

これが聖遷（ヒジュラ）と呼ばれている移動で、622年のこの年をイスラム暦元年としている。

聖典《せいてん》はムハンマドが受けた啓示を記したコーランだ。

114章からなるコーランには「天地創造」「終末」「審判」「天国と地獄」「預言者」「礼拝」「断食」「巡礼」「タブー」「ジハード（聖戦）」などの内容が盛り込まれている。また、ムスリムに対する行動規範なども書かれている。

ムハンマドは啓示を信徒に読み聞かせたが、その死後、初代カリフ（イスラムの最高指導者）の時代、3代目カリフの時代にコーラン編纂のための結集がおこなわれ、現在あるような形にまとめられた。

イスラム教の聖典コーラン

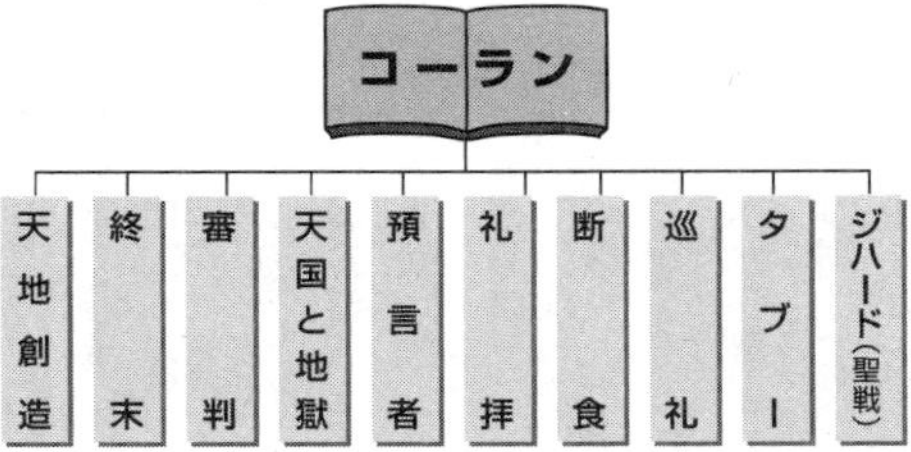

コーランはムハンマドが受けた啓示の内容を
彼の死後にまとめたもの
編纂のための結集は2回行われた

イスラム教の六信

ムスリムが信じるのはアッラーを含めて6つ。「アッラー」「天使」「啓典」「預言者」「来世」「予定」がそれで、六信《ろくしん》と呼ばれる。

天使には大天使ガブリエル、ミカエルのほかさまざまな役割を担うものがいるが、悪魔（シャイターン）もその一画に加わっている。

イスラム教が預言者と認めるのは28人いる。

アダム、ノア、アブラハム、モーセ、ソロモン、イエスなどがその顔ぶれだが、ムハンマドは別格で〝最後にして最大の預言者〟とみなされている。

死者は終末を告げるラッパによって墓から出され、神の前で審判を受ける。ここで天国に行くか地獄行きかが決定されるのである。これが来世だ。

信仰しだいで罪を犯した人間も天国に行けるとされているが、そのためにはムハンマドのサポートが必要とされている。

予定とは死後の世界も、すべてを見通している神によって定められているということだ。

ムスリムは五行と呼ばれる行動規範を忠実に守らなければならない。「信仰告白」「礼拝」「喜捨」「断食」「巡礼」がそれだ。

イスラム教徒が信仰するもの

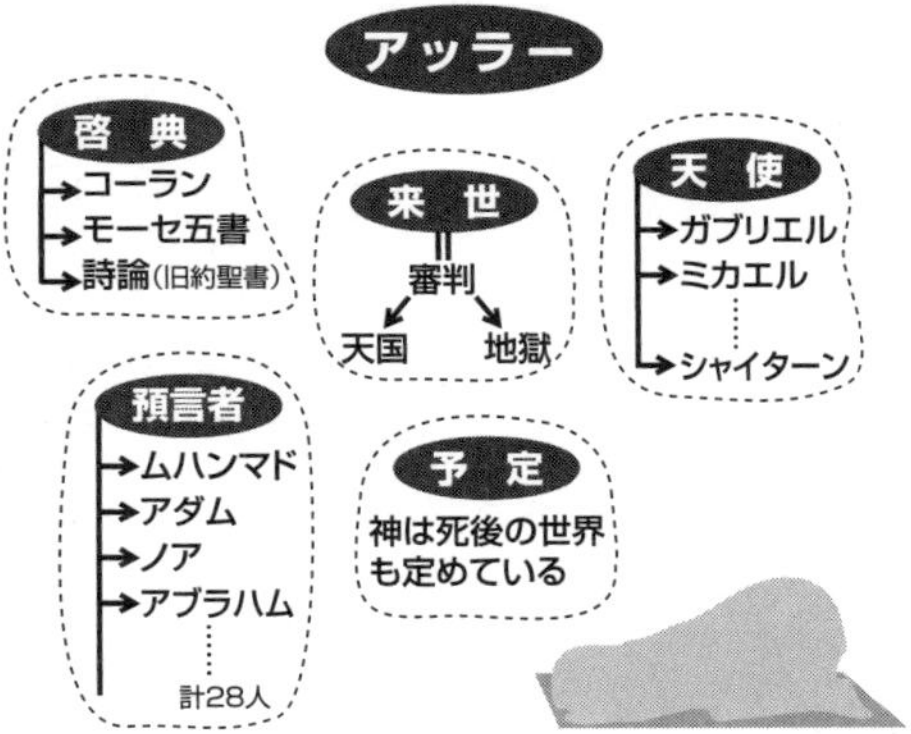

「アッラーのほかに神はなく、ムハンマドはその使途である」と唱えるのが信仰告白。喜捨《きしゃ》（一種の税）には所得、所有財産に対して課されるザカートと自発的に納めるサダカの2種類がある。

礼拝は神に対する服従と感謝をあらわすもので1日5回おこなわれる。夜明け、正午、午後、日没、夜半にメッカの方角を向いて礼拝する。

イスラム暦で9月にあたるラマダーン月におこなわれるのが断食。1カ月間、日の出から日没までいっさいの飲食を絶つこととされ、飲食物を口にできるのは日没以降、日の出までとなる。ただし、病人や妊婦、老人、子供、旅行者などは断食が免除される。

メッカのカアバ神殿への巡礼がおこなわれるのはイスラム暦12月である。

世界の各地から集まってくるムスリムはメッカに到着すると神殿を7周めぐることとなっている。

五行厳守！

中国哲学

——アジア全体におよんだ思想の影響

孔子の登場、儒教思想へ

自然物で吉凶を占う亀卜《きぼく》と呼ばれる〝易《えき》〟は、中国の伝統のなかに脈々と流れ陰陽の概念を生みだしてきた。古代から伝わる先祖への崇拝も、現代につながる儒教的なものの発芽だったといえる。

そうした伝承のなかに孔子が登場したのが紀元前6世紀。その後の中国思想史の根幹を貫く儒教思想が誕生したのだ。

古代、広大なアジアの大地には無数の国々が存在していた。絶えず隣国との勢力を窺う、まさに群雄割拠の時代。古代よりの伝承を侮ることなく、治政に向かう〝仕掛け〟のあった孔子儒教は、一国の結束を固めるための手段としての側面を持ちながら成立していく。

孔子は仁（人を愛すること）を説いた。愛することは最小単位の幸せである。それがひいては最大単位の安定になるとした。先祖崇拝からその考えを導き、「孝悌《こうてい》」が社会秩序を保つための指針となった。

孔子の思想は孟子という継承者を得て、300年という時空を越えて花開く。時代は漢代。孔子儒教に仕掛けられていた政治的な要素は、孟子の「義」を重んじる思想によってより強められていった。

人間は生まれながらにして〝善〟を有している。その善なる心の発露が社会秩序をただし、すなわち治政へとつながっていくものだとしたのが孟子が辿った道だ。

そして、孔孟に発する思想は、しだいに時代の流れとともにその様態を変化させていく。その流れを進んだのが荀子、韓非子である。

荀子は性悪説を説き、善人になる教育が必要だとした。礼節を重んじ、法を学ぶことで性なる悪はただされると考えたが、韓非子になると儒教的な側面は薄らいでいく。仁・義といった曖昧なもので国の治まるはずはない。法こそが基準となると説き、法家《ほうか》思想を樹立していく。

老荘思想

儒教思想が縷々《るる》と流れていくなか、老荘思想も受け継がれていく。老子と荘子が説いたのが「道教」だ。「無為自然」を説く老子は、儒教にある〝人為〟を否定し、「天」に行き着く〝道〟を示した。

荘子はさらに、「万物斉同《ばんぶつせいどう》」こそが欲も徳もない世界へ導くものとし、「知」を学び獲得することへの無意味さを強調した。「知」は徹底的な儒教への批判であり、相容れない思想でもあった。

老荘の思想は、古代にあった易的なものと結びつき、陰陽説や五行説、あるいは天と地を境をとり払うような神仙思想の源流となっていく。紀元前からつづく両者の流れは、現実のなかで育ってきた儒教思想に、宇宙論的な概念を持ち込み、新たな局面を迎える。

それが朱子の説く朱子学の登場だ。紀元前後に伝わった仏教の思想とも相まり、「新儒教」が誕生する。12世紀のことだ。

朱子は理と気の2つの概念を用いて、形骸化しつつあった儒教の立て直しを図り、王陽明は心の内面を解き放つべく、自由と平等の論理で儒教を語った。為政者のための儒教から人民に目を向けた儒教へ。新たな儒教思想のスタートだった。

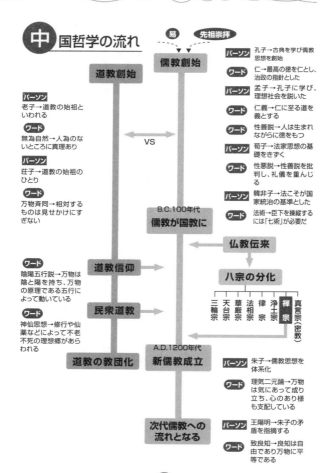

中国哲学の流れ

易　先祖崇拝

儒教創始

パーソン　孔子→古典を学び儒教思想を創始

ワード　仁→最高の徳を仁とし、治政の指針とした

パーソン　孟子→孔子に学び、理想社会を説いた

ワード　仁義→仁に至る道を義とする

ワード　性善説→人は生まれながらに徳をもつ

パーソン　荀子→法家思想の基礎をきずく

ワード　性悪説→性善説を批判し、礼儀を重んじる

パーソン　韓非子→法こそが国家統治の基準とした

ワード　法術→臣下を操縦するには「七術」が必要だ

VS

道教創始

パーソン　老子→道教の始祖といわれる

ワード　無為自然→人為のないところに真理あり

パーソン　荘子→道教の始祖のひとり

ワード　万物斉同→相対するものは見せかけにすぎない

B.C.100年代　儒教が国教に

仏教伝来

八宗の分化

三輪宗　天台宗　華厳宗　法相宗　律宗　浄土宗　**禅宗**　真言宗（密教）

道教信仰

ワード　陰陽五行説→万物は陰と陽を持ち、万物の原理である五行によって動いている

民衆道教

ワード　神仙思想→修行や仙薬などによって不老不死の理想郷があらわれる

道教の教団化

A.D.1200年代　新儒教成立

パーソン　朱子→儒教思想を体系化

ワード　理気二元論→万物は気にあって成り立ち、心のあり様も支配している

次代儒教への流れとなる

パーソン　王陽明→朱子の矛盾を指摘する

ワード　致良知→良知は自由であり万物に平等である

日本哲学

——日本人の精神の原点を探る

古代から鎌倉まで

古代、実りをもたらし、また猛威を奮う自然神は畏怖《いふ》すべき存在とされた。人々は祭祀《さいし》をおこなって神の怒りを鎮め、与えてくれた豊饒に感謝の意を込めた。

体系化された哲学である仏教がはじめて日本に上陸したのは6世半ば。552年（諸説がある）百済《くだら》の聖明王《せいめいおう》が、仏像、仏典、仏具を欽明《きんめい》天皇に献上したのだ。

仏教の振興に力を注いだのが聖徳太子だ。文化として仏教を積極的に取り入れる一方、政治的な有効性にも目を向け、国家統制のために最大限に活用した。

平安時代に入ると、国家のための仏教から民衆のための仏教への転換が起こる。遣唐使として唐に渡り、仏教を学んだ最澄《さいちょう》、空海らが新たな流れをつくったのだ。

最澄は「一切衆生悉有仏性《いっさいしゅじょうしつうぶっしょう》」、つまり、命あるものにはすべて仏性が備わっていると説き、空海は密教の修行によってそのまま仏になれるという「即身成仏《そくしんじょうぶつ》」の思想を説いた。

鎌倉時代に民衆を捉えたのは末法《まっぽう》思想だった。釈迦入滅後2000年経つと、末法の時代となり、人心は頽廃し世の中が乱れるというのが末法思想だが、そこで救済される方法を説いたのが、仏教の新潮流だった。

ひたすら「南無阿弥陀仏《なむあみだぶつ》」と唱える「専修念仏《せんじゅねんぶつ》」によって死後、西方極楽浄土《さいほうごくらくじょうど》に生まれ変わることができるとした法然の浄土思想は民衆の心を広く捉えた。法然の教えを受け継ぎ、阿弥陀仏による他力《たりき》で悪人も救われるとしたのが親鸞《しんらん》だ。

禅宗も武家階級に強く訴えた。道元はただ座る「只管打坐《しかんたざ》」を提唱。「山川草木悉皆成仏《さんせんそうもくしっかいじょうぶつ》」、目の前にある自然界の山川草木はそのまま仏の姿をしているのだという思想を説いた。武家の気風と合致して禅宗は武家階級におおいに受け入れられることとなった。しかし、正しく理解されての受容ではなかった。

法華経こそ釈迦の教えの真髄を伝えるものだとし、「南《な》無《む》妙《みょう》法《ほう》蓮《れん》華《げ》経《きょう》」の題目を唱えることで釈迦の教えをみずからのものにできると説いたのは日蓮。政権への諫言《かんげん》によって日蓮は批難され続けた。

江戸時代 儒教をとり入れる

武家の支配が徹底する江戸時代には儒教、とりわけ朱子学が思想の中心に据えられた。士農工商という身分秩序を思想的に正当化する朱子学は、幕藩体制の維持には欠かせないものであった。朱子学の官学化を推し進めたのは、徳川家康に重用された林羅山《はやしらざん》である。

一方、在野の中江藤樹《とうじゅ》は陽明学の「致《ち》良知《りょうち》」の考え方を基盤に「孝」がもっとも重要な道徳であると主張した。

日本古来の思想に「真」に足るものがあるとしたのが国学者たちである。

万葉集の研究に情熱を注いだ賀茂真淵は、万葉の技巧を排した、率直で力強い表現を「ますらおぶり」として絶賛。

その真淵が嫌った技巧的で女性的な「たおやめぶり」にこそ人間の真情があらわれているとした本居宣長《もとおりのりなが》は、心に感じたままに生きる、「もののあはれ」を知る生き方をよしとした。

日本哲学の流れ

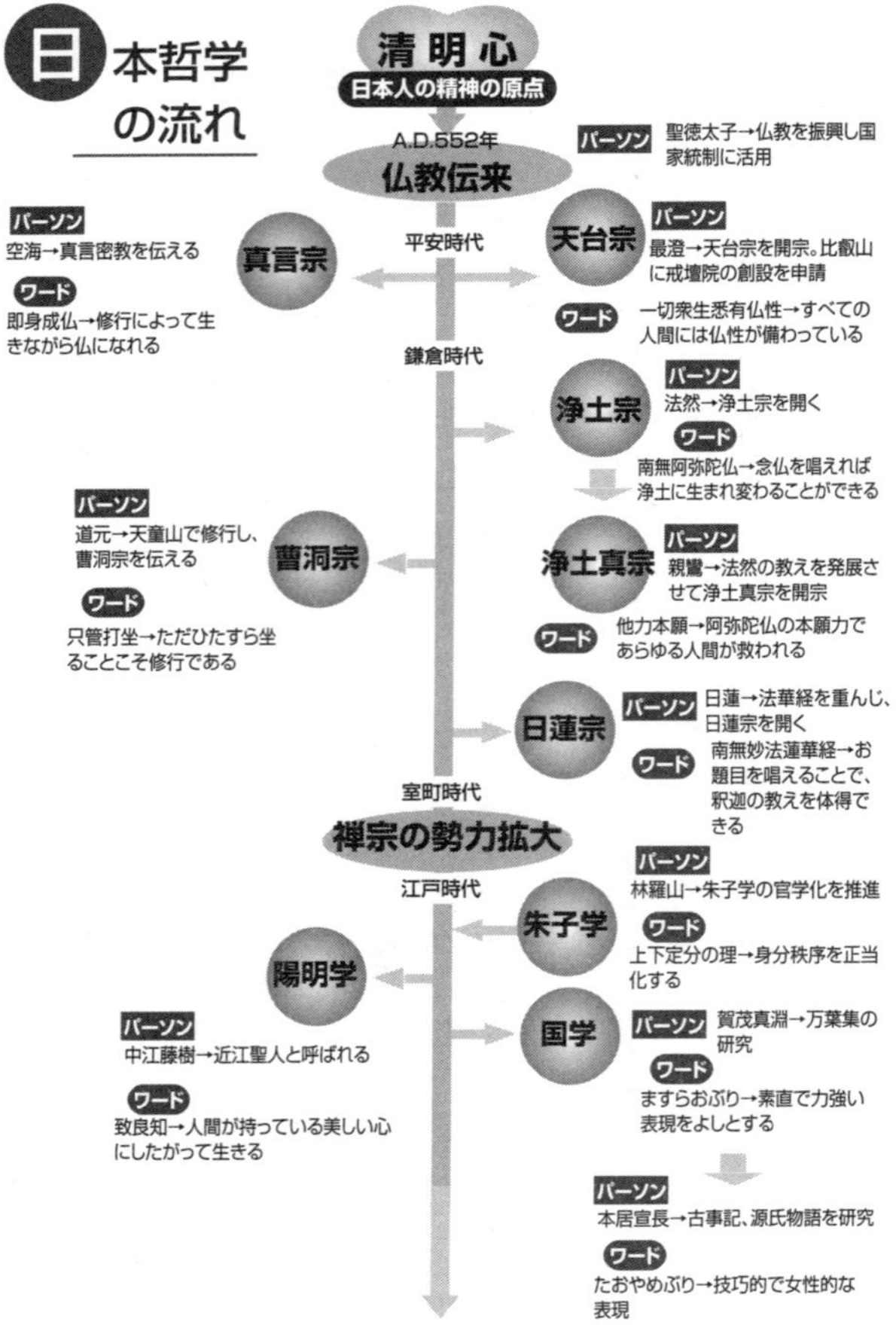

清明心
日本人の精神の原点
A.D.552年
仏教伝来
パーソン
聖徳太子→仏教を振興し国家統制に活用
平安時代
真言宗
パーソン
空海→真言密教を伝える
ワード
即身成仏→修行によって生きながら仏になれる
天台宗
パーソン
最澄→天台宗を開宗。比叡山に戒壇院の創設を申請
ワード
一切衆生悉有仏性→すべての人間には仏性が備わっている
鎌倉時代
浄土宗
パーソン
法然→浄土宗を開く
ワード
南無阿弥陀仏→念仏を唱えれば浄土に生まれ変わることができる
浄土真宗
パーソン
親鸞→法然の教えを発展させて浄土真宗を開宗
ワード
他力本願→阿弥陀仏の本願力であらゆる人間が救われる
曹洞宗
パーソン
道元→天童山で修行し、曹洞宗を伝える
ワード
只管打坐→ただひたすら坐ることこそ修行である
日蓮宗
パーソン
日蓮→法華経を重んじ、日蓮宗を開く
ワード
南無妙法蓮華経→お題目を唱えることで、釈迦の教えを体得できる
室町時代
禅宗の勢力拡大
江戸時代
朱子学
パーソン
林羅山→朱子学の官学化を推進
ワード
上下定分の理→身分秩序を正当化する
陽明学
パーソン
中江藤樹→近江聖人と呼ばれる
ワード
致良知→人間が持っている美しい心にしたがって生きる
国学
パーソン
賀茂真淵→万葉集の研究
ワード
ますらおぶり→素直で力強い表現をよしとする
パーソン
本居宣長→古事記、源氏物語を研究
ワード
たおやめぶり→技巧的で女性的な表現

東洋の哲学者たちは どう考えたのか

インド哲学

ヴェーダ思想

——体験による知を求める

ウパニシャッドから始まる

紀元前1500年頃、アーリア人がインド西方に侵入した。彼らは『ヴェーダ』と呼ばれる文献を編纂した。これがバラモン教（ブラフマニズム）の聖典である。ヴェーダとは「知識」の意味で、祭式の際に唱えられる神への賛歌や呪句《じゅく》を集めたものだ。

アーリア人は戦の勝利、子孫繁栄、豊饒などを願って、祭式をおこなったが、それらの祭式は異なる4つの職分の祭官が担った。

ヴェーダも職分ごとに4種類がつくられた。『リグ・ヴェーダ』『サーマ・ヴェーダ』『ヤジュル・ヴェーダ』『アタルヴァ・ヴェーダ』がそれである。

リグ・ヴェーダは神を祭式の場に招き讃えるための賛歌を集めたもの　サーマ・ヴェーダはそれを旋律に乗せて歌う祭官のためのもの　ヤジュル・ヴェーダは実際に祭式をおこなうなかで唱える祭詞を集めたもの、そしてアタルヴァ・ヴェーダは主に他者を呪う呪句を集めたものだ。

先の3つが祭式の意味の解釈と実行のためにつくられたものであるのに対して、アタルヴァ・ヴェーダは、いわば呪術の

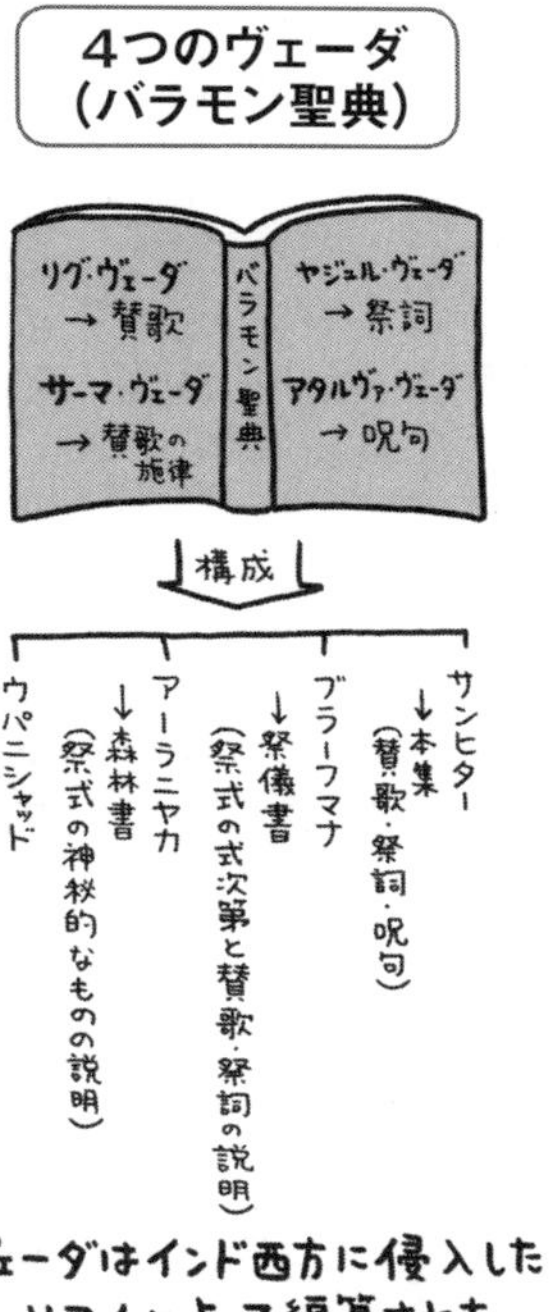
↓奥儀書（神秘思想）
アーリア人によって編算された

ためのものであり、格下とみなされた。

成立時期もヴェーダとしての権威が認められたのも遅い。最古のリグ・ヴェーダの成立は紀元前1200年頃とされるが、4つのヴェーダが揃うのは紀元前500年頃だ。

ヴェーダはサンヒター（本集）、ブラーフマナ（祭儀書）、アーラニヤカ（森林書）、ウパニシャッド（奥義書）の4部構成となっている。

祭式のための賛歌、祭詞、呪句を集めた部分がサンヒター、祭式の式次第を規定し、また賛歌や祭詞の語源などを神話と結びつけて説明しているのがブラーフマナ、アーラニヤカは祭式の神秘的な意味を説明している部分で、人里離れた森林の中で説かれるべきものとされた。

ヴェーダの最終章にあたるウパニシャッドは当時の神秘思想を集めたもので、哲学的な色彩が強い。

ヴェーダの極致とも解釈される、このウパニシャッドからインド哲学は展開していく。

「知ること」への希求

ウパニシャッド思想を特徴づけているものは「梵我一如」の考え方だ。

梵（ブラフマン）とは宇宙を支配する

原理のこと、我（アートマン）は個人の存在の本体、本質のことだが、この両者が相似的に同一であるとするのが梵我一如である。

　アーリア人たちは、次第に宇宙の根本原理についての考察を進めるようになる。探求の対象が祭式をおこなうための知識から、宇宙の原理を知ることへと移行していったのである。

　宇宙の原理との同一化はそれをとことん知ることなしには実現しない。彼らがどれほど知ることを希求していたかは「知は力なり」という彼らの言葉が雄弁に語っている。

　彼らが求めたのは体験によって得られる知であった。瞑想や苦行を通して宇宙の原理に触れる。それこそが知であり、自分と宇宙原理が同一となる神秘体験へ導くものだと考えたのである。

梵《ぼん》我一如《がいちにょ》の思想

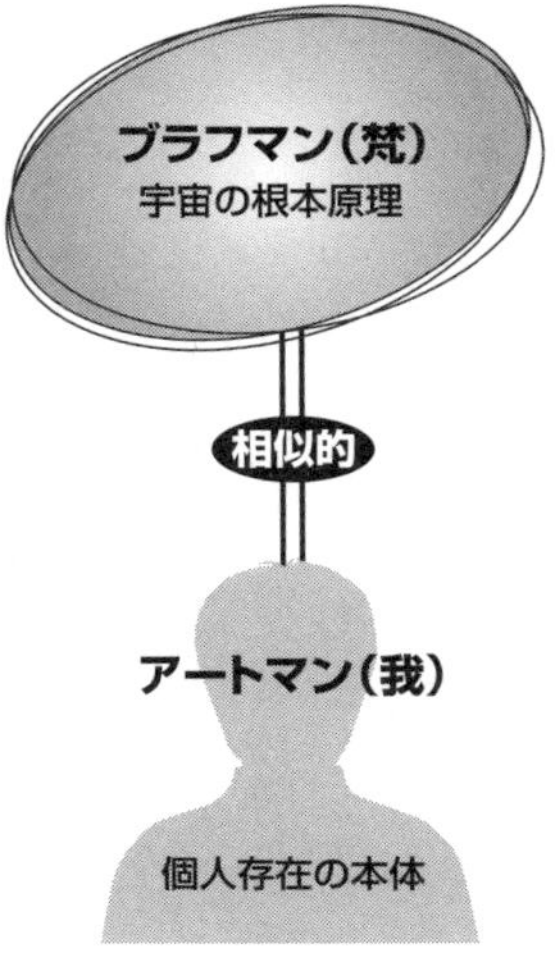

輪廻からの解脱

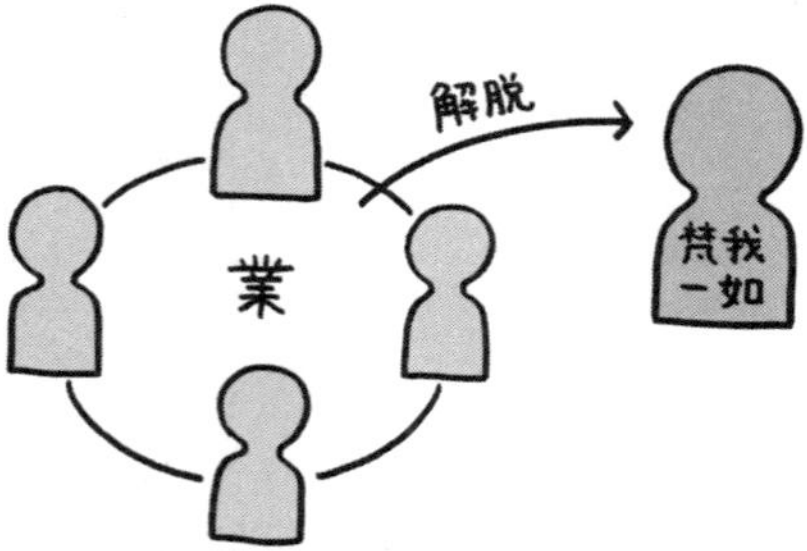

梵我一如の真理に到達すると輪廻から解脱できる

ウパニシャッドでは、また、カルマ（業）、サンサーラ（輪廻）、モクシャ（解脱）という思想も確立されている。

梵我一如の真理に到達することによって、みずからの業がもたらす輪廻から解脱することができる。彼らはそう想像したのだ。

インド哲学

ヒンズー教

——神々との共存

バラモン教が発展した思想

紀元前6～4世紀頃になると、これまでのヴェーダ思想（バラモン教）と対立する思想が次々に生まれる。仏教やジャイナ教がその代表格だ。

そうしたなかでバラモン教も大きな変貌を余儀なくされる。バラモン教の流れを受け継ぎながら新たに展開した思想。それがヒンズー教である。

ヒンズー教ではヴィシュヌとシヴァが最高神とされる。いずれもヴェーダに登場する神だが、ヴェーダではインドラやヴァルナに主役の座を譲っていた。

　ヒンズー教の広がりとともに〝政権交代〟がおこるわけだが、その背景には、それぞれの土地に根づき、信仰の対象となっていた神々とヴィシュヌやシヴァが融合していった、ということがある。

三神一体

3つの神は一体で違った体をして現れていると考えた

神々を排除することなく、うまく共存していくのはヒンズー教の特徴である。

　典型的なのが「三神一体《さんしんいったい》（トリムールティ）」説だ。宇宙の創造を司るブラフマー、維持を司るヴィシュヌ、破壊を司るシヴァの三神は本来一体で、違った姿をして現れている、というのがそれだ。

　宇宙原理を体現する神としてヴェーダ時代には最高の地位にあったブラフマー（梵天）に、代替わり後も高位を与えたのである。

太陽神の存在

シヴァ＝破壊神

シヴァ派はリンガ（シヴァの男根）、ガネーシャ（聖天）、スカンダ（韋駄天）を崇拝する

ヴィシュヌ＝太陽神

ヴィシュヌ派はヴィシュヌのほかラクシュミー（吉祥天女）、10化身も崇拝する

ヴィシュヌは宇宙を3歩で歩く太陽神とされている。この神の最大の特徴はたくさんの化身を持っていることである。

有名なのがマツヤ、クールマ、ヴァラーハ、ヌリシンハ、ヴァーマナ、パラシュラーマ、ラーマ、クリシュナ、ブッダ、カルキンの10化身だ。

世が乱れ、悪がはびこると、これらの化身が世に降り立ち、秩序と正義を回復させるとされる。

ヴィシュヌ派ではヴィシュヌとその神妃ラクシュミー（吉祥天女）のほか10化身も崇拝の対象となっている。

シヴァは破壊神であるとともに、その後の再生（生殖）にも関わる吉祥の神としての顔も持っている。また、南インドではナタラージャ（舞踊の王）と呼ばれるように、音楽や舞踊の神としても知られる。

　シヴァを崇めるシヴァ派の信仰対象はリンガ（シヴァの男根）、シヴァの息子であるガネーシャ（聖天）、スカンダ（韋駄天）などだ。

人生で追求すべき目的とは

ヒンズー教では輪廻からの解脱をめざす。初期には現世のものすべてを放棄することが解脱への道とされたが、絶対的な神の登場とともに、その方法にも変化が現れるようになった。

　現在、解脱の方法とされているのは神に帰依《きえ》する（バクティ）とタントリズム（イニシエーションと修行）である。

　前者は神に祈り、ひたすら神への信仰を示すもの、後者は師によるイニシエーションを受け、修行に励むことで神との合一をはかるものだ。

　また、ヒンズー教では人生で追求すべき目的が3つあるとされる。アルタ（実利）、カーマ（性愛）、ダルマ（倫理や道徳を含めた法）がそれである。

『カーマ・スートラ』では「少年時代には実利を、青年期には性愛を、老年になったら法を追求せよ」と説いている。

なお、ヒンズー教の聖典には『マハーバーラタ』『ラーマーヤナ』の2大叙事詩、『プラーナ』『マヌ法典』などがある。

人生の目的

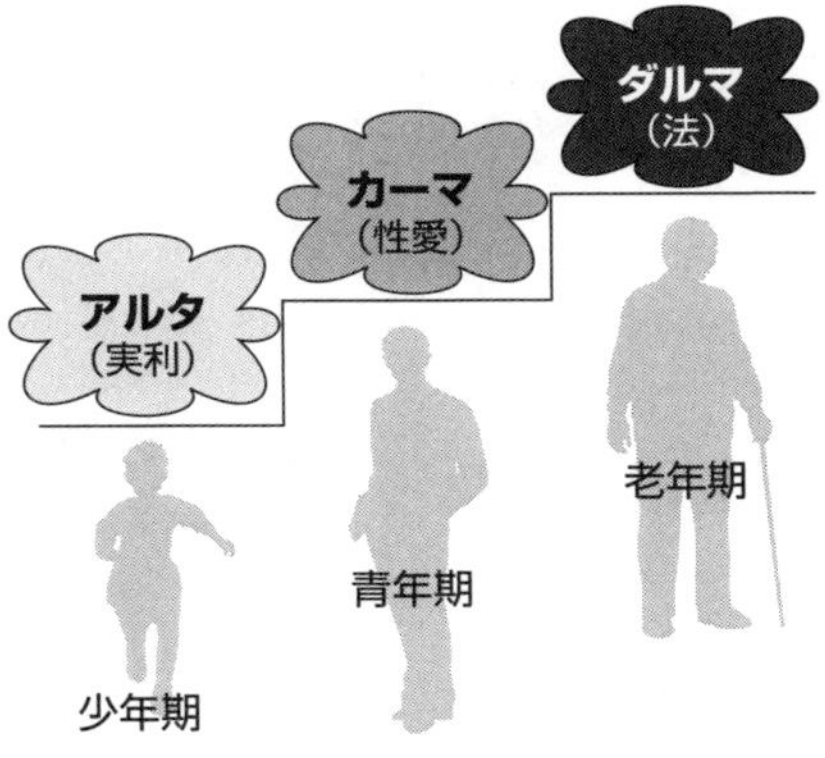

インド哲学

六師外道

――6人の外道の思想体系とは

6人の思想家たち

紀元前6～5世紀頃にインドに起こった思想が六師《ろくし》外道《げどう》だ。外道とは仏教以外の思想という意味。説いたのはプラーナ・カッサバ、マッカリ・ゴーサーラ、アジタ・ケーサカンバラ、パクダ・カッチャーヤナ、サンジャヤ・ベーラッティプッタ、ニガンタ・ナータプッタの6人。

プラーナの思想は裸形《らぎょう》外道と呼ばれた。彼が主張したのは人間や生き物を傷つけようと殺そうと、他人のものを略奪しよ

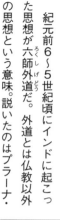

うと、姦通をおこなおうと、悪をなしたことにはならず報いを受けることもないという教えだ。この世に善行などは存在せず、その報いもない。いっさいの倫理・道徳を真っ向から完全否定したのである。

マッカリのグループは邪命《じゃみょう》外道と呼ばれた。生きとし生けるものは霊魂、地、水、火、風、虚空、得、失、苦、楽、生、死で構成されていて、輪廻しつづけている。その輪廻に因果もなければ縁もない。また、人間には意志の力はなく、ただ運命と状況と本性に支配されて生きている。だから、意志にもとづく行為というものは成立し得ない。だれもが輪廻しながら苦楽を味わい、苦の終わりに至るしかない。これがマッカリの説いた宿命論だ。

アジタが唱えたのが順世《じゅんせい》外道と呼ばれる唯物論。真に実在しているのは地、水、火、風の四元素のみで、人間もこの四元素で構成される。人間が死ぬと四元素はそれぞれの集合に帰り、後には何も残らない。霊魂などないから、からだが破壊されれば人間は消滅する。よって現世も来世も存在しない。アジタによれば、両親というものも、人々を教え導くバラモンもない、というのだから徹底している。

それぞれの生き方の思想

パクダは人間は地、水、火、風、苦、楽、生命（霊魂）からできているとした。これらは不変であり、互いに他に影響を与えることもない。剣をもってだれかの首を刎《は》ねたとしても、それは生命を奪うことではなく、たんに剣が7つの要素を通過したということに過ぎない。だから、人は殺されることも殺すこともない。このパクダの思想は道徳否定論ともいえる。

サンジャヤが説いた思想は懐疑論とも不可知論ともいわれる。来世が存在するか、という問いに、彼はこう答える。

「存在するとは考えない、存在するらしいとも考えない、それとは異なるとも考えない、そうでないとも考えない、そうでないのではないとも考えない」

確定的な回答を何らもたらさないのが、サンジャヤ流。客観的真理に対するこうした判断中止の思想は、サンジャヤが初めて明らかにした、とされている。

ニガンタはジャイナ教の開祖。苦行によって過去の業を滅し、新しい業が入り込まないようにして霊魂を浄化すれば、霊魂の本性が現れるという。それを実現するためには出家して修行者の身となり、欲望を捨て去り、独り身で遊行生活をおこなうべきだと彼は説く。ジャイナ教では戒律を重んじ、とりわけ守らなければならないとされたのは不殺生戒《ふせっしょうかい》。命あるものを傷つけることを最大の罪とした。

ニガンダ

遊行生活による修行で霊魂を浄化し、不殺生戒の厳守など戒律を重んじる。のちにジャイナ教につながる

プラーナ

善も悪もない。倫理道徳の完全否定

マッカリ

万物は霊魂、地、水、火、風、虚空、得、失、苦、楽、生、死で構成されている。人間には意志の力はなく、輪廻しつづける
→宿命論

サンジャヤ

確かなものは何もない
→客観的真理に対する判断中止
→懐疑論

パクダ

人間は地、水、火、風、苦、楽、生命の七要素からできている。七つの要素は不変で、互いに影響を与えることはない

アジタ

実在しているのは地、水、火、風の四元素のみ。霊魂も現世も来世もないとする唯物論

インド哲学

ゴータマ・シッダールタ

東洋全土に影響をもたらした釈迦の思想

ゴータマ・シッダールタ
〈釈迦（しゃか）〉

紀元前 500 ～ 600 頃

●

釈迦族の王子として生まれる。35 歳のときブッダガヤで瞑想中に悟りを得る。初説法をおこなったのはサールナートの「鹿野苑」で、これを「初転法輪」と呼ぶ。その後、45 年間布教の旅をつづけ 80 歳で入滅。出家後のゴータマ（まだ釈迦ではない）は身体を痛めつける修行からはなにも得られないことを知る。また、妙なる調べが張り過ぎても、緩みすぎてもいない弦から紡ぎだされていることに気づく。「中道」を説くのはこの経験からである。

この世の苦しみとは

「覚者《かくしゃ》」「真理を悟った人」の意味にあたるのが〝ブッダ〟だ。悟りへの道の入口は「苦」にあった。人生は苦しい。仏教ではこの世の苦しみは8つあるとする。

4つは「生」「老」「病」「死」だ。生まれ、老い、病み、死ぬ。だれにも避けることはできない苦しみ。

あとの4つは「愛別離苦《あいべつりく》」「怨憎会苦《おんぞうえく》」「求不得苦《ぐふとくく》」「五蘊盛苦《ごうんじょうく》」。

愛別離苦とは愛するもの、いとしい人と別れたり、離れたりする苦しみ、怨憎会苦は恨んでいたり憎んでいる人と会わなければならない苦しみ、求不得苦はほしいものが手に入らない、求めるものが得られない苦しみ、五蘊盛苦は五官で感じるものや想念で思い描くことのすべてがこだわりをつくり出すという苦しみのことだ。日本でいまもよく使われる四苦《しく》八苦《はっく》の成句はこれらに由来している。

釈迦が求めたのはこれらの苦しみから脱する方法であった。

苦しみから脱するには

釈迦が教えたのは「四諦八正道《したいはっしょうどう》」の

教えである。四諦とは「苦諦《くたい》」「集諦《じったい》」「滅諦《めったい》」「道諦《どうたい》」の4つ。ここでの諦は、諦めるという意味ではない。「明らかにする」「真理（を見きわめる）」の意味。

人生が四苦八苦にまみれたものであることを明らかにするのが苦諦。集諦は苦しみをもたらすものが煩悩や欲望であることを知ること。仏教には「渇愛《かつあい》」という言葉がある。喉が渇いた者が貪るように水を求めるように激しく飽くことを知らない欲望がこれだ。

滅諦は苦しみの原因である煩悩や渇愛を滅することが、苦しみから逃れる道であるという真理。道諦はそのための方法である。

八正道はその道諦の実践法で、以下の8つである。

・正見《しょうけん》……偏見や自己中心的にではなく、正しい見方をして正しく認識すること。
・正思《しょうし》……仏教の真理に照らして正しく考えること。
・正語《しょうご》……嘘や妄語から離れ、正しい言葉遣いをすること。
・正業《しょうごう》……殺さず、盗まず、性欲にふけらず、正しいおこないをすること。
・正命《しょうみょう》……他人の迷惑になることや世のためにならないことをせず、正しく生計を立てること。
・正精進《しょうしょうじん》……悪いことをせず、善を増すように正しく励んで生きること。

・正念《しょうねん》……真理に則った考え方を持ち、
心をいつも仏に向けること。
・正定《しょうじょう》……外の変化などに惑わされず、
正しく瞑想すること。

四苦八苦とはなにか

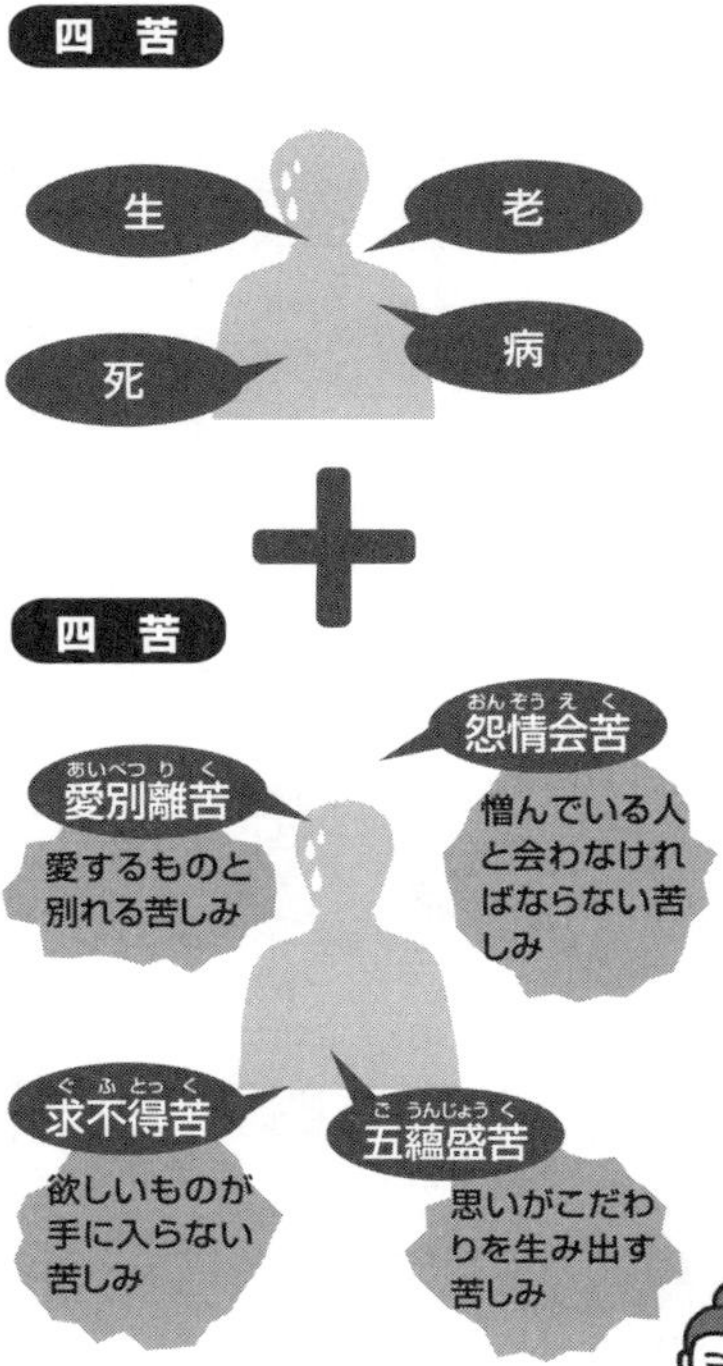
四苦
生
老
病
死
四苦
怨憎会苦《おんぞうえく》
憎んでいる人と会わなければならない苦しみ
愛別離苦《あいべつりく》
愛するものと別れる苦しみ
求不得苦《ぐふとっく》
欲しいものが手に入らない苦しみ
五蘊盛苦《ごうんじょうく》
思いがこだわりを生み出す苦しみ

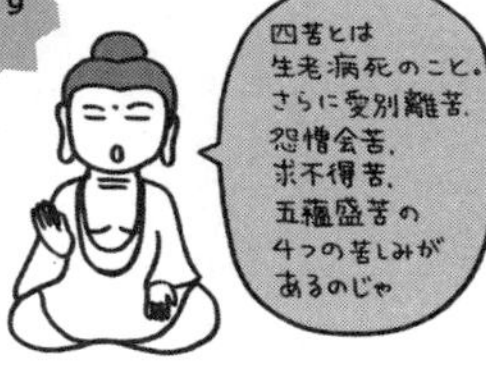
四苦とは生老病死のこと。さらに愛別離苦、怨憎会苦、求不得苦、五蘊盛苦の4つの苦しみがあるのじゃ

釈迦はまた、苦を超越する方法として「四法印《しほういん》」の教えも説いた。

この世にあるあらゆる現象はつねに変化をしている↓諸行無常《しょぎょうむじょう》。

また、どのような存在も永遠不変ではいられない↓諸法無我《しょほうむが》。

諸行無常、諸法無我のなかで生きることは苦しみでしかあり得ない↓一切皆苦《いっさいかいく》。

だが、諸行無常、諸法無我の真理を理解し、苦しみの因となっている煩悩、渇愛を滅することができれば、おのずと心のやすらぎを得られ、悟りの境地に到達する↓涅槃寂静《ねはんじゃくじょう》。

「諸行無常」「諸法無我」「一切皆苦」「涅槃寂静」を四法印というが、「一切皆苦」をのぞいて三法印《さんぼういん》と呼ぶ場合もある。

「縁って起こる」

釈迦の思想を根源までたどれば「縁起《えんぎ》の理法」にゆきつく。

縁起とは「縁《よ》って起こる」ということだ。つまり、すべては互い影響しあって生起《せいき》しているというのである。

あらゆる存在は他の存在との縁（関係）によって成り立っている。〝ある〟のも〝ない〟のも、〝生ずる〟のも〝滅する〟のも、縁起の理に支配されている、と釈迦はいう。

四諦八正道

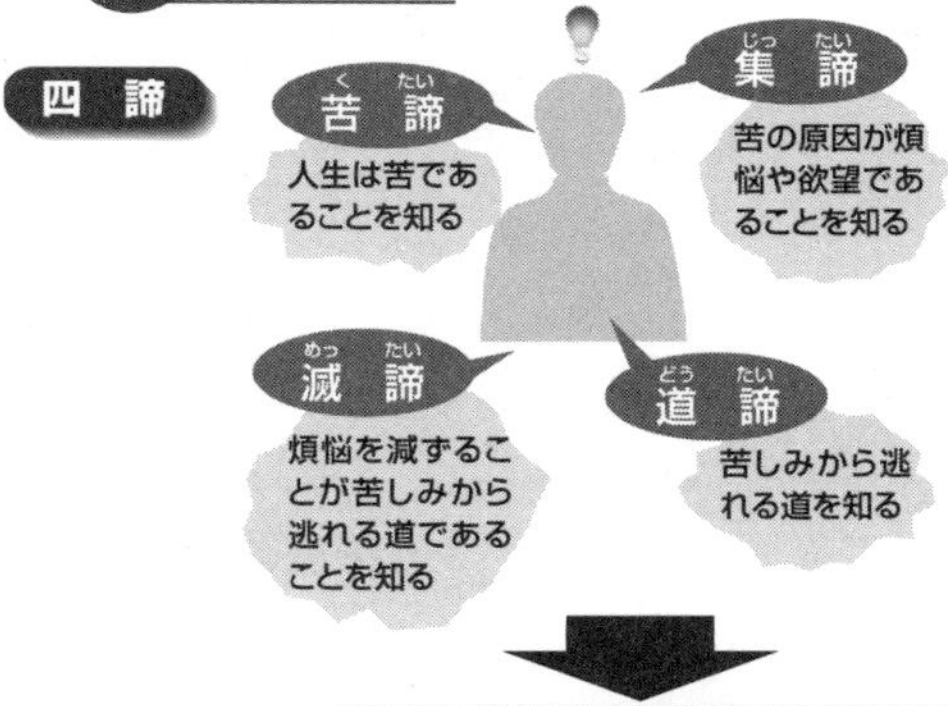

苦から逃れる実践法—八正道

- **正 見** 正しく見る
- **正 思** 正しく考える
- **正 語** 正しく語る
- **正 業** 正しく行う
- **正 命** 正しく生活する
- **正精進** 正しく励む
- **正 念** 心を仏に向ける
- **正 定** 正しく瞑想する

四法印とは?

諸行無常 — あらゆる現象はつねに変化している
諸法無我 — あらゆる存在は実体がない
一切皆苦 — 生きることは苦しみでしかない
涅槃寂静 — 苦から脱した安らぎの状態

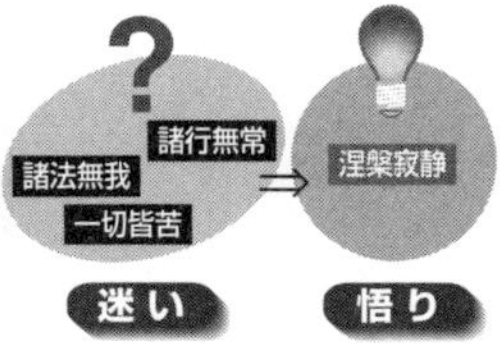

もちろん、苦しみも縁起の理に則《のっと》ってもたらされている。だから、苦しみの縁を見きわめ、それを滅すれば苦しみも取り除かれると考える。「十二縁起説」には、苦しみの縁起の連鎖が次のように示されている。

〈無明《むみょう》（根本的な無知）↓行《ぎょう》（生活行為）↓識《しき》（認識作用）↓名色《みょうしき》（心と物）↓六処《ろくしょ》（6つの感受機能）↓触《そく》（対象との接触）↓受《じゅ》（感受作用）↓愛《あい》（欲望・妄執）↓取《しゅ》（執着）↓有《う》（生存）↓生《しょう》（出生）↓老死《ろうし》（老いと死）〉

老いと死に象徴される人生の苦しみは、無知からこうした縁起によって生じているというわけだ。

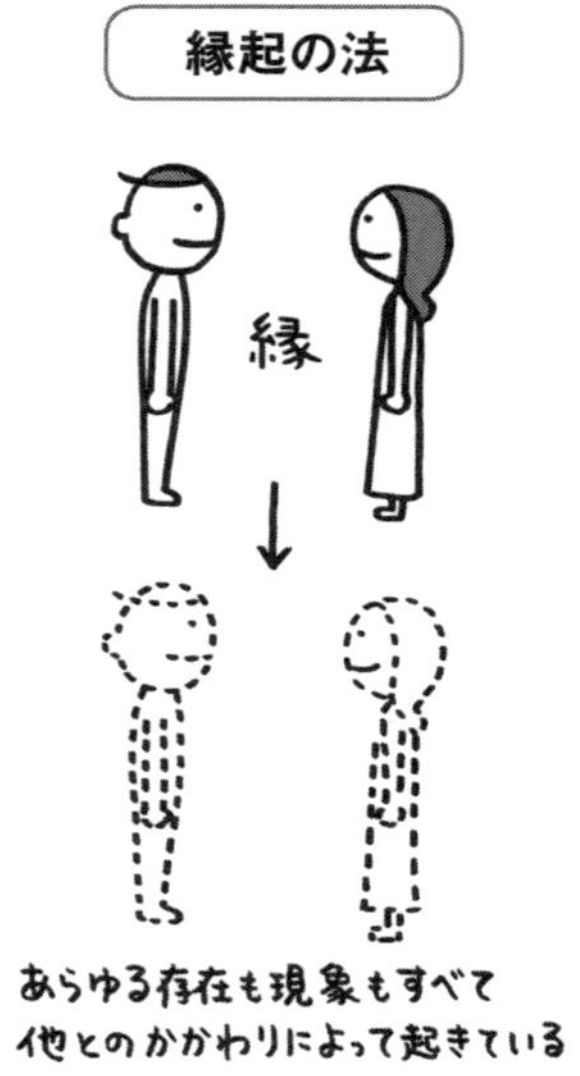
縁起の法
縁
あらゆる存在も現象もすべて
他とのかかわりによって起きている

空とは何か

〈色即是空《しきそくぜくう》　空即是色《くうそくぜしき》〉

よく知られた言葉だろう。ここにある「空」も釈迦の思想を理解するうえで重要なキーワードである。

空というと、何もない空っぽの状態と受け取りがちだが、じつはそうではない。現象のいっさいは実体、本質を持たないというのが、この空の意味するところなのだ。

実体、本質がなくても現象は見えるし、感じることができる。なぜか？

前頁で説明した縁起が働いているからだ。現象はたがいに関わり合うことによって、すなわち縁起によって生じている。われわれが生きている現実世界は、そうした現象が集まったものだ。それが

釈迦の世界観だといっていい。

色即是空　空即是色はそのことを端的にあらわす表現である。

色、すなわち肉体や物質の本質は空であり、空であるものが（現象としての）肉体や物質としてこの世に生じている。

人間という存在についても、釈迦は空を用いて解き明かしている。

〈五蘊皆空《ごうんかいくう》〉とは、『般若心経』によって広く知られている表現だが、この五蘊は人間のことである。五蘊とは色蘊、受蘊、想蘊、行蘊、識蘊の5つ。色は肉体、受は感受作用、想は観念作用、行は心理作用、識は認識作用だ。

つまり、人間は肉体と4つの精神作用、

計5つのものが寄り集まって生じているというのだ。

　そして、5つの蘊はすべて空、実体のないものだと釈迦はいう。その空がたがいに関わり合って人間という現象ができあがる。まさしく縁起である。

　物にはすべて実体があるとする考え方も世の中にはある。逆に実体がないのだから本当に無だとする考え方もある。

　仏教での空の考え方は、これらを極端だと否定し、その中間をとる。これが「中道」だ。いっさいは縁起がつくった現象だ。

五蘊皆空

人間は肉体と4つの精神作用で生じているが、それらはすべて空である

想蘊	— イメージすること
識蘊	— 認識すること
受蘊	— 感じて受け入れること
色蘊	— 肉体
行蘊	— 心の動き

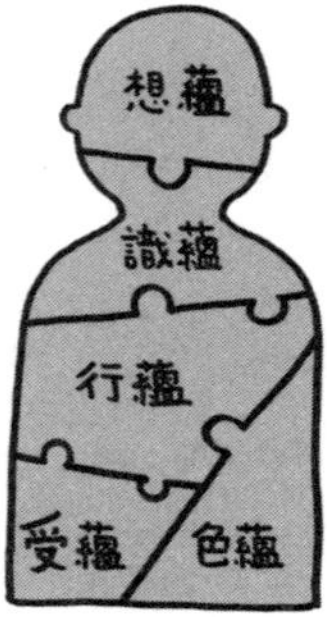

釈迦は人間をつくっている五蘊はすべて空であるとした＝五蘊皆空

中国哲学

孔子

『論語』に込められた思想大家の教え

孔 子（こうし）
紀元前 551 — 479

●

中国春秋時代、王族・宋の係累として、魯の国、昌平郷陬邑に生まれる。魯の国は現在の山東省。一説に、巫女の子として生まれたともあるが、貧しい暮らしながらも学問を志し、20 歳で結婚。一子をもうける。下級役人として 20 代を過ごし、30 代に入って都へ。「礼」を学び、諸国を巡り、司法長官の任にもつくが、結局政治の中心には受け入れられず、晩年は弟子たちの教育と古典の熟解につとめて、73 歳没。

孔子の死後300年後に完成した『論語』

国を治めるには法律で厳しくしばるより、道徳を守り、礼を重んじる心を育てることこそが大切である。孔子はそう考えた。

孔子の生きた時代は、春秋時代の末期。周王朝の世襲的な統治に乱れが見えはじめ、下克上の時代が到来していた。諸子百家。さまざまな思想が芽生える土壌の只中だった。

孔子とその弟子たちの言葉をまとめた『論語』は多くの人の知るところだが、論語が著されたのは孔子の死後300年ほども後のことである。

孔子が生きた時代はまだ、孔子の説く「儒教」思想はささやかな異端にすぎなかった。

実際、自らの思想が治政の〝核〟を担うものだと説いて諸国を巡ったものの、結局受け入れられることはなかったのである。

「儒教」思想が表舞台で開花するのは、多くの弟子たちを経て孟子に辿り着いた後、漢の時代に国教として認証されて以降のことである。

「仁」への道筋

孔子が統治の基本理念においたのは「仁」である。仁は最高の「徳」であり、徳を積むことこそが仁に到達する道筋であると説いた。

　徳を積むためにまず成すべきは「学」にあると孔子は示している。

　学ぶことを怠らなければ、いずれは友が集まり、認められなくても自分を信じて怨んだりしなければ、徳のある人間に成長する、という。

　孔子は、こうした学びの先にあるものが「知」であるとした。学ぶことによって正しい道を選ぶ判断のできる知を獲得するのだと考えたのである。

　目標は仁にある。仁からはずれたことをするのは真の知者とはいえない。つまり、道徳的な判断を下す理性的な知があれば、最高の徳である仁に辿り着けるとした。

　孔子のいう「知」はたんに理性的であることにとどまらない。「忠《ちゅう》」「恕《じょ》」によって裏打ちされたものでなければならないと考えていた。忠とは真心、恕は人を思いやる心という意味である。

　人を慈しむ情愛……これこそが孔子の求める「仁」である。この心持ちを貫徹

仁は最高の徳である

孔子は徳を積むために
必要なのは"学ぶ"ことだとした

孔子の知

すれば、おのずから道徳は保たれると考えたのである。

　そのための手段として孔子は「礼」を重んじる。むやみに刑罰を与えるのではなく、礼によって社会秩序を確たるものとしようとしたのである。礼はたんに儀式的なものをいうのではない。さまざまな〝形式〟を定めてはいるが、心なくして礼は成り立たず、と強調している。

　弟子の顔回《がんかい》との問答のなかで孔子は、己の身勝手な心に克《か》って礼にしたがうこと（克己復礼《こっきふくれい》）が仁であり、すべては自分の心が決めることだとし、礼は社会に秩序を与えて平和にするための法則なのだと答えている。

礼で国を治める

法でしばり刑罰を与えるより、
礼を重んじる心で社会秩序は保たれる

「いま」、いかに生きるか

孔子は現世における人としてのあり方以外は多くを述べていない。生とは何か、死とは何かについて語った言葉は極めて少なく、孔子の時代には当然あったであろうシャーマニズム的な宗教性、神秘的なものについてもほとんど論じていない。

ただ、いくつかは『論語』にみえる。

「鬼神に仕えるにはどうしたらいいか」という弟子の問いには、人に仕えることもできないのに、なぜ神霊に仕えることができるだろうか、と応じている。

さらに「死とは」と問われて、〈未だ生を知らず、焉んぞ死を知らん〉と答えている。生についてもよくわからないのに、どうして死のことがわかろうかとこれも明確な答えはない。

また、「知とは何か」と問われた孔子の答えはこうである。

〈民の義を務め、鬼神を敬して之れを遠ざく。知と謂うべし〉

人知で推し量れないものに対しては一線を画して、慎重に扱うべきだ。それが知というものである、という。

いまいる世界でいかに生きるか。これ

孔子生論じず

天
人に仕えることもできないのに、鬼神に仕えることはできない
現世
仁
知
恕
忠
学
徳
死とは?
鬼神に仕えるには?
生のこともわからないのに、なぜ死を語れるのか…
死

孔子は「天」についても「死」についても多くを語ろうとはしなかった

こそが最大の関心事だった。しかしだからといって、それ以外のものをすべて切り捨てていたかというと、孔子のなかには確かに「天」の概念があった。

孔子自らは天からその徳を授かったと考えていたし、自らの思想が受け入れられないのを嘆きながらも、天も人も怨まない。私はさまざまことを学び、真理を悟ってきた。天だけはそれをわかってくれているだろう、という。

また、病に伏した弟子に対して、〈之れ亡からん。命なるかな〉といっている。これだけ徳を積んだものが病気になり死に行こうとしている。これも天の命であるという。

孔子にとって「天」は命を与えてくれるものであり、現世ではその命にしたがって徳を積み、仁を極める。そして死は運命として到来し、これも天からの命である、と考えていたのではないかと推測できるのである。

ほかの哲学者と何が違うか

孔子はそれまでにあった伝統的な古く、曖昧とした観念を、現世を語ることによって極めて論理的に整備した哲学者といえる。取り入れるものは取り入れ、排するものはいたってクールに切り捨てながら、人を愛すことを説いた。

　また、その後の中国思想の性格を決定づけるのに大いに影響したのが「孝悌《こうてい》の徳」である。「孝」は親への孝行のことであり、「悌」は年少者は年長者にしたがうことをいう。

　孔子は社会秩序を保つ礼の最小単位を家族においたのである。最小単位の秩序（家族）が最大単位の秩序（国）の安定にあるということを論理的に体系化したといえる。

〈生には、之れに事うるに礼を以てし、死には、之れを葬るに礼を以てし、之れを祭るに礼を以てす〉

　親が生きている間も、葬送の儀礼を行うにときにも、先祖に対しても、すべては礼を尽くしたものであるべきだ。つまり、仁を為すには「孝悌」が大切だとしたのである。

孝悌の教え

親には孝行し、
年長者には
素直であれ
弟子入りては則ち孝、
出でては則ち悌

中国哲学

孟子

秩序ある社会に必要なもの

孟 子（もうし）
紀元前 372? — 289

●

鄒の国に生まれる。鄒の国は現在の山東省。生年は諸説ありはっきりしない。母は「孟母三遷」で知られるその人。学問を志した孟子は、孔子の孫・子思の門人に入り、孔子の教えを学び、諸国を遊説する。諸国遊説に失敗した孟子は、みずからの学説を完成すべく『孟子』の執筆にとりかかる。朱子学が体系化されて四書のひとつに採り入れられ、その巧みに展開される文章は、古文の規範とされた。

「仁義」を説く

孔子に次ぐ儒教の伝承者は孟子である。儒教は孔子と孟子の教えを中心とするところから「孔孟の教え」とも呼ばれている。

孔子が徳を積んで人を愛することが「仁」だと説いたのに対して、孟子は「仁義」を徳の最高目標に置いている。

「仁」と「義」は同等のものであり、人を慈しむ心を持ち、その心が判断した行為がすなわち、正しい道筋となるという。

仁は人間にとっての安らかな場所である。義は人にとって正しくゆくべき道筋のことである。

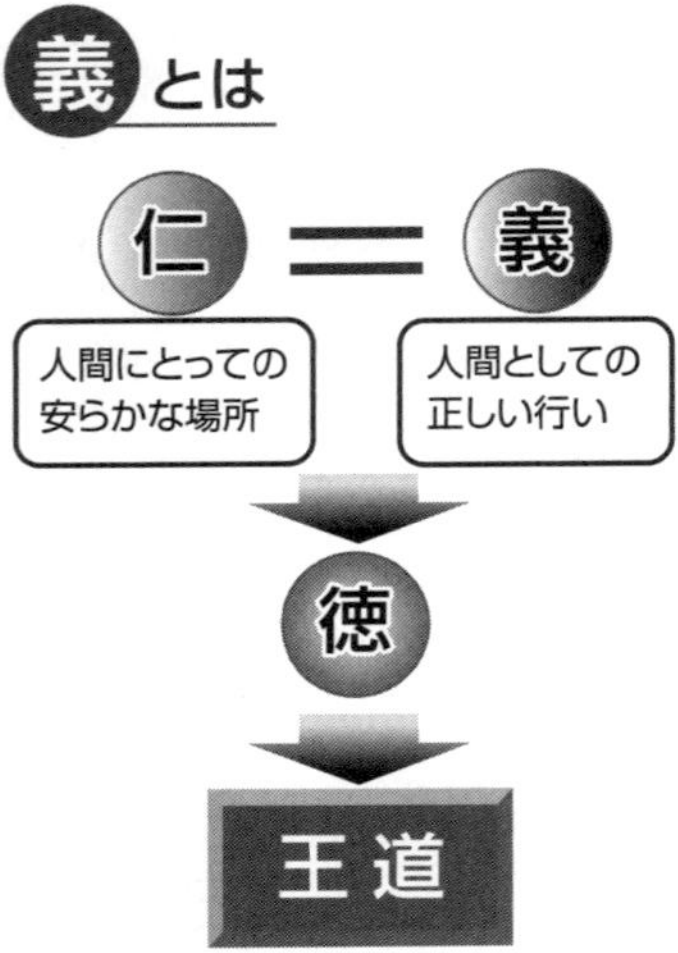

仁に根ざした正しい行いをする。
これこそが国を治める者のつとめである。

これは君主の子息から「りっぱな人になるためにはどんなことを心がけたらいいのか」と問われて孟子が答えた言葉の一節である。

仁のある生活をして、それに沿った正しい道を歩んでいれば、徳の高い人物になれるのだ、と答えている。

孟子は、政策を具体的に提示して多くを語っている。それは、民の生活の安定を大切にする王道（君主のあり方）についてであった。

民の心配を自分のことのように心配すれば、民もまた自分のことのように君主の心配をするものだとし、義を知るものが君主を省みないことはないのだから、王もただ仁義のみを考えていればいい、利益のことをいう必要はない、とした。

孟子の理想は、民の生活が安定し、学を学ぶ土壌が形成され、「孝悌」の倫理が広く民に浸透して、仁義に叶った社会秩序が形成される世界にあった。

これを民本主義といい、孔子の説いた「仁」は、孟子によって政治的な広がりを持ちながら展開していくことになる。

秩序ある社会のためには

孟子は「孝悌」を、とくに重んじていた。

五倫

秩序ある社会をつくっていくには、何よりもまず、親や年長者に対する親愛、敬いの心を忘れないことが大切だ、とした。

親を親として親愛し、年長者を目上の人として敬えば、天下は自然と治まるようになるものだ、という。

孟子は「孝悌」を中心に、道徳的法則

を「五倫《ごりん》」の徳目としてまとめている。

・父子の親……父と子の間は親愛の情で結ばれなくてはならない。

・君臣の義……君と臣は互いに慈しみの心で結ばれなくてはならない。

・夫婦の別……夫には夫の役割があり、妻には妻としての役割がある。

・長幼の序……年少者は年長者を敬い、したがわなければならない。

・朋友の信……友は互いに、信頼の気持ちで結ばれなくてはならない。

こうした秩序を教えられなければ、人間は動物に近い存在になってしまう、と教育の大切さを説いている。

最初から悪人などいない

「性善説」ということばは有名だが、これは孟子が唱えた。

人間は生まれながらに善の心を持っている。最初から悪人などいない。孟子はそれを〝四端《したん》〟で説明する。

四端とは「仁」「義」「礼」「智」である。

・仁……人の不幸を哀れに思い、深く痛む心（惻隠《そくいん》）

・義……自分の不正を恥じる心（羞悪《しゅうお》）

・礼……辞退して人に譲る心（辞譲《じじょう》）

・智……正しいことはよいものとし、不

正は悪いものとする心（是非《ぜひ》）

この四端を人は生まれながらにして持っていて、孟子はそれを、五体満足で生まれてくるようなものだとたとえている。

生まれたばかりでは四端はまだ小さな芽に過ぎないが、成長にともなって学問をし修養をつんでいけば、必ずや仁義礼智の徳を自分のものにできるのだとする。

それはあたかも〈人性の善なるは、猶《なほ》水の下きに就くがごとし〉だという。

水はただただ低いほうへ流れていく。低いほうへ流れない水はなく、人の本性が善なのもそれと同じ。

水の流れになんらかの手を加えるのは〝水の本性〟ではない。人が欲に流れるのも本性ではない。

孟子は人の本来の姿を〈人に忍びざるの心〉という言葉で表現している。それは、人の不幸を見過ごすことのできない心という意味である。

性善説

「人に忍びざる心」のない者、気づかない者、実践できない者……に対しての孟子はかなり手厳しい。〈人に非らず〉〈人間じゃない〉とまで切り捨てている。

　こうした孟子の論が諸国の君主に受け入れられるはずもなく、儒教はまだしばし、芽吹きを待たざるを得なかった。

心のなかにあるもの

　孟子の説く「仁義」「五倫」はすべて、性善説に裏づけられているといえる。

　孔子の教えがその前提になっていることはいうまでもないが、では、「天」という概念に対してはどう受け継いでいるのだろうか。

　孔子は論ずることをこそしなかったものの、心の内には権威あるものとして「天」は存在していた。それは宗教的ではあったが心の拠り所の域を脱することはなかった。孟子が孔子から受け継いだのは、その倫理的な概念に依拠《いきょ》する「天」だったといえる。

　孟子が「天」について語ることは『孟子』には多くみられないが、「誠」ということについて語った箇所からは、天とのつながりをみてとれる。

〈誠は、天の道なり。誠を思うは、人の道なり〉

つまり、「誠」は偽りのない徳であると解釈されている。それは万物の真理となるものであり、「天」にその基準がある。その「誠」を身につけることは、天の徳を身につけることであり、それを行為に移すこと、そうできるように願って天に近づこうとすることが、人の道だとしている。

いい換えるなら、天の秩序は人の秩序であり、規範であるということを示している。宗教的な概念はそぎ落とされているものの、孟子もまた、天の存在を否定してはいないのだ。

忍びざるの心

人の不幸を見過ごしにできない心が
忍びざるの心である

中国哲学

荀子

「性悪説」の根本を知る

荀子（じゅんし）
紀元前 298 ～ 238 ？

生い立ちは詳らかではないが、趙の国の出身とされる。50 歳代で斉の国の学長職に就き、楚の国では長官にとりたてられ、この地で生涯を終えている。礼・義を重んじる思想は門弟の韓非子に受け継がれていく。

なぜ学ぶことが大切なのか

孟子が「性善説」を説いたのに対して、荀子は「性悪説」を主張した。

人間はそもそも利を好むものである。その本性にしたがっていたら人間関係はうまくいかない。争い、譲る心を忘れてしまうものだ。妬む性質もあり、その本性にしたがっていたら、他人を傷つけ、誠の心がなくなってしまう。

色を欲するのも生来のものであり、それにしたがうなら淫らな行いが横行して礼儀も条理もなくなってしまう。そうなれば人間関係に乱れが生じるのは必然だろう、という。

また、善は正しい道理と平らかな治世であり、悪は正道から偏って衝突したり正道から外れて争乱することである、とした。

もし人間の本性が善であるなら、なぜ孔子が説いた教えを尊ぶのか、礼儀を重んじるのか。荀子は、それは人の本性が悪だからであるという。悪だからこそ、善であるためには〝人為〟が必要となり、それが〝教育〟なのだという。

「性悪」に対するには教育こそが大切なのだと考えた荀子は、後天的な努力を高く評価し、学ぶことの意義を強調している。「出藍《しゅつらん》の誉《ほま》れ」の原典となったことばがそれだ。

〈学は以《もっ》て已《や》む可《べ》からず。青は之《これ》を藍より取りて、藍よりも青く、氷は水之を為して、水よりも寒《つめた》し〉

学問は途中でやめてはいけない。藍よりとった青は藍より青く、氷は水からできていても水より冷たいではないか。

学問をし続け、その努力を怠らなければ、いつかは師を超えることができる。学とはそういうものであると説いている。

つまり、どんな〝駑馬《どば》（劣った馬）〟でも、よい師に巡りあい、礼をつくして学べば、〝麒驥《きき》（優れた馬）〟にもなれ、勝ることもあるのだ、ということである。

孟子「性善説」VS荀子「性悪説」

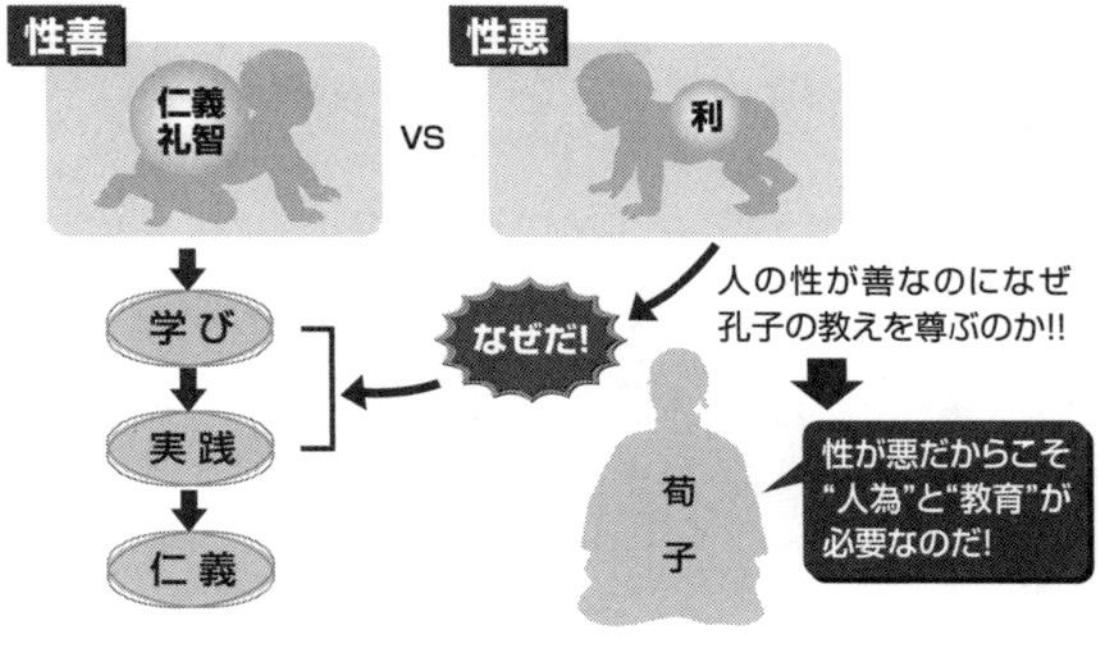

なぜ「礼」が必要なのか

古来より中国には「天人合一《てんじんごういつ》」という考え方がある。天は自然であると同時にまた人格神として捉えていたのだ。孔子も孟子も、この考え方に依拠していたが、荀子はそれを否定している。

孔子は天の存在を慎重に遠くに置いていたが、その熟慮はだんだんと変化し、しだいに政治に利用されるようになっていく。神秘的迷信的な天の復活だった。

荀子はこれに異を唱えた。天はあくまで自然なものであり、人間世界の法則とは異なるのだとし、「天」からの人間の独立を果たそうとしたのである。

〈天人の分明らかなれば、則ち至人と謂う可し〉

つまり、至人とは道をわきまえた人の意味だが、荀子は天から切り離された人間存在の危うさを知っていたのだろう。「礼」「義」に関して侮ることなく、それこそ口が酸っぱくなるくらいに説いている。

欲と物の両者を調和がとれるように育て上げていく。それが「礼」が必要とされる理由なのだ、と荀子は考える。この思想は後に、韓非子に継承され、政治色を強めていく。

中国哲学

韓非子

人間は利を求めて行動する

韓非子（かんぴし）
紀元前 280? ～ 233

●

韓の国の公子として生まれる。荀子に学び、法家思想を構築、その思想を『韓非子』に著す。その書が秦の始皇帝の目にとまったことから、それを妬む李斯の謀にあい、毒殺という非業の死を遂げている。

仁・徳・義の否定

性悪説を説いた荀子は、学問の大切さを説いたが、荀子に師事した韓非子の考えはより実践的だった。それまでの儒教思想の根底に流れていた「天」の存在を否定し、さらには、人の本性についても、徹底的に情緒的なものを排している。

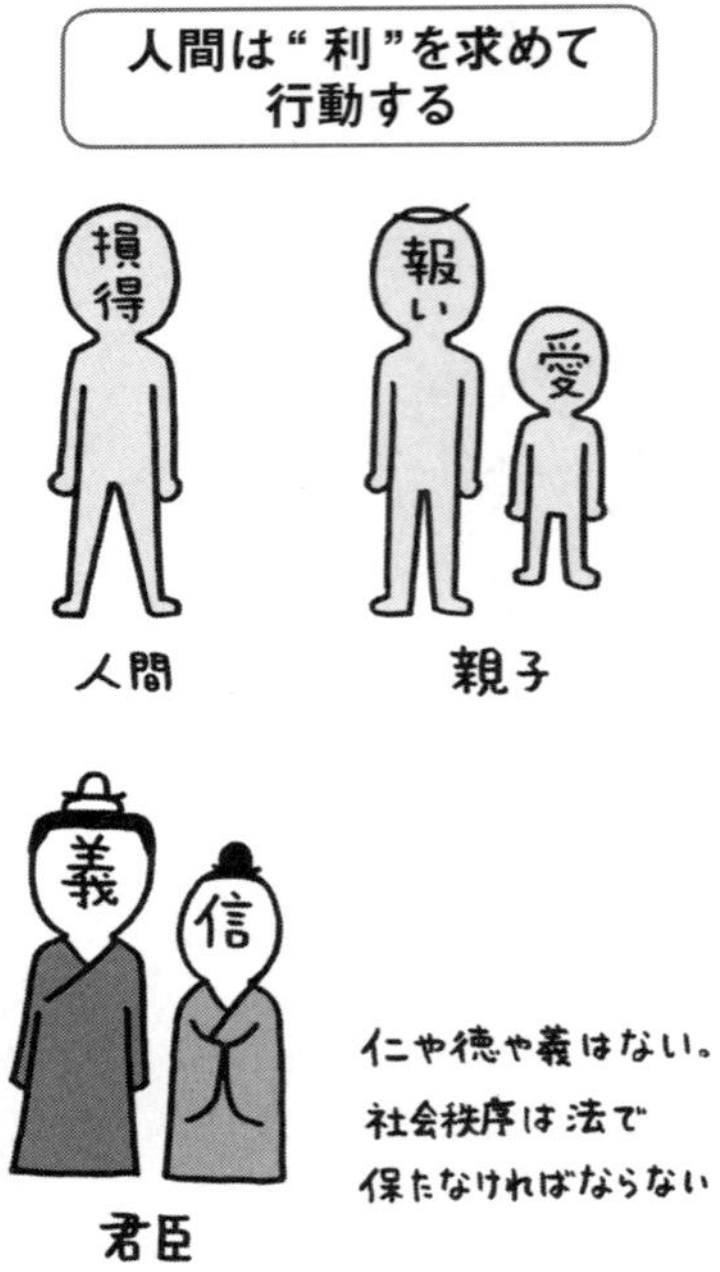

人間はすべてにおいて、利益を求めて行動する。ウナギはヌルヌルとして気持ちは悪いが、それを捕まえて利益になると思えば漁師はそれをつかまえる。モゾモゾと動く蚕《かいこ》も、育てて売れば利

益を得ることができるならば、人間は必ず利益を優先する。

金銭的な利益ばかりではない。物質的な実利、自己満足……など、人間は自分の利にかなうことを無意識のうちに計算し、損することを嫌う。

親子の情愛もしかり。本来利害などない親密な関係であるはずなのに、そのじつ、愛情をかけるという行為には報いがあるはずだ、という打算があるではないか。

親子の関係ですらそうであるのに、まして君臣の間に信や義など存在するはずがない。

韓非子は徹底的に、儒教思想にある仁、

法の重要アイテムは
"刑罰"と"術"
法律書
刑罰
術
刑罰は損を強調するためにあり、
術は臣下を操縦するためにある

徳、義といった概念を否定している。社会の秩序を保つには、仁や義などといった曖昧なものではなく、客観的な基準が必要だ。韓非子はそれが「法」であるとした。

韓非子から諸葛孔明へ

「法」はすべての人民が従うべき、唯一絶対の基準である。これが徹底されていれば国は治まる。

法は定規を当てて、秤で重さを計るようなものでなくてはならない。名君の定めた法には、目分量で計ったような曖昧なものはない。

墨縄《すみなわ》がまっすぐに引かれれば、曲がった木もまっすぐに切ることができる。法とはそういうものだ、と韓非子は位置づけている。

君主は法に則った機構の頂点にあって運営につとめるだけでいい。君主としての力量がなくても、法さえ完備していれば、国の秩序は保たれるとして、法の重要性を説いている。

そのためにはふたつのことが重要な意味を持つ。ひとつは「刑罰」であり、またひとつは「術」である。この考えは、韓非子の人間の〝本性〟分析が元になっている。

韓非子の刑罰は、法を犯すことを〝予防〟することを目的としている。

〝利〟を求める人間が〝損〟を好むはずがない。利と損を対極において、損得勘定を秤にかける。そしていったん法を犯したとなれば、身分の高低にかかわらず、情に訴える理由があろうとなかろうと、法のもとに厳罰する。

利を求める人間がそれを回避しようとするのは当たり前で、そのバランス感覚を養う刑罰は社会の秩序を守るための法則だ、とした。

また、君と臣の関係には「人を信ずれば則ち人に制せらる」という現実があることを力説した。

「頼れるのは自分だけ」とした韓非子は、君主として臣下を操縦する「術」を考えた。「七術《ななじゅつ》」と呼ばれるものがそれだ。もっとも身近にいる臣下の利を求める心を分析し、秩序の乱れる予防方策をとったのである。

韓非子の目指した「法家思想」は、「孤憤《こふん》」「五蠹《ごと》」「内外儲《ないがいちょ》」「説林《ぜいりん》」「説難《ぜいなん》」など、二十巻五十五編に残され、後の中国思想に大きな影響をもたらす。

諸葛孔明《しょかつこうめい》は韓非子を崇拝し、その思想を実践したひとりだった。

中国哲学

老子

人間が生きるべき道とは

老子（ろうし）
紀元前５世紀ごろ？

●

略歴は不明な点が多く、架空の人物、複数人の諸説があるが、『史記』によれば、楚の国に生まれ、周の王室の記録官だった。その思想が道教に採り入れられると、後に神格化されて道教の最高神に祀られている。

「無為自然」とは何か

老子は儒教的な〝人為〟を否定し、「無《む》為自然《いしぜん》」を、思想の根本においた。人為を排して、道のままに任せて生きなさい。そこにこそ真理がある、としたのだ。

老子はその真理を「道」という概念を用いて説いている。世間一般にいわれている道という概念は恒常不変の真の道ではない。道とは空っぽの器のようなもので、なかに物を入れてもいっぱいになることはない。それは深遠で、あたかも万物の根源のようなもの。だという。

老子はまた、天と地と人間の関係を次のように考え、道のあり方を示している。

混沌としたなかにあるもの（道）は天地に先だって生じている。それは天地も含めて万物を生みだした母のようなもの

無為自然とは？

人為を廃し、道のままに生きよ
仁 義 礼 智 孝
＝儒教思想

本来あるべき姿に立ち戻れば人為などはいらない。その姿こそが無為自然である

だ。地は天の法則にしたがい、天は道にしたがい、道は自然にしたがっている。だから人間は、道にしたがって生きるべきなのだ、という。

天と地の間にあるこの世は、風を送るふいごのようなもの。なかは空っぽなのに動き出すと無尽蔵に風を送り出す。つまり、道は無限に広がりを持つもので、人為に規制されるものではないのだ。

老子が考えた理想郷とは

老子は哲学的な比喩を用いながら、人としての徳を、政治のあり方にも反映させる。「無為」を貫くには上昇志向は弊害になるばかりだとし、「不争謙下」が道だとしている。

争いに勝つことができるのは、争いが愚かなことだと熟知しているものだ。こういう人物こそが天の徳を受けている無為を知るものだとし、それはいにしえの教えなのだ、と老子は考えた。

天にふさわしい人物が無為自然で政治をおこなえるのは「小国《しょうこく》寡民《かみん》」の単位である。老子は、大国になろうと策を弄すことは道ではないと考えていた。

小国寡民は、いうならば原始共産制社会。得も欲もない平和ないにしえの村落共同体は、老子の理想郷だったのだろう。

老子はそうした世界をつくり出す背景を「知足」という言葉であらわしている。

自分に与えられた境遇を受け入れ、安らぎを得ることに道を見いだす者こそ、真の富者である。その志を失わなければ、永遠の道に一体となる。道教の〝不老不死〟の概念はここから生まれたとされる。

知足とは？

与えられた境遇を受け入れ、
そこに安らぎを得る。
足を知れば不老不死の世界に至る

労働の理想郷

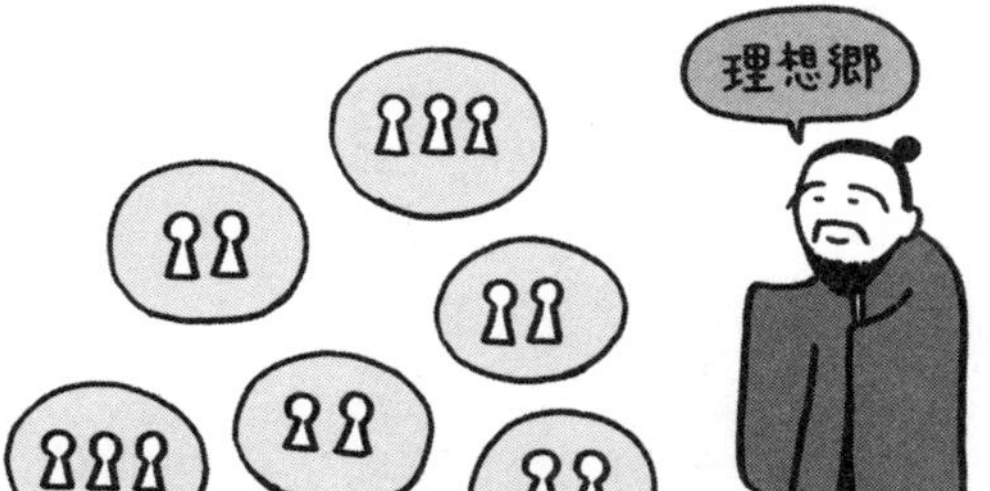

老子は原始共産制のような〝小国寡民〟を理想郷とした

中国哲学

荘子

世俗的なものから離れ、自由な境地へ

荘子（そうし）
紀元前369～286？

●

『史記』によれば、荘子は宋の国生まれ。いまの河南省にあたる。老子に次ぐ道教の始祖といわれ、『荘子』は、道教の教典となり、別名を『南華真経』。生没年は推測の域を出ないが、実存を疑う説なども出ている。

考えてもしかたがないこと

儒教が現実的な立場から道徳論を展開したのに対して、老子と荘子で語られる思想は、宗教的哲学だといえる。老子の「無為自然」を基本とし、両者を合わせて「老荘思想」と呼ばれている。

「無為自然」は荘子の言葉では「逍遥《しょうよう》遊《ゆう》」となる。目的意識にしばられない自由な境地。そこに至れば人間は、自然と融和して自由な生き方ができる、と荘子はいう。

荘子は老子に比べ、徹底的に世俗的なものから離れ、自由な境地で生きることを説く。その境地を阻《はば》んでいるのは、世にある「知」だ。

人の一生には限りがあるが、知には限りがない。限りのないもので限りのある

逍遥遊とは？

知から離れ、自由に生きるのが逍遥遊である

ものを追いかけても疲れるだけじゃないか。りっぱな知恵は悠々としているが、つまらない知恵に惑わされる人間はせこせこしている。

そのような人間はいずれ、老醜をさらすのだ。そんな小知など捨ててしまえ、という荘子の思想を端的にあらわした説話に「胡蝶《こちょう》の夢」というのがある。

「ある日、荘子は夢を見た。蝶になっている夢だ。ひらひらと空を飛び、のびのびと遊んでいる。蝶は自分が荘子であることに気づかない。目が覚めてみると、やはり自分は荘子だった。はて、これはどういうことか。荘子が蝶になった夢を見たのだろうか。蝶が荘子になった夢を見たのだろうか」

夢が現実なのか、現実が夢なのか。そんなものは「どちらでもかまわない」と荘子はいう。

「知」にはなんら確かな判断はないのだから、考えてもしかたのないことだ。知の判断から離れてみ

胡蝶の夢

夢が現実か、現実が夢か、
そんなことはどうでもいい

よ。そうすれば差異や区別を越えた世界が見えてこないだろうか。

　それこそが逍遥遊の世界である。

欲も得もない世界へ

「万物斉同」という考え方は、荘子の思想を理解するうえで重要なキーワードである。

　大小、是非、美醜、善悪、貴賤、生死……など、現実に相対しているかに見えるものは、人間の「知」が生み出した結果である。

　しかし、じつは見せかけに過ぎないのだという。そのことを示した説話に「朝三暮四《ちょうさんぼし》」というのがある。

「猿まわしが『朝は三つで夜は四つだ』と猿にどんぐりを与えようとした。ところが猿はこれに怒った。では『朝は四つで、夜は三つにしよう』というと猿は喜んだ」

　朝に三つのどんぐりを食べようが、夜に四つであろうが、結局は一日七個のどんぐりを食べることに変わりはない。それにもかかわらず、猿は朝が少ないと怒る。相対するものを考える人間も同じようなものだ、と荘子はいうのである。

　万物はすべてひとつだ。馬が馬でないというなら同じことをしてみよ。〝相対〟

万物斉同とは？

相対するものは知による見せかけだ。
知を消してしまえば万物は等しく同じだとわかる

という見方をしなければ、馬はたんに馬であることがわかる。このことさえわかっていれば、どんな変化が訪れようと、あとは自然の「道」に任せるだけでいい。その道は意識するものではない。

「万物斉同」は、見せかけだけの相対を越えて、自然の流れに身をまかせることなのだ。

荘子は徹底的に、欲も得もない世界への誘いをめざしていた。

中国哲学

朱子

万物を生成するのは「理」と「気」である

朱子（しゅし）
1130 ～ 1200

●

朱熹というのが本名で、生まれたのはいまの福建省の山間地帯。詩人で、儒教を学んだ父を持ち、朱子も幼いころから儒学を志していた。19 歳で科挙の試験に合格。以後 50 年間、官の職に就く。官吏の仕事のほとんどは学者として優遇されたもので、朱子はたっぷりの時間をかけて『朱子学』を体系化していった。孔子の『礼記』から『大学』『中庸』を独立させ、『論語』『孟子』を加えて「四書」とした。

儒教思想と仏教の存在

時代は一気に進み12世紀。宋王朝が南遷したころ、「朱子学」を完成させた朱子（朱熹《しゅき》）が誕生する。この時代、紀元前から展開されていた儒教思想は、矛盾を孕《はら》んだものとして捉えられていた。

その背景には、紀元前後にインドから伝わった仏教の存在があった。経典は次々に漢訳され、6世紀には真言宗（密教）、禅宗、浄土宗、律宗《りっしゅう》、法相宗《ほっそうしゅう》、華《け》厳宗《ごんしゅう》、天台宗、三論宗《さんろんしゅう》の八宗が成立。なかでも禅宗、法相宗、天台宗が受け入れられ、それぞれが融合するかたちで、当時の中国仏教は特徴づけられていた。

老荘思想と古代中国から伝わる〝易〟との融合、さらには陰陽説、五行説、神仙思想などが相まって新たな展開を見せていた道教の存在も見逃せない。

そもそも〝易〟は、古代中国から伝承されてきたもので、焼いた亀の甲羅や獣の骨のひび割れによって吉凶を占っていた。これが源流となり、すべての事象は陰と陽の原理で成り立ち、両者は反発するものではなく、お互いに補うものとして存在すると考えられるようになる。これが〝陰陽説〟だ。儒教の経典『易経《えききょう》』にもその記述はある。

宋代の儒教

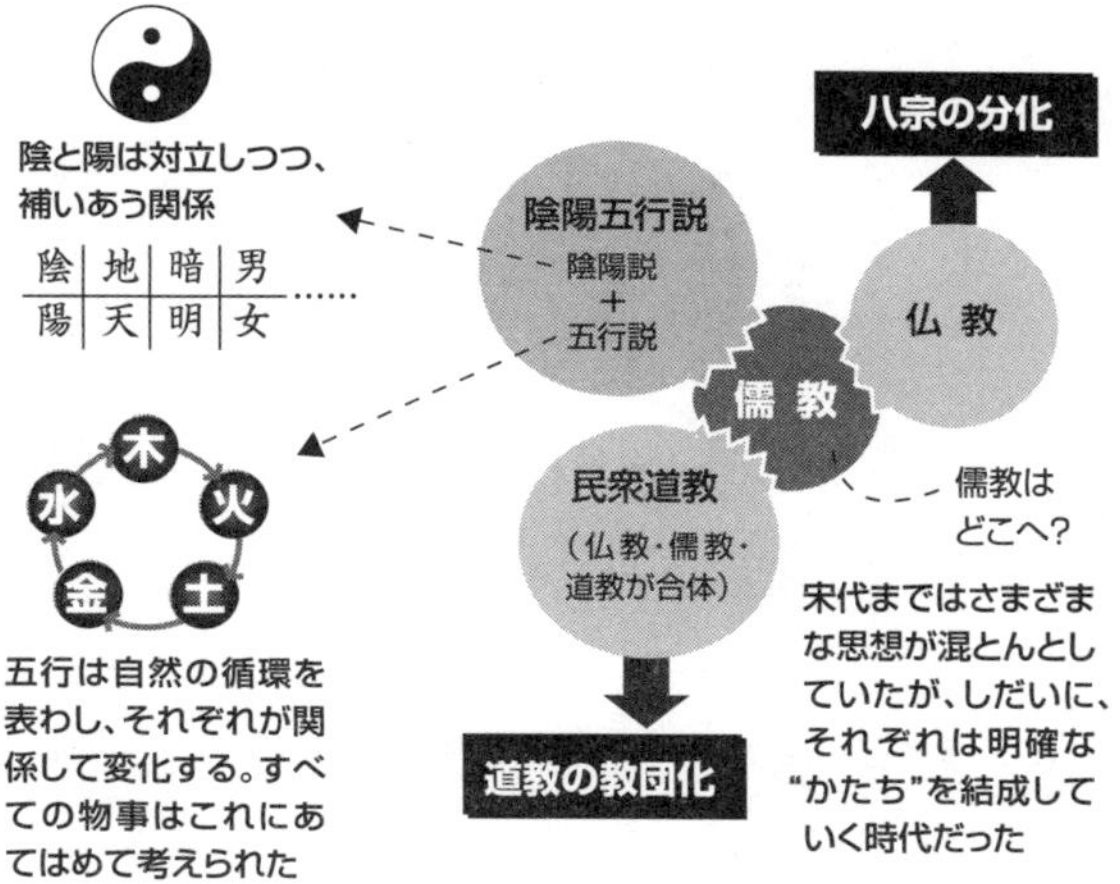

儒教のなかにも脈々と流れてきた陰陽説はさらに、〝五行説〟と結びついていく。五行説とは、すべての事象には5つの要素（木・火・土・金・水）があり、互いは関係しあい組み合わされて万物のあり方を決め、それはつねに循環しているとする考え方だ。

　五行説は、季節（春・夏・秋・冬・土用《どよう》）、方角（東・西・南・北・中央）、五色《ごしき》（青・赤・黄・黒・白）、五味（酸・甘・塩・苦・辛）、五臓（肝・心・脾・肺・腎）など、すべてのものに当てはめられていくが、陰陽説と結びついて〝陰陽五行説〟となったのは漢の時代だといわれている。

道教はこうした陰陽五行説をとり入れるとともに、独自の教義を獲得していく。その核となったのが神仙思想だ。

古代から不老不死に究極の自由を求めていたことは荘子の思想にもあらわれているが、それはある意味、現世での不可能を可能にする渇望が生みだしたものだといえる。そのために必要なのが、人間を不老不死に導く仙薬であり、呼吸法などによる修業や、おまじないなどによる邪を避ける方法だった。

これらの説は、道教が熟成する過程でさまざまに変化していく。その形態は呪術的な色合いを濃くしていき、しだいに〝民衆道教〟として広まっていくことになる。その中身は儒教、道教、仏教が習合《しゅうごう》するような内容だった。こうした経緯を経て12世紀ごろ、呪術的なもの、神仙的なものをおさえた新道教と呼ばれる教団が形成される。朱子が誕生したのは、ちょうどそんな時代だった。

儒教と仏教と道教。それぞれは長く独自のスタイルを貫きながらも、批判と許容をくり返して長い年月を経てきたが、異なるフィルターを通しながらもたがいに濾過《ろか》できない概念のあることに、しだいに気づいていく。そして、朱子が体系

新儒教の成立

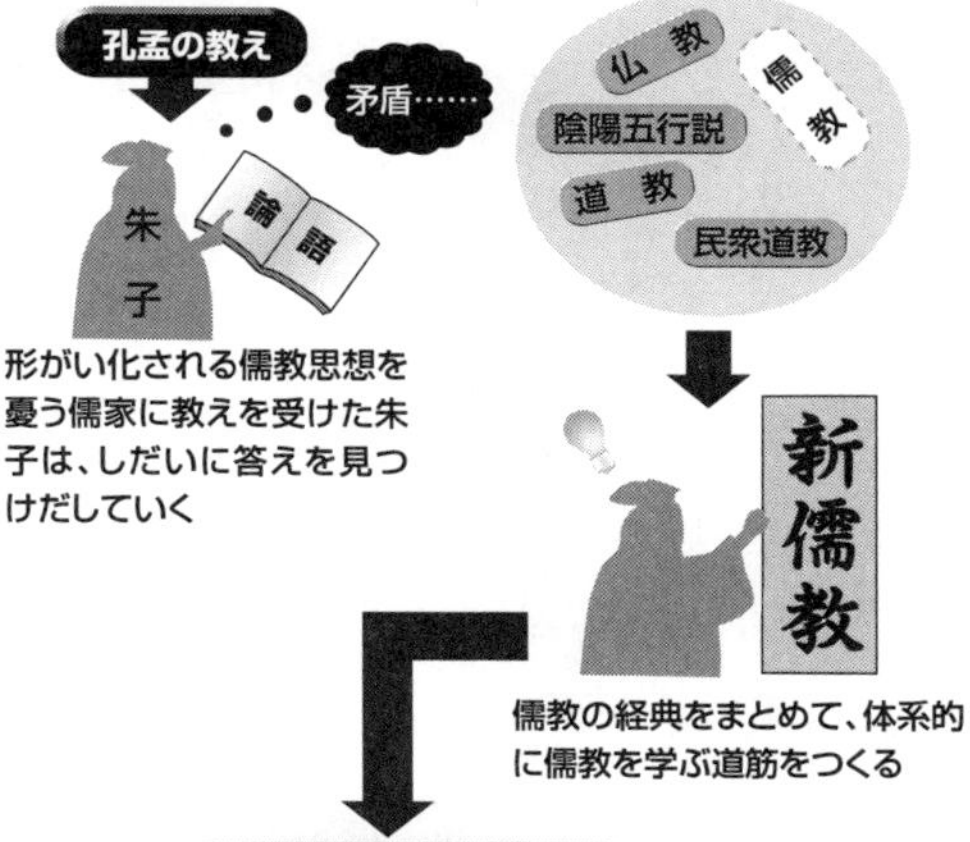

四書五経

四書

- **大学** ➡ 君子の学習方法。孔子の『礼記』の一篇
- **中庸** ➡ 進徳の原理を説いたもの。『礼記』の一篇
- **論語** ➡ 孔子と弟子の談話集
- **孟子** ➡ 孟子の言行録

五経

- **詩経** ➡ 孔子が編集した詩歌集
- **書経** ➡ 聖王、夏、段、周代の君臣の言行録をまとめた政令集
- **礼記** ➡ 『礼記』の中の制度・習慣が書かれた一篇「礼」に関する記述集
- **易経** ➡ 陰陽占術の理論書。B.C700年代に書かれたもの
- **春秋** ➡ 孔子が整理した魯国の歴史書

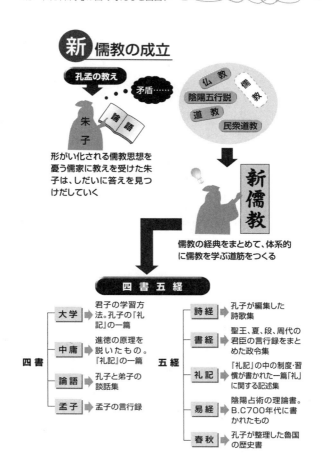

化した「朱子学」から、新たな展開を見せていくのである。

万物を生成するものはなにか

朱子は伝統的な儒教思想を学ぶ徒《と》であったから、当然、その思想は儒教のフィルターを通して形成されていく。儒教思想にある上下の秩序を重んじながら、仏教的な因果の論理と、道教的な宇宙概念との融合を試みたのである。

朱子は「理《り》」と「気《き》」の2つの原理（理気二元論）を中心に据えている。理は形《けい》而上《じじょう》の「性」、気は形而下の「生」と位置づけた。両者は別のものだが、単独では存在しない関係にあるとした。

存在するものすべては気で構成されている。運動しつづけ、運動が大きくなるときが「陽」、小さくなるときが「陰」となる。木・火＝陽、金・木＝陰であり、

理気二元論とは？

万物を存在せしめている根本原理が理であり、そこから生じる気が万物を構成するのじゃ

土は4つの要素をつくりあげている要素となるもので、これがなければ、その他の要素は成立しない。この陰陽五行が万物を生成し万物を動かしている原理であり、人間もまた同じであるとした。

万物の存在を存在足らしめている根拠。それが朱子のいう「理」だ。天地万物の理が「太極《たいきょく》」であり、個々の理を「性」とし、これも太極に内包されるものとした。

万物が生まれるしくみ

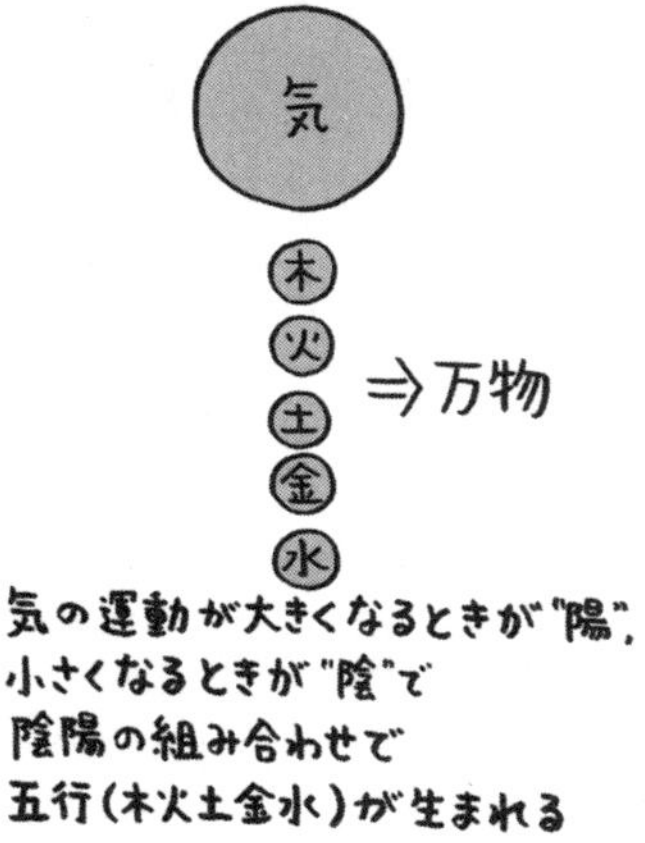
気
木
火
土
金
水
⇒万物
気の運動が大きくなるときが"陽"、
小さくなるときが"陰"で
陰陽の組み合わせで
五行(木火土金水)が生まれる

理気二元論で人間を見ると…

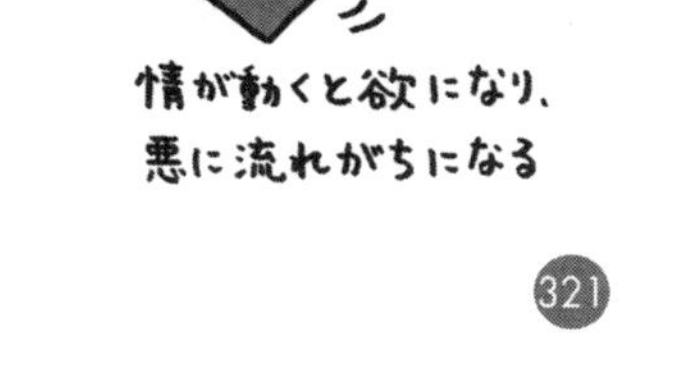
性=理
情=気
→欲→悪
情が動くと欲になり、
悪に流れがちになる

徳川幕府にも影響を与えた朱子の思想

非物質的、非実体的なものを「理」ととらえた朱子は、人間の心、あるいは儒教的倫理観もまた、陰陽で説いて見せる。

心には「性」と「情」がある。それはつねに心の中に存在している。

情は悪なるものではない。心のひとつのあり方にすぎない、しかし、情が大きく動くと欲が生じて悪に流れる傾向を持つことになりがちだ。このとき、その情を心の中（庸）に導くようにはたらくのが性である。性には本来持っている「本然の性」というのがあり、この性が心を中（庸）に保つのである。

朱子のいう"性"とは？

朱子はこれを「敬《けい》」という概念で説明する。たとえば、来客を疎《うと》ましく思い対応を疎《おろそ》かにするなら、それは〝不敬〟に値する。しかし、来客に対して意を尽く

した対応をしながら、なぜ疎ましく思うのか、その心持ちを追求し、性の陰陽の原理を次に生かそうと努力する。これこそが「敬」を生かすことであるとした。

　朱子はこうした状態を「格物《かくぶつ》致《ち》知《ち》」という。「理」に至るには「知」が重要だということだ。ただし、知を駆使するだけでは真の理にはとどかない。さまざまな経験を通して、理＝性であることを見抜かなければならない。それこそが社会に生きる自己認識のあり方であるとした。

　社会の秩序は「性」の自己認識によって成り立っている。朱子のいう性は「仁・義・礼・智・信」のことである。そして、この性の概念に基づく理は、気の運動性によって〝道〟となるとした。

　朱子が体系化した論理は高く評価され、日本にも輸出され、徳川幕府を支えるイデオロギーとして尊重されることになる。

格物致知とは？
究極の知識
理
格物致知とは理を見きわめて正しい知識を得ることである

中国哲学

王陽明

朱子にまっこうから異を唱えた思想家

王陽明（おうようめい）
1472 ～ 1528

●

浙江省生。官僚の父を持ち、早くから朱子学を学ぶが、幼年期は“やんちゃ”だったらしい。28 歳で進士となり、37 歳で朱子学の矛盾に至る。武官として官僚コースを歩みながら実践的儒教を説き、肺病で没した。

朱子学への矛盾から始まる

朱子学が治政者の学問として取り上げられていたのに対して、より実践的な見地から、朱子の論に異を唱えたのが王陽明である。

王陽明は熱心に朱子学を学んでいたといわれる。しかし、学べば学ぶほど、混乱し、行き詰まっていく。それはなぜなのか。

王陽明の主張はこうだ。

すべての天地万物には理が備わっているというが、草や木や石などにはたして理は備わっているのだろうか。たとえ備わっているとしても、人間はそれをどう捉えることができるのか。心の内がそれを知ることが可能なのだろうか。

王陽明はまた、朱子のいう理＝性（性即理）には矛盾があるとした。

心の内にある理は、結局のところ心の外から補わなければならないということではないか。

外から仕入れた知識がなければ、心の内にある理は完成せず、そもそも朱子のいう天の理とはなり得ない。

理は知に規制されている。王陽明はこの考えに至って、大いなる矛盾を感じたのである。

「知行合一」とは

王陽明は「心即理《しんそくり》」という考え方に立脚した。

心と理とはそもそもひとつのものである。理が先にあって心が備わったのではない。その心が欲で満たされたものでなければ、心と理は一体となる。心の外にある知や性といった概念で縛られるものではなく、生まれながらにして、心そのものが天理なのである。

すなわち、これが「良知《りょうち》」なのだという。「良知」は道徳的な心ということができる。そもそも、心が良知であることが自覚されていれば、偶然人欲的なものが涌いてきたとしても、それはとるに足りないものとして消失していく。曇り

心即理
欲
良知
欲
欲
心と理は一体のものとしてすでに
心に存在している

のない良知に致ることが大切なのだ。
　これがよく知られるところの「致良知」論である。

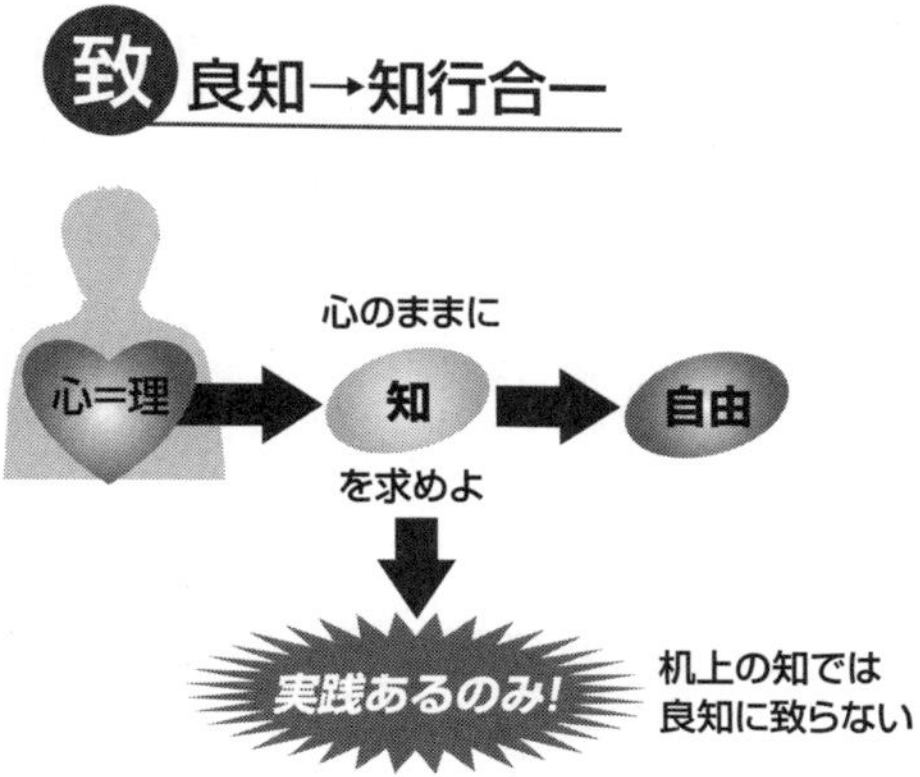

　そのためにはつねに「知行合一《ちこうごういつ》」でなければならない、と王陽明はいう。知行合一とは、知っていてもおこなわないのは、知らないと同じ、ということだ。
　知（良知）は行＝実践をともなってこそ意味がある。つまり、道徳的な天理を行動を通じて実践することが重要なのだと説く。

幕末の志士への影響

　王陽明が「良知」から求めたものは何だったのか。それは「自由」と「平等」である。

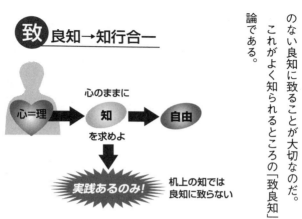

形式的な規範から解き放たれて、みずからの良知に問い、実践を通してさらに良知に問う。人間はその核に良知を持っているからこそ、自由に思想し、行動できるのだ、と考えていた。「心のまま」にあることを王陽明は重要視した。

そして、良知を持つ人間は、愚夫愚妻といえども聖人と異ならない。街中にいる人は皆すべて聖人である。道徳の前では皆、平等なのだとしたのである。

王陽明の論は、形式的な儒教からの開放といえた。日本では江戸末期、幕末の志士たちに「自由」と「平等」の観念が受け継がれていく。

人間皆良知

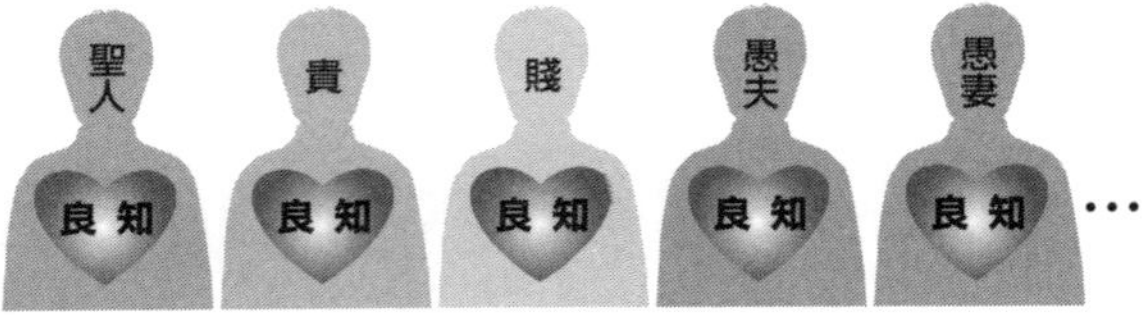

良知を持っている人間は道徳の前ではみんな平等だ!

日本哲学

古代思想

——日本固有の〝神〟の観念

八百万の神

古代日本人にあった宗教観念は自然界に存在する万物には霊が宿っているとする、いわゆるアニミズム（霊魂信仰）だ。

そこから信仰の対象としてまず浮上してきたのが山であった。峻険《しゅんけん》にそびえる山の威容《いよう》は、古代人にとって畏れの対象であった。また、農耕に不可欠な水の供給源でもある山は、畏れだけでなく、崇敬《すうけい》の対象ともなった。

古代人は山を望む場所に祭祀《さいし》場を設け、

山の神を崇め祈りを捧げた。山の神は春になると里に降り、「稲の神」「豊作の神」として秋の実りをもたらす。そして、ふたたび山に帰ってゆく。古代人はそう考え、神を迎える祭りをおこない、また豊饒を感謝する祭りも催した。

山は次第に聖性を強めていく。古代人は、山を天上の神が降臨する場所、聖域と考えるようになったのだ。こうした神に対する観念は原始神道と呼ばれる。

その世界観は、天上界にある高天原《たかまのはら》、この地上である葦原中国《あしはらなかつくに》、あの世である黄泉国《よみのくに》という3つで世界が構成されているというものであった。高天原には天《あま》津神《つかみ》がおり、葦原中国には土着の神がい

山岳信仰

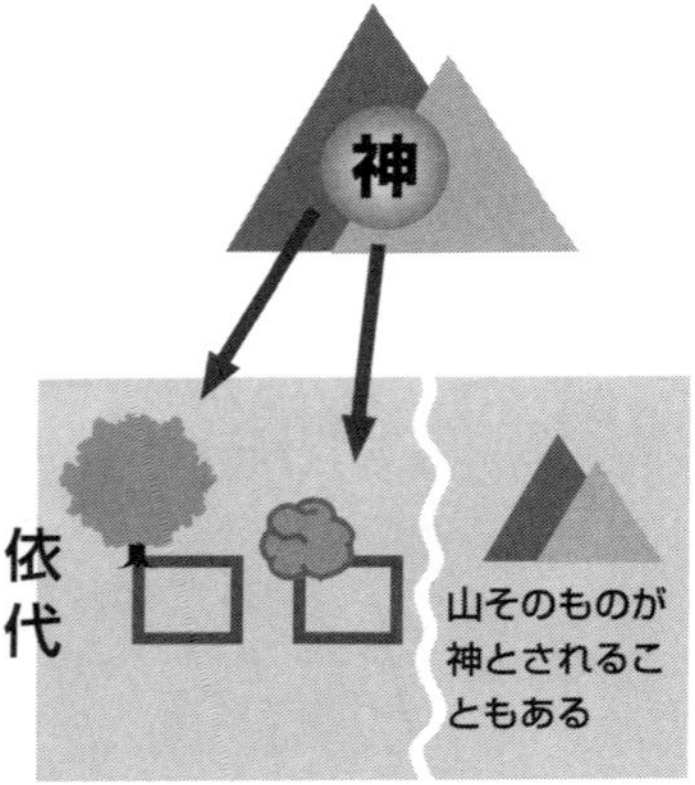

祭祀のとき神は、巨木や岩、石などの依代に降りてくる。常緑樹を配して祭祀場は神籬《ひもろぎ》と呼ばれた

ると考えられた。

『古事記』『日本書紀』には、伊邪那岐《いざなぎの》命《みこと》と伊邪那美命《いざなみのみこと》が神生み、国生みをするくだりがあるが、ここで生まれた天《あま》照大神《てらすおおみかみ》が高天原の統治者とされている。

高天原か瓊瓊杵尊《ににぎのみこと》が降り立ちその後、神代から神武天皇にはじまる人代へと歴史は転換するのだが、降り立ったのは日向高千穂の峰、すなわち〝山〟であった。

仏教伝来がもたらしたもの

古代人にとって神は祭りのときにだけ降りてくるものであった。だから、神の降臨のための場所、祭祀場は祭りのときに設置され、終われば撤去された。祭祀場には神が宿る依代《よりしろ》が設けられ、巨大な岩や石、巨木などが依代となった。常緑樹などを配した祭祀場は神籬《ひもろぎ》と呼ばれた。

また、山そのものが神とみなされることもあり、その山は神体山《しんたいさん》と呼ばれた。奈良の三輪山、滋賀の三上山などが神体山として知られる。

こうして受け継がれてきた原始神道は538年の仏教伝来を契機に変貌を遂げる。仏教は思想のみならず、建築や彫刻などの芸術分野をも包み込む壮大な文化体系だ。神道に与えた影響も少なくない。

なかでも建築の分野の影響は大きかっ

た。各地に仏教寺院が建築されたのを真似し、常設の祭祀場である神社が生まれたのである。祭りのときにだけ降臨する神は、神社がつくられたことによって、そこに常在するようになったのだった。

神社は聖域とされ周囲には垣《かき》がめぐらされて俗世間と区別された神を祀る本殿、ご神体を拝む拝殿、神に捧げる芸能をおこなう神楽《かぐら》殿などが並ぶのが、神社の基本構造だ。本殿には鏡や剣、玉、石などがご神体として納められた。ご神体は神が宿る依代である。

土地の神は産土神《うぶすながみ》、氏神《うじがみ》として崇敬の対象となった。神社成立以降の神道は、原始神道と区別されて神社神道と呼ばれている。

原始神道の世界観

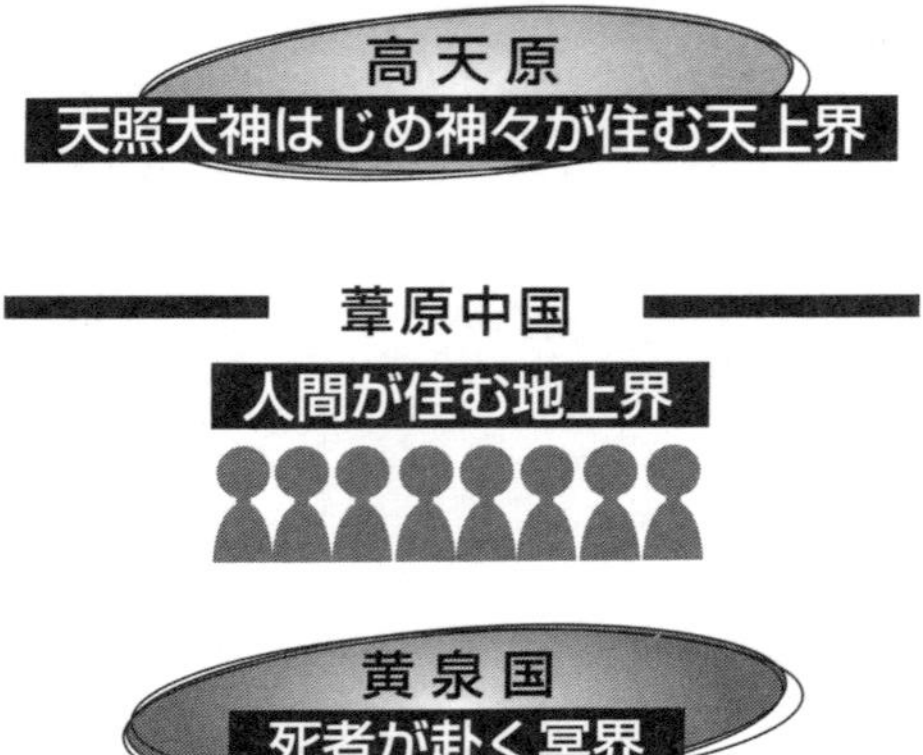

日本哲学

最澄

天台の奥義を日本へ持ち込み、比叡山へ

最澄（さいちょう）
天平神護2～弘仁13
（767～822）

●

近江国に生まれ、15歳で得度受戒して最澄を名乗る。奈良にて東大寺戒壇院で具足戒を受けたが、当時の仏教に飽き足らず、比叡山で修行する。36歳で唐に渡って天台宗を納め、帰国後、日本天台宗を開いた。

すべての人が悟ることができる

最澄が説いた天台宗は中国の高僧・天台大師智顗《ちぎ》が隋《ずい》の時代に開いた教えである。妙法蓮華経《みょうほうれんげきょう》（法華経）を根本経典とし、それにもとづく生活を実践して悟りの境地に到ろうとするものだ。

最澄は804年、遣唐使として中国に渡り、天台山に赴いて天台七代開祖・道邃《どうすい》や行満《ぎょうまん》らから天台の奥義を学んだ。また順暁阿闍梨《じゅんぎょうあじゃり》から真言密教を伝授され、さらに禅、律の教えも受けた。

帰国後、最澄は天台宗の公認を願い出る。当時は南都六宗のみが公認宗教であり、僧になるにはそのいずれかの寺で修行を積まなければならなかったのだ。806年、桓武天皇の勅許《ちょっきょ》を得て天台宗

一切衆生悉有仏性

仏性
仏性
仏性
仏性
あらゆるものは
仏になることができる

は公認された。

最澄の教えの根幹は、「一切衆生悉有仏性《いっさいしゅじょうしつうぶっしょう》」というところにある。すなわち、すべての人間にはことごとく仏性が備わっていて、仏になる（悟る）ことができる、というものである。

法華経に「ただ一乗のみあって、二もなく三もなし」という一節がある。

二、三とは二乗、三乗のことで、釈迦の説教を聞きみずからを高めようとする「声聞《しょうもん》」と、独り自然に触れ、思索にふけって学ぶ「縁覚《えんがく》」が二乗、知識を磨いて世のため人のために役立てようとする「菩薩《ぼさつ》」が三乗とされる。三乗仏教ではそれぞれにふさわしい教えを説くべきだとしている。

これに対して法華経では、人には二乗、三乗などという区別はなく平等であり、ひとつの教えでだれもが仏になることができるとしているのである。

　最澄が主張する一乗仏教に三乗仏教の立場から真っ向対立し、論争を繰り広げたのが法相宗の徳一《とくいつ》であった。「三一権実論争」と呼ばれたそれは7年間つづいた。

比叡山と最澄

　一乗（大乗）仏教たる天台宗は広がりをみせていったが、戒《かい》を授ける戒壇院《かいだんいん》は依然、奈良東大寺、筑前観音寺、下野《しもつけ》薬師寺にしかなかった。

　最澄は大乗戒を授ける戒壇院を比叡山に建てる構想を推し進める。すでに小乗戒を捨て、自身の教えにかなった大乗戒は打ち立てていた。「梵網菩薩戒経《ぼんもうぼさつかいきょう》」による「円頓菩薩戒《えんどんぼさつかい》」がそれだ。

　十重四十八軽戒、つまり、十の重要な戒と四十八の軽い戒からなるこの戒を受ければ、その瞬間からみずからの内にある仏性が明らかになり、仏と同じ境地になれる、と天台宗では認めている。

「衆生《しゅじょう》は仏戒を受くれば、すなわち諸仏の位に入る」（梵網菩薩戒経）。

　また、受戒後の生活の規範として「三《さん》聚浄戒《じゅじょうかい》」もつくられた。

五戒（殺生をしない、盗まない、邪淫をおかさない、嘘をいわない、酒を飲まない）を守ることを説く「摂律儀戒《しょうりつぎかい》」、進んで善行をおこなうことを説く「摂善法戒《しょうぜんぼうかい》」、世のため人のために何ごとかをなすべきことを説く「摂衆生戒《しょうじゅじょうかい》」の３つだ。

さて、大乗戒壇建立構想だが、朝廷にはかるも南都六宗の猛烈な反対に遭って、最澄の存命中には実現することはなかった。嵯峨《さが》天皇の勅許が出たのは没して７日後だったのである。臨終に際して最澄は弟子たちにこんな言葉を残している。

「わがために仏をつくるなかれ、わがために経を写すなかれ、ただわが志を述べよ。最澄心も身も久しく労して一生ここに窮まれり」

清和天皇から「伝教大師」号が贈られたのは８６６年。没後44年の時が経っていた。

三聚浄戒
摂律儀戒
摂善法戒
摂衆生戒
ちょうだい致します
戒を受けた後の生活規範が三聚浄戒だ

日本哲学

空海

密教を体得して、真言宗をひらく

空 海（くうかい）
宝亀５～承和２
（774 ～ 835）

讃岐国に生まれ、804 年、遣唐使として唐に渡り青龍寺で真言密教の秘法を授けられた。帰国後、高野山に金剛峰寺を建立し、真言宗を開いた。死後、弘法大師号を贈られている。

密教の体得

真言宗の開祖・空海が遣唐使船で入唐したのは、いみじくも最澄と同時であった。空海は青龍寺で密教の第一人者・恵《え》果《か》阿闍梨の教えを乞《こ》う。恵果は空海にまみえるや、一瞬にして自身の教えのすべてを伝授すべき才能だと見抜いたという。「我先より汝の来るを知り相待つこと久し」との言葉で空海を迎えたと伝わっている。

空海の能力も図抜けていた。密教の根本経典である「大日経《だいにちきょう》」（胎蔵界《たいぞうかい》）、「金《こん》剛頂経《ごうちょうぎょう》」（金剛界《こんごうかい》）をたちまち理解し、わずか2年で密教のすべてを体得したのである。

大日経は真理の本質を解き明かすもので、「悟りとはそれを求めて努力する決意（＝菩提心《ぼだいしん》）からはじまり、あらゆるものを救済しようという慈悲の心を基本とし、その究極の目的は自己を顧みず他

2年で密教を体得

空海は恵果阿闍梨から密教を学んだ

者に尽すことにある」と説いている。

一方、悟りを得るための実践である「五相成身観《ごそうじょうじんかん》」という瞑想法について書かれているのが金剛頂経だ。

密教では曼荼羅《まんだら》が重要だ。曼荼羅とは言葉では表現できない宇宙の本質、真理を表したもの。「胎蔵界曼荼羅」は人が生来持つ清浄な心が形を変えながら、崇高な知恵を生み出すまでが描かれ、「金剛界曼荼羅」は修行によって悟りを開くまでの道筋と、仏が衆生を苦しみから救う様子が描かれている。

空海は多くの経典、曼荼羅、法具などを携えて帰国。高野山に金剛峰寺《こんごうぶじ》を建て、真言宗を開いた。

修行を説く

空海の思想のキーワードは「即身成仏」である。大日如来と一体になって正しい修行を積むことで、すべての人が生きたまま仏になれるとするのが即身成仏。空海はいう。

「真言は不思議なり、観誦《かんじゅ》すれば無明《むみょう》を除く。一字に千里を含み、即身に法如と証す」

そのための方法が「三密《さんみつ》の行」だ。手に印を結び（身密《しんみつ》）、口に真言、陀羅尼《だらに》を唱え（口密《くみつ》）、心を三摩地《さんまじ》に置く（意密）。

三摩地とは瞑想によって精神統一がなされた状態のことだ。

仏教では行動によってもたらされる業《ごう》を身業、言葉によってもたらされる業を口業、思いによってもたらされる業を意業といい、人間の業はすべてこの身口意の三業に含まれているとされる。密教では三業を三密と呼び、それを一体化させる三密の行をおこなうことにより成仏できると説いている。

三密の行とは？

ノーマクサンマンダ、
バーザラダンセンダン
手に印を結び（身密），
口に真言を唱え（口密），
瞑想で精神を統一する（意密）
三密の行で成仏をはたす

空海は修行によって大日如来と一体になる心の過程を「秘密曼荼羅十住心《じゅうじゅうしん》論《ろん》」で説明している。

第一住心は本能のままに欲望に翻弄される動物的な「異生羝羊心《いしょうていようしん》」。

第二住心は倫理にめざめた「愚童持斎《ぐどうじさい》心《しん》」。

以下、宗教世界に一歩踏み込んだ「嬰《よう》童無畏心《どうむいしん》」（第三住心）。

ものごとの本質は存在しないという無我の認識を持っている「唯蘊無我心《ゆいうんむがしん》」（第

秘密曼荼羅十住心論

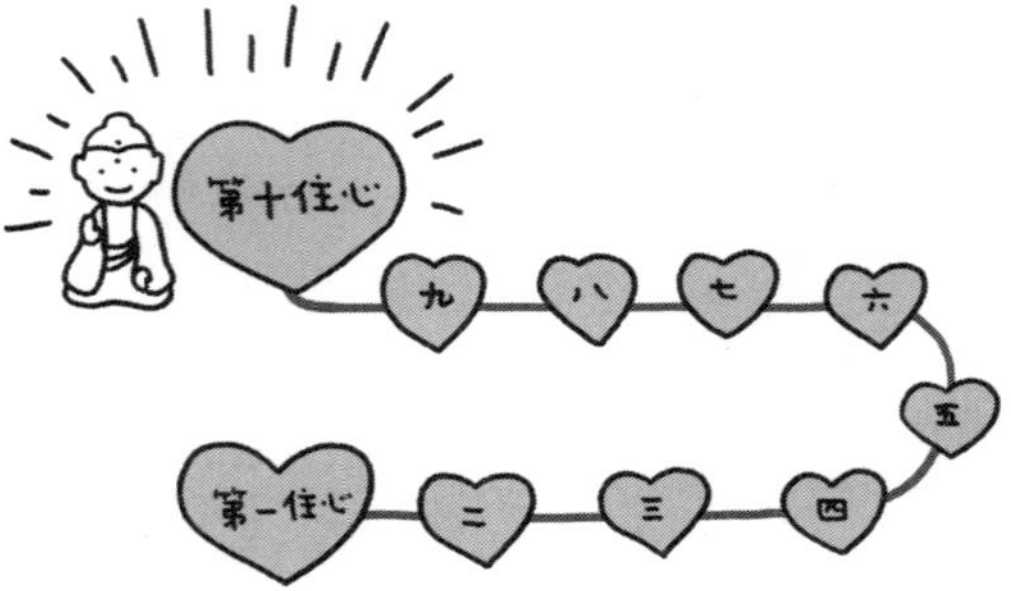

修行によって心は大日如来と一体になれる

四住心）。

迷いの原因、業の種を取り除くことができる「抜業因種心《ばつごういんじゅしん》」（第五住心）。

一切の衆生を救おうという大乗仏教の境地に立つ「他縁大乗心《たえんだいじょうしん》」（第六住心）。

心の原点に立ち返り、空の世界に到った「覚心不生心《かくしんふしょうしん》」（第七住心）。

あらゆるものは真実であり、清浄であることがわかる「一道無為心《いちどうむいしん》」（第八住心）。世界のすべてのものはあるがままで真実だと見られる「極無自性心《ごくむじしょうしん》」（第九住心）。

真言密教の境地、曼荼羅の世界に到達した「秘密荘厳心《ひみつそうごんしん》」（第十住心）である。

日本哲学

法然

念仏の大切さを訴え、浄土宗をひらく

法然（ほうねん）
長承２～建暦２
（1133～1212）

●

出家して比叡山に修行する。専修念仏に帰したのは43歳。既存仏教から攻撃を受け、たびたび苦難にみまわれた。弟子の源智に念仏の大切さを訴えた。「一枚起請文」を受け80歳の生涯を終えた。

末法思想の時代に

浄土宗の開祖・法然が「専修念仏」を主張しはじめたのは43歳のときである。中国の僧・善導の著した「観無量寿経疏《かんむりょうじゅきょうしょ》」の注釈にあった一心専念弥陀名号の一文によって心眼を開かされたのだ。

「一心に専ら弥陀の名号を念じ、行住《ぎょうじゅう》坐臥《ざが》、時節の久近を問わず、念々に捨てざる者、是を正定の業と名づく、彼の仏の願に順ずるがゆえに」

というのがそれだ。法然は比叡山を降り、東山吉水《よしみず》で専修念仏の教えを説いた。このときをもって浄土宗の開宗とされる。

折しも釈迦入滅から２０００年を経ると、仏法が衰え、世の中が乱れるとする「末法《まっぽう》思想」の嵐が吹き荒れている時代とあって、法然の教えはもてはやされた。念仏は、京都はもとより、東海、北陸、西海にまで広まったという。

法然は大原に法相宗、天台宗をはじめとする、当代一流の僧らを招き、浄土念仏がいかに時代に則したものであるかを説き、一同を感服させたとされる。これを大原問答《おおはらもんどう》と呼ぶ。が、みずからの修行によってこそ成仏することができるとする既存宗派の反発はあった。

１２０４年に比叡山の僧徒が専修念仏

の停止を訴え、翌年には南都興福寺の貞慶《じょうけい》が、朝廷に専修念仏の九失をあげて法然と弟子たちを非難し、処罰を求める奏状を送っている。

九失の中身は、阿弥陀仏だけを信じ、もっとも大切な釈迦を軽んじるのはけしからん、念仏は心の中で念じるものなのに、口称すればいいとは仏教の曲解である、といったものだった。

浄土宗が最大の苦難にみまわれたのは1207年。弟子の住蓮、安楽が後鳥羽院の女官を出家させたという理由で死罪になったのである。法然は四国に流され、親鸞をはじめ7人の弟子も流罪となった。法然が75歳のときだった。

末法思想

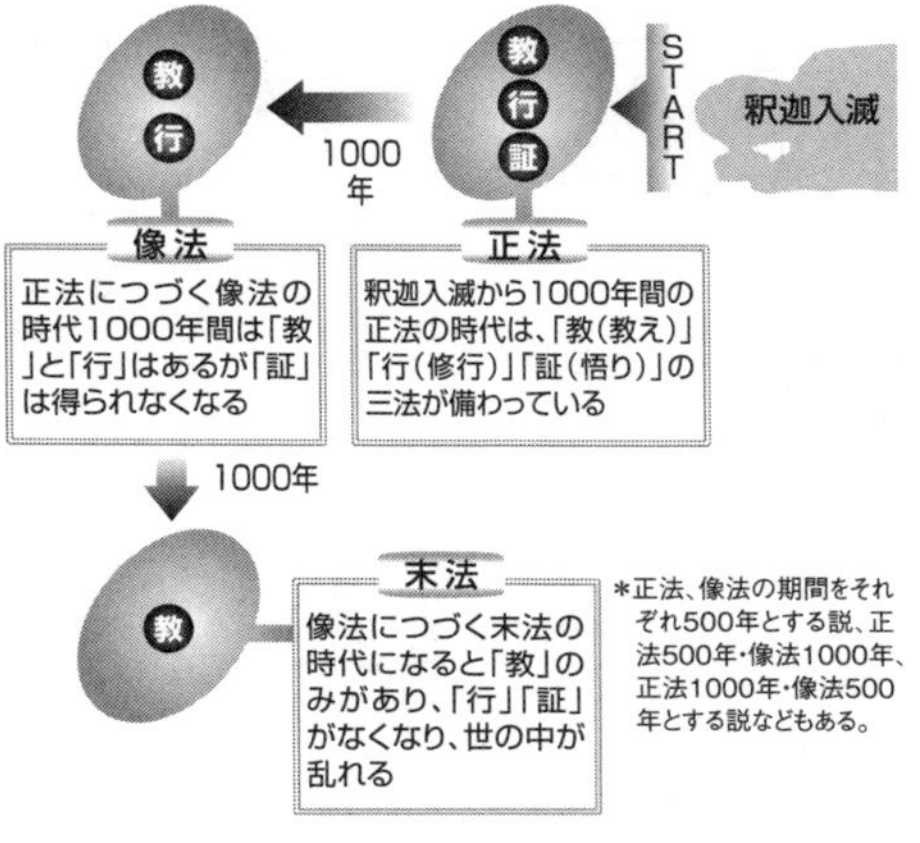

釈迦入滅
START
教
行
証
正法
釈迦入滅から1000年間の正法の時代は、「教(教え)」「行(修行)」「証(悟り)」の三法が備わっている
1000年
教
行
像法
正法につづく像法の時代1000年間は「教」と「行」はあるが「証」は得られなくなる
1000年
教
末法
像法につづく末法の時代になると「教」のみがあり、「行」「証」がなくなり、世の中が乱れる

＊正法、像法の期間をそれぞれ500年とする説、正法500年・像法1000年、正法1000年・像法500年とする説などもある。

念仏を唱えるということ

法然の思想、専修念仏とは「南無阿弥陀仏」の念仏をひたすら唱える（口称念仏）ことによって、極楽浄土に赴《おもむ》けるとするものだ。

「われらが往生は、ゆめゆめ、わが身のよしあしきにはより候まじ。ひとえに仏の御ちからばかりにて候べきなり」

自分が善をなしたとか悪をなしたとか、ということとはまったくかかわりなく、仏の力だけで往生できる、と法然は説く。また、こんな文言もある。

「罪の軽重をいわず、ただ念仏だにも申せば往生するなり。別の様なし。往生は

専修念仏とは？

念仏を唱えるだけで
だれもが極楽浄土に行ける

一定と思えば一定なり、不定と思えば不定なり」

重い罪を犯していようと、軽い罪だろうと、念仏さえ唱えれば往生できる。

往生は可能だと思えば可能だし、不可能だと思えば不可能だ、というのだ。

凡夫往生、女人往生、さらには悪人往生が法然の思想の根幹であった。

東山の法然のもとには、文字通り、老若男女がひきもきらず、詰めかけたという。つまり、当時の社会的被差別者に人気があったのである。

流罪地から1年足らずで赦免《しゃめん》された法然は東山大谷の禅房でその80年の生涯の幕を下ろした。

死の直前、弟子の源智《げんち》に授けたのが次の「一枚起請文《いちまいきしょうもん》」である。

「……ただ往生極楽のためにては、南無阿弥陀仏と申して、疑いなく往生するぞと思いとりて、申す外には別の仔細候わず……」

一枚起請文

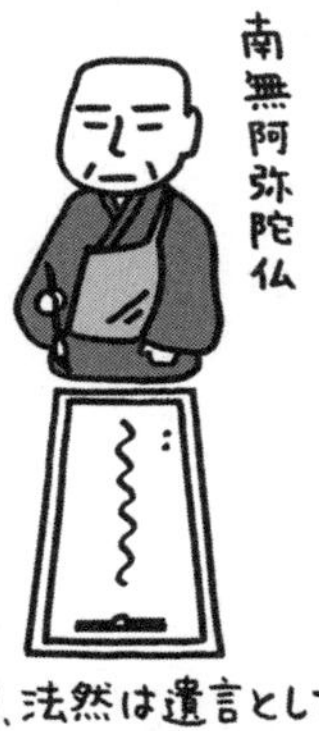

死の直前、法然は遺言として念仏の意味、受けとる心がまえ、唱える態度について、簡潔に綴った

日本哲学

親鸞

「絶対他力の思想」とは？

親鸞（しんらん）
承安３～弘長２
（1173～1262）

９歳で出家。29歳で法然に師事し、念仏の教えをさらに推し進めた。念仏の教えこそ真実とする浄土真宗では阿弥陀如来によって救われる絶対他力が説かれた。

他力本願の極致

親鸞は法然を師とあおぎその思想に心酔していた。「法然に騙されて念仏を唱え、地獄に墜ちようとも悔いはない」（『歎異抄《たんにしょう》』）とまでいっている。

親鸞は9歳で比叡山に入り、天台宗の教義を学んだ。だが、みずからの内に沸き起る悩みへの答えは得られず、29歳のとき京都の六角堂にこもった。ここで夢に出てきた聖徳太子から「法然に問え」といわれ、法然のもとに参じるのである。

師弟関係は緊密だったが、気質はまるで違った。法然が戒を頑なに守り、生涯不犯《ふぼん》であったのに対し、親鸞は妻帯《さいたい》している。それも越後に流罪になった際、そこで恵信尼《えしんに》を娶《めと》ったのだ。親鸞は〝非僧

聖徳太子の夢

京都六角堂にこもった親鸞は夢に現れた聖徳太子のお告げで法然の弟子となる

非俗〟つまり、僧でもなく俗でもない、という立場をとりつづけた。

親鸞が説いたのは「絶対他力」の思想である。

回向《えこう》はキーワードのひとつだが、浄土真宗では回向は2種類あると考える。「往相《おうそう》回向」と「還相《げんそう》回向」だ。

回向とは功徳《くどく》を他者にほどこすという意味。往相とは人間が浄土に往生すること、還相は浄土で仏となった人が、ふたたびこの世に還ってきて人々を救うことである。

親鸞はいずれも阿弥陀仏の「本願力《ほんがんりき》」によるものであり、回向とはすなわち阿弥陀仏の回向だとする。

だから、阿弥陀如来に帰依することによって、すべての人が浄土に生まれ変わることができ、また、仏となって還ることができる。阿弥陀如来に任せきってい

絶対他力の思想

阿弥陀仏に任せきっていれば、
浄土に往生し仏となり、
また、この世に還ることができる

往相回向と還相回向

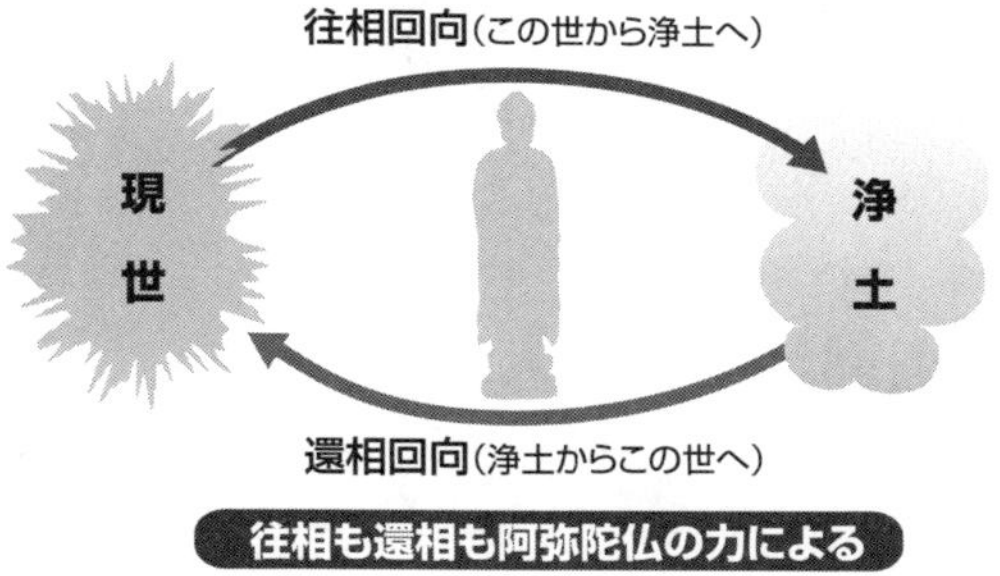
往相回向（この世から浄土へ）
現世
浄土
還相回向（浄土からこの世へ）
往相も還相も阿弥陀仏の力による

他力本願とは

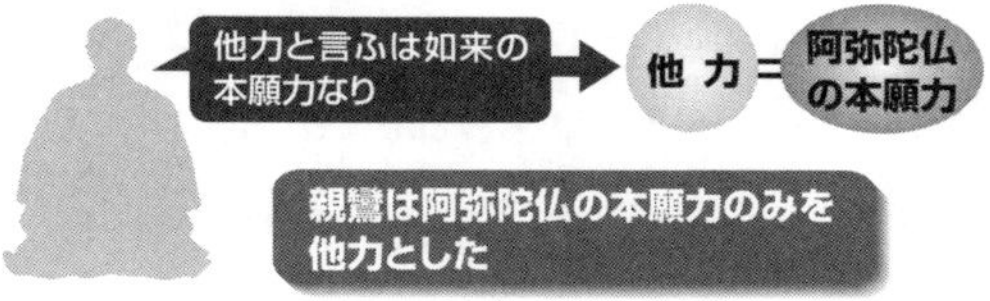
他力と言ふは如来の本願力なり
他力
＝
阿弥陀仏の本願力
親鸞は阿弥陀仏の本願力のみを他力とした

本願力とは

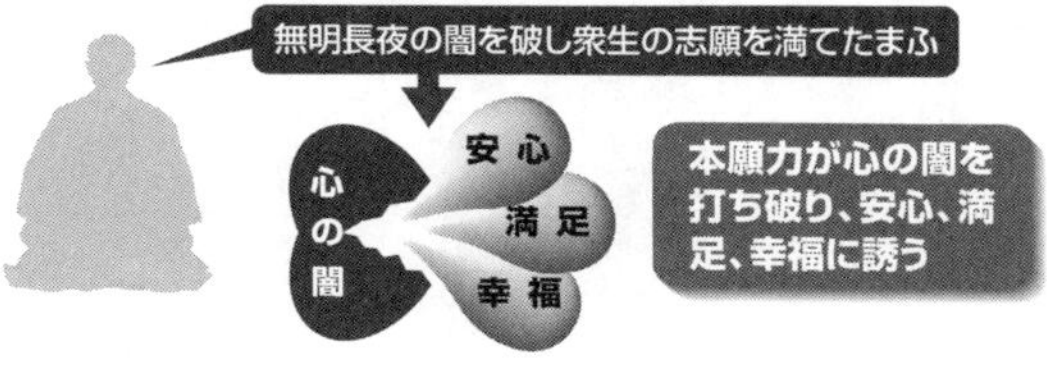
無明長夜の闇を破し衆生の志願を満てたまふ
心の闇
安心
満足
幸福
本願力が心の闇を打ち破り、安心、満足、幸福に誘う

ればいいのである。

「悪人正機説」の意味

　親鸞の思想でもっともよく知られているのは『歎異抄』3章の悪人正機説《あくにんしょうきせつ》だろう。

「善人なをもて往生をとぐ、いはんや悪人おや」

　この一節、一度や二度は耳にしたことがあるはずだ。意味は、善人でさえ往生できるのだから、ましてや悪人が往生できるのは当然だろう、ということである。

「ン！　善人と悪人が反対では？」との疑問を持ったかもしれない。歎異抄はこうつづく。

「しかるを世の人つねにいはく、『悪人なを往生す、いかにいはんや善人をや』。この条、一旦そのいはれあるに似たれども、本願他力の意趣にそむけり」

　世間的には善人、悪人が逆だといわれていて、それは一見もっともに見えるが、じつは阿弥陀如来の本願他力という御心にそむくものだ、というのである。理由はこうだ。

　煩悩にまみれている人間は、修行をしたからといって、生死の迷いから離れることはできない。阿弥陀如来はそうした人間を哀れんで助けようとされている。

だから、阿弥陀如来に任せるのが浄土往生の正しい道なのである。

自力の善をたのむ善人より、他力に任せきっている悪人をこそ、阿弥陀如来は救うのだ。

悪人とは罪を犯した極悪人というよりは、煩悩を自分ではいかんともしがたい凡夫をさしている、といったほうが近いかもしれない。

親鸞は人間の行為はすべて宿業《しゅくごう》、業《ごう》縁《えん》によって決まると考えていた。とすれば、現実の行為や心のありようを善だ悪だといったところで意味はない。

どちらにしても現実をありのままに受け止めるよりしかたがないのである。そのうえで任せきる。それが親鸞の思想の本質である。

悪人正機説
善人なをもて
往生をとぐ、
いはんや
悪人おや
煩悩
人の為すことも思うこともすべて宿業。
善だ悪だといったところで意味はない

日本哲学

道元

すべてのものはそのままの姿で絶対

道元（どうげん）
正治２～建長５
（1200 ～ 1253）

●

13歳から比叡山に登ったが、２年で下り栄西、明全より禅を学ぶ。24歳のとき中国に渡り、禅修行に打ち込む。帰国後、ひたすら座る「只管打坐」を前面に打ち出す曹洞宗の布教に心血を注いだ。

比叡山との決別

道元は13歳で比叡山にのぼり、修行の日々を送っていたが、権力者と結び利欲に走る当時の比叡山には失望の思いを抱いていた。また、仏教の根本にかかわる疑問も湧いてきた。

「一切衆生悉有仏性」。あらゆるものにはことごとく仏性が備わっているという。ならば、なぜわざわざ修行をする必要があるのか、という疑問である。比叡山では答えは得られず、山を下りた道元は禅を学ぶ。

只管打坐

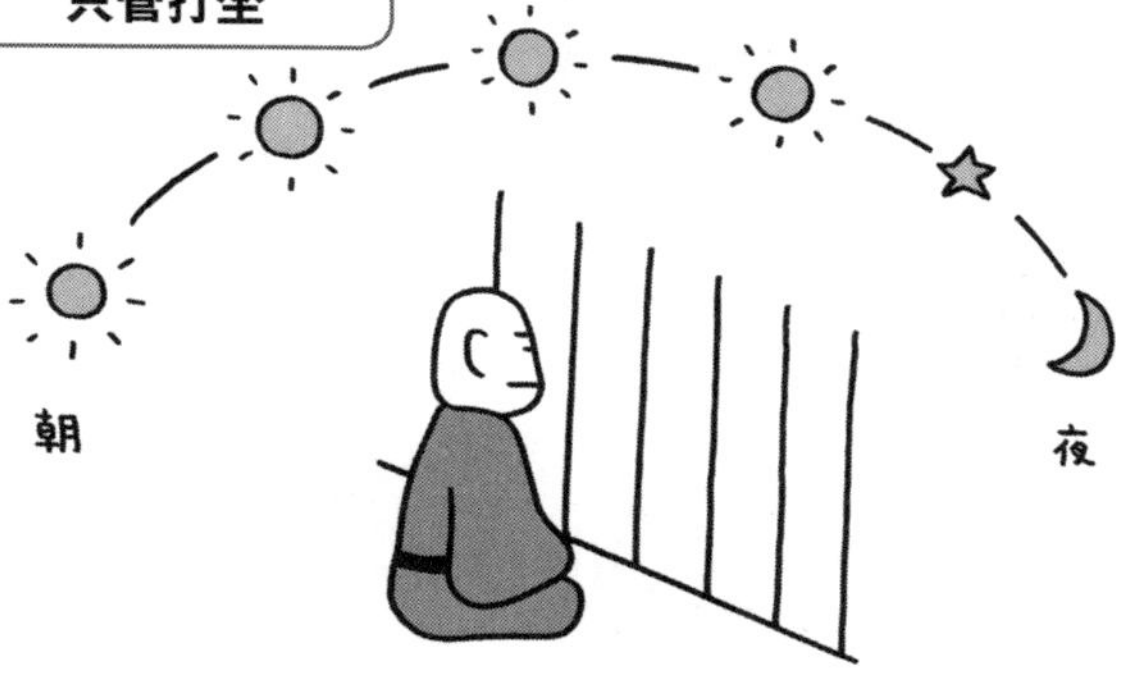

只管打坐とは"ただひたすら坐る"修行のこと。
道元はそれに打ち込んだ

24歳で中国に渡った道元は天童山の如《にょ》浄《じょう》のもとで座禅修行に打ち込んだ。「只管打坐《しかんたざ》」。ただひたすら座る修行である。『正法眼蔵随聞記《しょうぼうげんぞうずいもんき》』には「病気で死んでも本望だ、と座りつづけた」とあるから、なまじの打ち込み方ではない。

到達したのは「身心脱落《しんじんだつらく》」の境地。座禅中に居眠りをした弟子を如浄が「参禅は心身脱楽なるべし只管に打睡して何をなすに堪えんや」と一喝するのを聞いて悟ったとされる。

つごう4年半の中国での修行を終えて道元は帰国するが、祖国に降り立って発した第一声は「眼横《がんのう》鼻直《びちょく》、空手還郷《くうしゅかんごう》」というものだったという。

眼は横に、鼻は真っ直ぐについている。そのようにすべてあるものは、あるがままで絶対なのだ。自分は中国でそのことだけを学んでかえったのである。第一

道元が学んだこと

だれが決めたではないのに
眼は横に、鼻は真っ直ぐについていて、
過不足なくその役割を果たしている。
そのようにすべてあるものは
そのままの姿で絶対なのだ

声はそのことを告げるものだった。道元は経典も仏像も法具もいっさい持ち帰らなかった。

かねてから抱いていた疑問にも道元は答えを見つけていた。

「一切衆生ことごとくある（悉有）は仏性なり」

道元は「一切の衆生に仏性がある、だからその仏性が現れるような生き方をしなさい」という。従来の解釈ではなく、「一切の衆生はじつは仏性（が現れたもの）なのだ」と解釈したのである。

衆生のなかに仏性があるのではなく、仏性のなかで衆生は生かされているのである。

自分とは何か

道元が著した『正法眼蔵』は全90巻を超える大著だ。そのなかで道元の思想のエッセンスを伝えているとされるのが、『現成公案』にある次の一文である。

「仏道をならふといふは、自己をならふなり。自己をならふといふは、自己を忘るるなり。自己を忘るるといふは、万法に証せらるるなり。万法に証せらるるといふは、自己の身心および他己の身心をして脱楽せしむるなり」

仏道を習うということは自分を習う、

すなわち自分とは何かということを問いかけることだ、というくだりはわかる。

しかし、自分への内なる問いかけが、自分を忘れることだとはどういうことか。

さらには、自分を忘れることとは万法に証せられることだ、といわれると、頭はますます混乱する。禅師の文言はさすがに難解である。さて、どうしたものか。

万法とはあらゆる現象や存在のことだ。そうした現象や存在のなかに自分とは何かということを証してくれるものがある。道元がいわんとするのはそこだ。

現れている現象や存在は縁起によって成立している。そのことがわかれば、自分もまた縁起によって存在しているのであり、実体があるわけではないことに気づく。それが自分を忘れるということ、つまり無我の境地にゆきつくということなのである。

身心脱落もその無我と同義ということだろう。

仏道をならふというは

実体のない自分に気づき、
無である自分を生きる →身心脱落

日本哲学

日蓮

辻説法で思想を語り、日蓮宗をひらく

日蓮（にちれん）
貞応１～弘安５
（1222～1282）

安房国で生まれ生家近くの清澄寺で出家。比叡山、高野山などをめぐり遊学修行の後、清澄寺山頂で日蓮宗開宗の宣言をおこなったとされる。『立正安国論』を幕府に献上したが受け入れられることはなかった。

末法の世を救うには

『法華経』の伝道・流布に生涯をかけたのが日蓮である。出生地である安房《あわ》、鎌倉、比叡山などで修行を重ねた日蓮は、法華経こそ末法の世の衆生を救うことができるただひとつの教えであることを確信する。

1253年4月28日早暁《そうぎょう》、32歳の日蓮が故郷の清澄山《きよすみやま》旭森の山頂で「南無妙法蓮華経」の題目を唱えたときをもって日蓮宗の開宗とされるが、これに先駆け日蓮は伊勢神宮に詣でて「三大誓願《せいがん》」を立てている。

「我日本の柱、眼目、大船とならん」というのがそれだ。

辻説法《つじせっぽう》。町々の辻に立ってみずからの思想を語るのが日蓮の伝道手法だった。

語る内容は激烈そのもの。当時広く受け入れられていた念仏や禅を痛烈に批判したのだ。

「念仏《ねんぶつ》無間《むげん》、禅天魔《ぜんてんま》」とは、念仏を唱えれば無間地獄に墜《お》ち、禅を信じるのは天魔の業だというのだから、反発は必至である。

辻説法をする日蓮には石や瓦が投げつけられたという。

「釈尊《しゃくそん》の因行《いんぎょう》果徳《かとく》の二法は妙法蓮華経

の五字に具足す。我らこの五字を受持すれば、自然に彼の因果の功徳を与えたまう」

これが日蓮の思想の中核である。

すなわち、妙法蓮華経の五字に釈迦の功徳がすべて含まれているから、妙法五字を受持することによって釈迦の功徳を受けとることができる。その結果、この世にいながらにして成仏できる、というわけだ。

三大誓願

日蓮宗開宗に先駆けて伊勢神宮で三大誓願を立てる

辻説法

日蓮は他宗を激烈に批判した

受持するとは、法華経の教えを実践し（身業）、題目を唱え（口業）、教えを信じきる（意業）ことをいう。また、南無は身命を投げ打って法華経の教えに則って生きるという意味である。

妙法蓮華経
妙法蓮華経
釈尊の因行果徳の二法は
妙法蓮華経の五字に具足す
→釈迦の功徳はすべて
妙法蓮華経の五字にあるのだ

迫害こそ上行菩薩だ

1260年に北条時頼《ときより》に献上された『立正安国論』は時の政権を諫め、法華経による救世を強く訴えたものだ。

それによると、当時、頻発していた天変地異や飢饉、疫病などは、邪宗がはびこっていることによる。

人々が法華経に背き、念仏の邪法を信じるから、国はこのような災厄《さいやく》にみまわれるのだ。

人々が邪法邪義を捨て去り、信仰を改めなければ、災厄の根は断ち切ることができず、やがては自界叛逆《はんぎゃく》（内乱）、他国侵逼《しんぴつ》（他国の侵略）が起こる。

『立正安国論』でそう主張した日蓮は、法華経に帰依することこそが国を人々を救う道だと説いた。

「汝早く信仰の寸心を改めて、速やかに実乗の一善に帰せよ。然らば則ち三界はみな仏国なり、仏国其れ衰えん哉」

しかし、この諫言が幕府に受け入れられることはなく、日蓮はたびたび批難にさらされることとなった。

その批難も日蓮は法華経の正しさを証明するものだ、と受け止める。法華経のなかの「法華経を弘めるものは三類の強敵にあだまれ、数々の迫害にあう」というくだりがそれだ。日蓮は迫害にあっている自分こそが釈迦から法華経の伝道を託された上行菩薩だという自覚を強めたとされる。

日蓮は流刑地の佐渡で『開目鈔《かいもくしょう》』を書き、「日蓮なくば、誰を法華経の行者として、仏のことばを証拠だてることができよう」との一文を記した。

『立正安国論』の予言は、北条時輔《ときすけ》の乱、そして元寇《げんこう》によって的中した、と弟子や日蓮一派は考えた。

日本哲学

林羅山

家康に重用され、儒学を官学へ

林羅山（はやしらざん）
天正 11 ～明暦 3
（1583 ～ 1657）

●

13 歳から建仁寺で臨済禅を学ぶ。儒書、漢詩文にふれて儒学に専心することを決意。25 歳で幕府に登用され、徳川家康、秀忠、家光、家綱らに儒書の講義をおこなうなど儒学を官学の地位に押し上げた。

「敬」の心

林羅山は近世儒学の祖とされる藤原惺窩《ふじわらせいか》のもとで朱子学を学んだ。臨済《りんざい》禅の修行をしていた惺窩が朱子学に傾倒していったのは、社会秩序を守るには仏教ではなく、朱子学がふさわしいと考えたからである。

　釈迦の教えは種を絶つ、つまり妻帯し子孫をつくることを禁じているから、家というものは成り立たず、社会は崩壊してしまう。また、出家して人倫関係から離れてしまうわけだから社会秩序が生まれようもない、とした。

　惺窩はこうした理由から仏教をしりぞ

近世儒学の祖・藤原惺窩

惺窩《せいか》は仏教ではなく、朱子学が社会秩序を支えると考えた

朱子学の権威確立・林羅山

羅山は朱子学以外の思想を排撃した

け、朱子学を社会秩序を支える思想に据えた。

惺窩の流れをくむ羅山は朱子学の権威の確立に奔走する。

惺窩が朱子学以外の儒学にも寛容であったのと違い、羅山は陸象山《りくしょうざん》や王陽明ら、他の儒学派を排斥《はいせき》した。その羅山が打ち出したのが「上《じょう》下定分《げていぶん》の理《り》」だ。

天が上にあり、地が下にあることは不変の天理であり、それは君臣、父子、夫婦、兄弟などの上下関係をも貫くものだ。また、身分秩序も天理によるものだから不変不滅である。

これが上下定分の理の骨子だが、いうまでもなく、当時の身分秩序である士農工商を正当化するための理論である。

羅山はまた「敬《けい》」を強く主張した。かれがいう「存心《そんしん》持敬《じけい》」は、つねに心のなかに敬をもつべきことを説くものだ。

敬とは身を慎むこと、すなわち自分の心のなかに、私利私欲のために動こうとする思いがないかを厳しく見定め、それを戒める心のあり方、という意味である。

上下定分の理

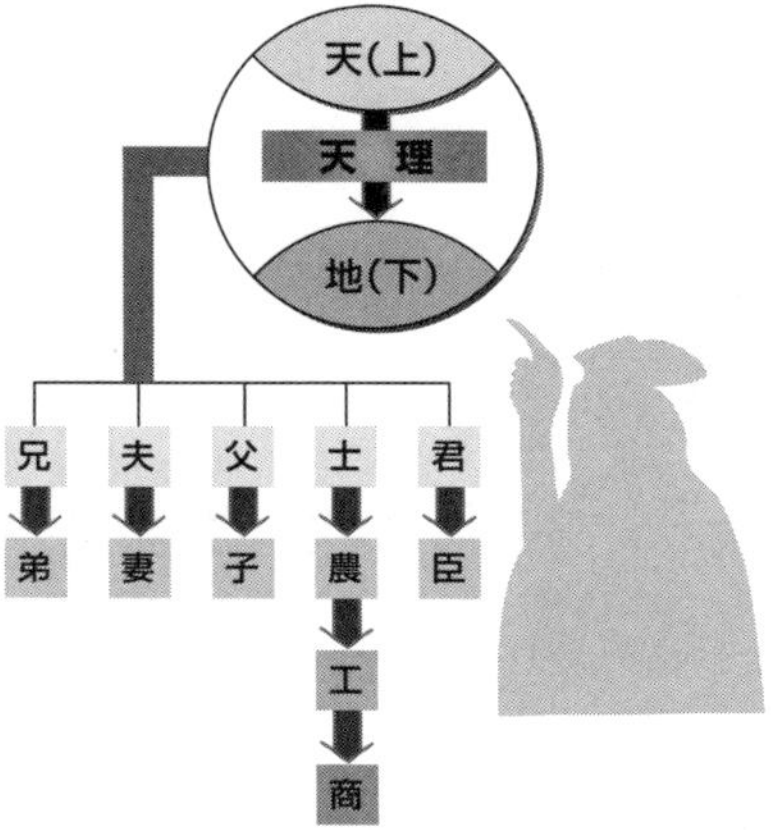

天が上、地が下という天理はあらゆる身分秩序を貫く

朱子学の思想

羅山は徳川家康に重用され、江戸幕府の儒官に任じられて、徳川家康が推し進めた文教政策に大きく寄与した。

その指針となったのは、朱子学の思想だ。

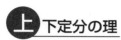

朱子学の祖・朱熹の『四書集注《ししょしっちゅう》』の『大学』の一文に、朱子学的な統治の論理がある。

つまり、天下を平和にするには、まず自分の国を治めることが必要であり、国を治めるためには家をととのえなければならない。

その家をととのえるためには自分の身を修め、心を正しく、意（考え）を誠にしなければならない。意を誠にするには勉強して知識を得、それを完成させなければいけない。

そのためには物事の道理を見きわめられるようにならなければいけない、というわけだ。

この「修身斉家治国平天下《しゅうしんせいかちこくへいてんか》」の論理による政治は、いわば個人が正しく生きることが国の安定、天下の平和につながるというもの。政治をおこなう者が心を正しくすれば、それで国の統治はできるとするものである。

朱子学に徹底的にこだわり、それ以外の思想を排除しつづけた林羅山だが、その姿勢は〝偏狭〟〝狂信的〟といった批判の矢面にもさらされたのであった。

日本哲学

中江藤樹

「孝」を重んじた日本の陽明学の祖

中江藤樹（なかえとうじゅ）
慶長13～慶安1
（1608～1648）

近江国に生まれ15歳で伊予大洲藩主となる。朱子学を学ぶが、後に陽明学に転じ、日本の陽明学の祖といわれる。身分を越え学ぶ志あるものは分け隔てなく迎え入れたことから、死後は「近江聖人」と讃えられた。

陽明学の祖

中江藤樹の思想の特徴は「孝」を道徳のなかでもっとも重んじたことである。著書『翁問答《おきなもんどう》』にはこう書かれている。

「このたからも広大なるゆへに、貴賤男女をえらばず、おさなきも老いたるも、本心のあるほどの人は、あまねくまもりおこなうみちなり。このたからは天にありては天の道となり、地にありては地の道となり、人にありては人の道となるもの也。元来名はなけれども、衆生にをしへしねさんために、むかしの聖人、その光景をかたどりて孝と名づけたまう」

このたから（孝）は広大であるから、貴賤、老若男女を問わず、本心がある人はだれでも守り、おこなうことができる道である。天の道でもあり、地の道、人の道でもあるたからは、もともと名前は

考の根本
愛
道
孝行
孝の原点は
親が子に愛情を持って道を教え、
子が親に孝行をつくすことにある

ないものだが、衆生に教え示さんがために聖人によって孝と名づけられたのである。

　藤樹は孝の教えの根本は親の子への孝にあるとして次のように説く。

「子によく教えざるは大不幸の第一なり。家をおこすも子孫なり。子孫に道を教えずして、子孫の繁栄を求むるは、足なくして行くことを願うにひとし。まず道を教えて本心の孝徳を明らかにするを教えの根本とす」

　親が子に愛情深く接して道を教え、子は親に孝行をつくす。これが孝の原点だが、さらに先祖や人間を生み出した天に対してもうやまう心をもつことが孝だとしている。

　そして、藤樹は孝を相手の心に伝えるためには「愛敬《あいぎょう》」が大切だとして、次のようにいう。

「孝徳の感通をてぢかくなづけいへば、愛敬の二字につづまれり。愛はねんごろ

愛敬とは

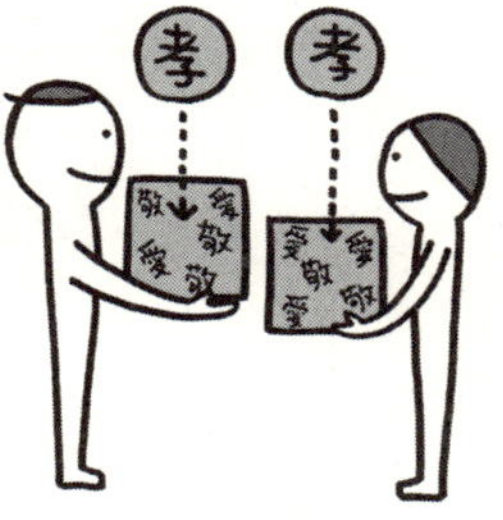

愛は人と親しく接すること、
敬は上をうやまい、
下を軽んじないことをいう

にしたしむ意なり。敬は上をうやまひ、下をかろしめあなどらざる義なり」

上を敬い、下を軽んじたり、あなどったりしない、というくだりは、藤樹の人間観を映し出しているといえる。

藤樹は当時の身分秩序は受け入れながら、一方で万民が平等であることも説いたのである。

「万民はみなことごとく天地の子なれば、われも人も人間の形あるものは、みな兄弟なり」

事実、藤樹は学びたいという志あるものには身分に関わりなく、みずからの教えを授けた。

だれでも美しい心を持っている

藤樹の根底にあったのは陽明学の「致良知」、すなわち、人間はだれでも美しい心を持って生まれているのだから、それを磨き、それにしたがって生きるようにすべきだ、という考えである。

それを実現するために藤樹が説いたのが「五事《ごじ》を正す」ということであった。

五事とは「貌《ぼう》」「言《げん》」「視《し》」「聴《ちょう》」「思《し》」である。

和やかな表情で人と接し、相手に気持ちよく受け入れられるような思いやりのある言葉で話しかけ、あたたかく澄んだまなざしで人を、物事を見つめ、耳を傾けて真摯《しんし》に相手の話を聴き、誠の心で相手を思いやる。

つねに五事を正して生活することで良知に到ることができる、とするのが藤樹の主張である。

藤樹はまた、孝は「時（時期）」「処（場所）」「位（身分）」を適切に判断しておこなうべきだとした。

たとえ孝の心からなした行動でも、時、処、位をわきまえていないと意味がない、というわけだ。

弟子の熊沢蕃山《ばんざん》はその思想を受け継ぎ『時処位論《じしょいろん》』を著している。

到良知とは？

“貌”“言”“視”“聴”“思”を
五事を正して美しい心で生きる

索 引

青春文庫

図解《ずかい》「哲学《てつがく》」は図《ず》で考《かんが》えると面白《おもしろ》い

2016年10月20日　第1刷

監修者　白取春彦《しらとりはるひこ》

発行者　小澤源太郎

責任編集　株式会社プライム涌光

発行所　株式会社青春出版社

〒162-0056　東京都新宿区若松町 12-1
電話 03-3203-2850（編集部）
03-3207-1916（営業部）
振替番号　00190-7-98602

印刷／大日本印刷
製本／ナショナル製本

ISBN 978-4-413-09655-3

ほんとうのあなたに出逢う ◆ 青春文庫

最新ポケット版
農薬・添加物はわが家で落とせた
増尾 清
野菜、果物、肉、魚、加工食品、調味料、お菓子…不安な食品も、これなら安心。すぐに使える自己防衛法。
(SE-652)

一生得する! 役に立つ!
できる大人の時間の習慣
ライフ・リサーチ・プロジェクト[編]
「時間がない」のは、すべて思い込みです! スケジュール管理、目標設定、段取り……ムダなく、無理なく、最短で結果が出せる!
(SE-653)

すべては感情が解決する!
振り回されない、巻き込まれない、心の整理法
リズ山崎
感情的な人に振り回されがちな人、自分の感情がコントロールできなくなる人、必読の一冊。「感情免疫力」を高めて、心をラクにする方法
(SE-654)

図解
「哲学」は図で考えると面白い
白取春彦[監修]
生きるとはなにか、幸せとはなにか、自分とはなにか…この一冊で、哲学の「?」が「!」に変わる!
(SE-655)